ENZYKLOPÄDIE
DEUTSCHER
GESCHICHTE
BAND 58

ENZYKLOPÄDIE
DEUTSCHER
GESCHICHTE
BAND 58

HERAUSGEGEBEN VON
LOTHAR GALL

IN VERBINDUNG MIT
PETER BLICKLE
ELISABETH FEHRENBACH
JOHANNES FRIED
KLAUS HILDEBRAND
KARL HEINRICH KAUFHOLD
HORST MÖLLER
OTTO GERHARD OEXLE
KLAUS TENFELDE

DIE WEIMARER REPUBLIK
POLITIK UND GESELLSCHAFT

VON
ANDREAS WIRSCHING

2., um einen Nachtrag erweiterte Auflage

R. OLDENBOURG VERLAG
MÜNCHEN 2008

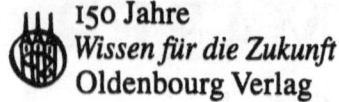
150 Jahre
Wissen für die Zukunft
Oldenbourg Verlag

Bibliografische Information der Deutschen Nationalbibliothek
Die Deutsche Nationalbibliothek verzeichnet diese Publikation in der Deutschen Nationalbibliografie; detaillierte bibliografische Daten sind im Internet über <http://dnb.d-nb.de> abrufbar.

© 2008 Oldenbourg Wissenschaftsverlag GmbH, München
Rosenheimer Straße 145, D-81671 München
Internet: oldenbourg.de

Das Werk einschließlich aller Abbildungen ist urheberrechtlich geschützt. Jede Verwertung außerhalb der Grenzen des Urheberrechtsgesetzes ist ohne Zustimmung des Verlages unzulässig und strafbar. Das gilt insbesondere für Vervielfältigungen, Übersetzungen, Mikroverfilmungen und die Einspeicherung und Bearbeitung in elektronischen Systemen.

Umschlaggestaltung: Dieter Vollendorf
Umschlagabbildung: Revolutionäre Soldaten fahren am 9. November 1918 durch das Brandenburger Tor; Sammlung P. Schricker

Gedruckt auf säurefreiem, alterungsbeständigem Papier (chlorfrei gebleicht)
Satz: Schmucker-digital, Feldkirchen b. München
Druck: MB Verlagsdruck, Schrobenhausen
Bindung: Buchbinderei Kolibri, Schwabmünchen

ISBN 978-3-486-58736-4

Vorwort

Die „Enzyklopädie deutscher Geschichte" soll für die Benutzer – Fachhistoriker, Studenten, Geschichtslehrer, Vertreter benachbarter Disziplinen und interessierte Laien – ein Arbeitsinstrument sein, mit dessen Hilfe sie sich rasch und zuverlässig über den gegenwärtigen Stand unserer Kenntnisse und der Forschung in den verschiedenen Bereichen der deutschen Geschichte informieren können.

Geschichte wird dabei in einem umfassenden Sinne verstanden: Der Geschichte der Gesellschaft, der Wirtschaft, des Staates in seinen inneren und äußeren Verhältnissen wird ebenso ein großes Gewicht beigemessen wie der Geschichte der Religion und der Kirche, der Kultur, der Lebenswelten und der Mentalitäten.

Dieses umfassende Verständnis von Geschichte muss immer wieder Prozesse und Tendenzen einbeziehen, die säkularer Natur sind, nationale und einzelstaatliche Grenzen übergreifen. Ihm entspricht eine eher pragmatische Bestimmung des Begriffs „deutsche Geschichte". Sie orientiert sich sehr bewusst an der jeweiligen zeitgenössischen Auffassung und Definition des Begriffs und sucht ihn von daher zugleich von programmatischen Rückprojektionen zu entlasten, die seine Verwendung in den letzten anderthalb Jahrhunderten immer wieder begleiteten. Was damit an Unschärfen und Problemen, vor allem hinsichtlich des diachronen Vergleichs, verbunden ist, steht in keinem Verhältnis zu den Schwierigkeiten, die sich bei dem Versuch einer zeitübergreifenden Festlegung ergäben, die stets nur mehr oder weniger willkürlicher Art sein könnte. Das heißt freilich nicht, dass der Begriff „deutsche Geschichte" unreflektiert gebraucht werden kann. Eine der Aufgaben der einzelnen Bände ist es vielmehr, den Bereich der Darstellung auch geographisch jeweils genau zu bestimmen.

Das Gesamtwerk wird am Ende rund hundert Bände umfassen. Sie folgen alle einem gleichen Gliederungsschema und sind mit Blick auf die Konzeption der Reihe und die Bedürfnisse des Benutzers in ihrem Umfang jeweils streng begrenzt. Das zwingt vor allem im darstellenden Teil, der den heutigen Stand unserer Kenntnisse auf knappstem Raum zusammenfasst – ihm schließen sich die Darlegung und Erörterung der Forschungssituation und eine entsprechend gegliederte Auswahlbibliographie an –, zu starker Konzentration und zur Beschränkung auf die zentralen Vorgänge und Entwicklungen. Besonderes Gewicht ist daneben, unter Betonung des systematischen Zusammenhangs, auf die Abstimmung der einzelnen Bände untereinander, in sachlicher Hinsicht, aber auch im Hinblick auf die übergreifenden Fragestellungen, gelegt worden. Aus dem Gesamtwerk lassen sich so auch immer einzelne, den jeweiligen Benutzer besonders interessierende Serien zusammenstellen. Ungeachtet dessen aber bildet jeder Band eine in sich abgeschlossene Einheit – unter der persönlichen Verantwortung des Autors und in völliger Eigenständigkeit gegenüber den benachbarten und verwandten Bänden, auch was den Zeitpunkt des Erscheinens angeht.

Lothar Gall

Inhalt

Vorwort des Verfassers IX

I. *Enzyklopädischer Überblick* 1
   1. Entstehung, Verfassung und Krisenjahre der Weimarer Republik 1
   2. Parteien und Parteiensystem 15
   3. Die Weimarer Republik als Sozial- und Interventionsstaat 24
   4. Auflösung und Ende 31

II. *Grundprobleme und Tendenzen der Forschung* 47
   1. Gesamtdarstellungen und Deutungen 47
   2. Entstehung und Verfassung der Weimarer Republik 51
   3. Parlament und Parteien 59
   4. Wirtschaftliche Entwicklung, gesellschaftliche Konfliktherde und staatliche Intervention 69
   5. Politische Kultur und „sozialmoralische Milieus" 84
   6. Die Republik und ihre Feinde: politischer Extremismus und Verfassungsschutz 95
   7. Das Ende der Weimarer Republik als Determinante der Forschung 109
   8. Entwicklung der Forschung seit 2000. Nachtrag 2008 118

III. Quellen und Literatur 143

A. Quellen 143

B. Literatur... 145

   1. Übergreifende Darstellungen, Sammelbände, Deutungen 145

   2. Die Revolution 1918/19 und die Entstehung der Weimarer Republik...................................... 147

   3. Politisches System, Reichsverfassung und Reichswehr... 149

   4. Parteien und Parteiensystem...................... 151

   5. Wirtschaftliche Entwicklung, Interessenverbände und gesellschaftliche Konfliktherde 154

   6. Die Weimarer Republik als Sozial- und Interventionsstaat... 159

   7. Politische Kultur und „sozialmoralische Milieus"....... 160

   8. Politischer Extremismus und Schutz der Verfassung 164

   9. Das Ende der Weimarer Republik 168

C. Nachtrag 2008..................................... 170

   1. Quellen...................................... 170

   2. Literatur 171

IV. Register... 183

   1. Personenregister............................... 183

   2. Sach- und Ortsregister 189

Abkürzungsverzeichnis 194

Themen und Autoren.................................. 195

Vorwort des Verfassers

Die innere Entwicklung der Weimarer Republik ist ein klassisches Thema der deutschen Zeitgeschichte, das auch in den vergangenen zwei Jahrzehnten höchst intensiv erforscht worden ist. Die „Grundprobleme" der Forschung auf knappstem Raum zusammenzufassen und zugleich ihre „Tendenzen" angemessen zu Wort kommen zu lassen, wird daher immer schwieriger. Vollständigkeit erlaubt der vorgegebene Rahmen ohnehin nicht, und auch darüber hinaus zwingt er zu strenger Auswahl. Ich habe mich daher auf die neueren, häufig gesellschaftsgeschichtlich orientierten Forschungstrends konzentriert, ohne doch das unentbehrliche Fundament, das die Weimar-Forschung in den fünfziger, sechziger und siebziger Jahren gelegt hat, zu vernachlässigen. Das Manuskript war im Januar 1999 abgeschlossen, so daß danach erschienene Literatur nur noch ausnahmsweise aufgenommen werden konnte. Zwar ist es unvermeidlich, daß mancher geneigte Leser den einen oder anderen Aspekt vermissen oder als nicht hinreichend gewürdigt empfinden wird. Ich hoffe gleichwohl, daß die folgenden Seiten ihren Zweck in zumindest leidlicher Weise erfüllen.

Dem Herausgebergremium der Reihe danke ich für die Gunst einer Fristverlängerung. Insbesondere dem verantwortlichen Herausgeber des Bandes, Prof. Dr. Horst Möller, weiß ich mich dankbar verbunden. Er unterzog das Manuskript einer kritischen Lektüre und gab mir eine Vielzahl wertvoller Hinweise. Gleiches gilt für den Hauptherausgeber, Prof. Dr. Lothar Gall, und den Lektor des R. Oldenbourg Verlags, Dr. Adolph Dieckmann, von deren Anregungen ich ebenso profitieren durfte. Prof. Dr. Anselm Doering-Manteuffel, Hermann Graml und Dr. Thomas Raithel haben ebenfalls die Mühe auf sich genommen, das ganze Manuskript zu lesen. Auch ihnen sei für ihre Kritik und ihre Anregungen herzlich gedankt. Mit Johannes Woll M.A. vom R. Oldenbourg Verlag zusammenzuarbeiten ist ein Vergnügen, für das ich gleichfalls dankbar bin.

Für die Unterstützung bei der Materialbeschaffung und bei der Bearbeitung des Manuskripts danke ich insbesondere Rebecca Heinemann M.A. sowie Bernhard Gotto, Gisela Weis und Jan Wiesner. Heike Veh-Agbeille hat alle Entwürfe und vorläufigen Endfassungen des

Buches auf dem Computer mit Einsatzfreude, Gleichmut und Geduld ertragen; dafür danke ich ihr sehr.

Ein spezieller Dank geht an Brigitte Steger, ohne deren unermüdlichen Einsatz für unsere Familie so manche Zeile in den letzten Jahren ungeschrieben geblieben wäre. Schließlich danke ich ganz besonders und einmal mehr meiner Frau Marianne für ihre stete Unterstützung und Kooperation.

Augsburg, im Oktober 1999   Andreas Wirsching

Vorwort zur zweiten Auflage

Innerhalb des knappen Jahrzehnts, das seit dem Abschluss dieses Bandes vergangen ist, hat sich die Forschung über die Weimarer Republik höchst dynamisch fortentwickelt. Insbesondere ist sie seit den 1990er Jahren in vollem Umfang von der „kulturgeschichtlichen Wende" erfasst worden und hat dementsprechend neue Gegenstände, Fragestellungen und Methoden generiert.

In erster Linie von dieser Entwicklung zeugt der hier vorgelegte Nachtrag. Er will dem Leser auf knappem Raum und in strenger Auswahl die wichtigsten Themen und Tendenzen der aktuellen Forschung aufzeigen. Dabei soll freilich nicht vergessen werden, dass neue Wege stets nur auf der Basis gesicherter Forschungsergebnisse begangen werden können. Solche langfristig bedeutsamen und im Kern kaum veraltenden Ergebnisse liegen seit langem vor. Im weitesten Sinne betreffen sie das politische Schicksal der Weimarer Demokratie: Parlament und Parteien, Wählerbewegungen und sozialmoralische Milieus, ökonomische Entwicklung und sozialstaatliche Intervention. Angetrieben wurden solche Forschungen meist von dem Stachel, den das Scheitern Weimars in die historisch-politische Debatte der Nachkriegszeit trieb.

Wenngleich die kulturgeschichtliche Erweiterung das Ende Weimars weitaus weniger stark in den Mittelpunkt stellt als die ältere Forschung, so lässt sie sich doch nicht als deren Antithese begreifen. Vielmehr ergänzen sich die unterschiedlichen Perspektiven nicht nur, sondern sie verbinden sich häufig auch überaus fruchtbar zu neuen Erkenntnissen über das Verhältnis von Politik, Gesellschaft und Kultur. In diesem Sinne gehören die beiden Teile des vorliegenden Bandes, sein Ersttext und der Nachtrag, unmittelbar zusammen.

Gedankt sei dem R. Oldenbourg Verlag für seine Initiative zur Neuauflage und seiner Lektorin, Gabriele Jaroschka, für die Betreuung der Drucklegung. Ich danke dem zuständigen EdG-Herausgeber, Horst Möller, für die Durchsicht des Nachtrags und für seine konstruktiven Vorschläge. Für technische Unterstützung an meinem Lehrstuhl danke ich Christina Kratzer, Heidrun Kilian und Iris Schmidt.

Augsburg, im März 2008   Andreas Wirsching

I. Enzyklopädischer Überblick

1. Entstehung, Verfassung und Krisenjahre der Weimarer Republik

Als am 3. März 1918 der Friede von Brest-Litowsk unterzeichnet wurde und kurz darauf Ludendorffs Westoffensive erste große Anfangserfolge zeitigte, mochten manche in Deutschland – durch Pressezensur und Propaganda zusätzlich in die Irre geführt – glauben, der langversprochene „Siegfrieden" sei nun doch noch in greifbare Nähe gerückt. Um so niederschmetternder mußte die seit dem 8. August unabweisbare Erkenntnis wirken, daß der Krieg definitiv verloren war. Der brutale Stimmungsumschwung innerhalb weniger Monate, ja Wochen, zuletzt sogar in wenigen Tagen trug sein Teil dazu bei, daß die politische Kultur des neu erstehenden Nachkriegsdeutschlands unter einem Defizit an Realitätsbewußtsein litt. Die „verdrängte Niederlage" (U. HEINEMANN) verhinderte eine tiefer gehende Auseinandersetzung mit der politisch problematischen Erbschaft des Kaiserreiches und mit denjenigen Kräften, die den Krieg gewollt, geführt und schließlich verloren hatten. Statt dessen wurde die Weimarer Republik mit der Niederlage belastet, während das kaiserliche Deutschland von breitesten bürgerlichen Schichten mit dem trügerischen Glanz nationaler Größe und deutscher Überlegenheit versehen wurde. „Die verdrängte Niederlage"

Diese rückblickende Verherrlichung war um so erstaunlicher, als sich Anfang November 1918 tatsächlich „kein Finger krümmte", um das alte Regime gegen den Ansturm der massenhaften Unzufriedenheit zu verteidigen. Niemand interessierte sich für die tatsächlich grundstürzenden verfassungspolitischen Reformen, die im Oktober aus der konstitutionellen eine parlamentarische Monarchie machten. Sosehr die Parlamentarisierung des Kaiserreichs und die Abschaffung des verhaßten preußischen Dreiklassenwahlrechts langjährig erhobene Reformforderungen erfüllten, sowenig Resonanz konnten die Reformen jetzt noch erwarten. Es gehört zu den Charakteristika des Kaiserreiches, daß es aus sich selbst heraus nicht die Kraft zur tatsächlichen Reform seiner Institutionen aufbrachte, um ihre Integrationskraft zu stärken und ihre Oktoberreformen 1918 soziale Basis zu erweitern. Erst Ludendorffs rein taktisches Kalkül, zur Wahrung günstiger Friedenschancen und zur Camouflage seiner eigenen Verantwortung „jetzt auch diejenigen Kreise an die Regierung zu bringen, denen wir es in der Hauptsache verdanken, daß wir soweit gekommen sind", brach dem Reformstau Bahn. Doch es war zu spät; er mutierte zur revolutionären Welle, die das kaiserliche Deutschland innerhalb weniger Tage hinwegspülte.

Nicht auf die sensationellen verfassungspolitischen Entwicklungen im Innern blickte die vom Krieg gezeichnete Öffentlichkeit Anfang November 1918, sondern auf die Noten des amerikanischen Präsidenten Woodrow Wilson. Sie beflügelten die allumfassende Friedenssehnsucht, welche breiteste Schichten des Volkes nunmehr gebieterisch beherrschte. Nur mühsam zwischen den Zeilen verborgen, sprachen die Wilson-Noten aus, was viele dachten: Wilhelm II. als Protagonist des alten Regimes mußte abdanken, damit ein demokratisches Deutschland einen Frieden zwischen gleichberechtigten Völkern würde schließen können. Daß sich der Kaiser hierzu nicht entschließen konnte, er vielmehr von Tag zu Tag immer mehr als Friedenshindernis erschien, besiegelte das Schicksal der Monarchie. Anfang November wurde dem im belgischen Spa weilenden Kaiser, der Obersten Heeresleitung, aber auch der neuen parlamentarischen Regierung unter Reichskanzler Max von Baden endgültig das Gesetz des Handelns entrissen. Der gerade begonnene Reformprozeß mündete in die Revolution.

Den Anlaß hierzu gab der Befehl der Marineleitung zum Auslaufen der in Kiel und Wilhelmshaven ankernden Hochseeflotte. Geschmiedet, um die strategische Beherrschung der Weltmeere durch Großbritannien herauszufordern, hatte dieses technische Prunkstück des kaiserlichen Deutschland während des Krieges eine eher passive Rolle gespielt und war im wesentlichen zur Tatenlosigkeit in den heimatlichen Häfen verdammt gewesen. Jetzt, da der Krieg definitiv verloren war, hielt es die Seekriegsleitung unter Admiral Scheer, ohne Rücksprache mit der Reichsregierung, indes für angemessen, England doch noch zu einer Art Entscheidungsschlacht zur See herauszufordern. Angesichts einer drohenden Auslieferung der Flotte an die Alliierten erschien dies als „eine Lebensfrage für die Marine und eine Ehrenfrage für ihre durch Not und Tod bisher so glänzend bewährten, braven, tapferen, herrlichen Besatzungen" (Konteradmiral von Levetzow). Die Besatzungen jedoch verweigerten die Gefolgschaft, zu stark überwog die Furcht, sinnlos geopfert zu werden. Das Ergebnis waren Befehlsverweigerungen, Verhaftungen, schließlich die offene Meuterei. Bis zum 3. November bildete sich in Kiel ein Netz von Arbeiter-

Friedenssehnsucht der Bevölkerung

Forderung nach Abdankung Kaiser Wilhelms II.

Befehlsverweigerung bei der Marine

1. Entstehung, Verfassung und Krisenjahre der Weimarer Republik

und Soldatenräten, die schließlich ohne nennenswerten Widerstand die örtliche Macht übernahmen. Am 5. und 6. November 1918 weitete sich die Revolte auf fast alle Küstenstädte aus, am 7. November begann die Revolution in München, am 8. November erreichte die Aufstandswelle Köln und Braunschweig. Arbeiter- und Soldatenräte

Dieser Verlauf der Revolution war insofern von langfristiger Bedeutung, als er die föderale Struktur des Deutschen Reiches bestätigte. Anders als die Revolutionen von 1789, 1848 und 1917 nahm die Novemberrevolution ihren Ausgangspunkt nicht in der Metropole, sondern in der Provinz. In Berlin blieb die Lage zunächst ruhig, was nicht der Ironie entbehrte, gab es doch einzig in der Hauptstadt tatsächlich eine Gruppierung, welche die Revolution gezielt vorbereitete: Die sogenannten „Revolutionären Obleute" hielten unter dem Eindruck der russischen Oktoberrevolution auch Deutschland für umsturzreif. Über ein ausgedehntes und gut organisiertes Netz von Vertrauensleuten in den Berliner Betrieben verfügend, setzten die Obleute den Zeitpunkt für die Revolution zunächst auf den 4. November 1918 fest, verlegten ihn aber kurz darauf auf den 11. November. Am 9. November wurden freilich auch sie von den Ereignissen überrollt: Die Revolution erreichte nun Berlin. Bestätigung der föderalen Struktur des Reiches

„Revolutionäre Obleute"

Unter dem Druck von Massendemonstrationen übergab Max von Baden das Amt des Reichskanzlers dem Vorsitzenden der Mehrheitssozialdemokraten, Friedrich Ebert. Für die Zukunft begründete dieser Übergabeakt eine doppelte Legitimität: Zum einen wahrte er den Anschein der Kontinuität; zum anderen aber begründete er revolutionäres Recht, oblag doch die verfassungsmäßige Berufung des Reichskanzlers ganz unbestritten dem Kaiser. Wilhelm II. freilich grübelte noch im fernen Spa darüber, ob er abdanken solle oder nicht. Sein endlich gefaßter Beschluß, zwar als deutscher Kaiser abzudanken, nicht jedoch als König von Preußen, war verfassungsrechtlich eine Unmöglichkeit und politisch schon ohne jegliche Bedeutung: Unter dem Druck der weiterhin demonstrierenden Massen verkündete Philipp Scheidemann gegen 14.00 Uhr vom Balkon des Reichstags die Deutsche Republik. Fünf Jahrhunderte Hohenzollernmonarchie waren damit beendet; doch bereits der republikanische Aufbruch offenbarte die Spaltung der politischen Kräfte: Zwei Stunden nach Scheidemann rief Karl Liebknecht die Sozialistische Republik Deutschland aus. Friedrich Ebert Reichskanzler

Ausrufung der Republik

Der Amtsantritt Friedrich Eberts als Reichskanzler mündete bereits am 10. November 1918 in die Bildung einer Revolutionsregierung, des Rates der Volksbeauftragten. SPD und Unabhängige Sozialdemokraten waren in ihm paritätisch vertreten: Ebert, Scheidemann, Rat der Volksbeauftragten

Landsberg für die SPD, Haase, Dittmann, Barth für die USPD. Die Bildung einer solchen revolutionären sozialistischen Koalitionsregierung, der zumindest vordergründig die ganze Macht in Deutschland zugefallen war, konnte freilich nicht verbergen, daß die deutsche Arbeiterbewegung sich aus heterogenen Kräften zusammensetzte und z.T. tiefe innere Gegensätze aufwies. Schon während des Weltkrieges hatte sich zumindest eine politische Dreispaltung abgezeichnet. Auf der äußersten Linken stand der Spartakusbund um Rosa Luxemburg und Karl Liebknecht. Sich verhältnismäßig am stärksten am Vorbild Lenins und der Bolschewiki orientierend, war das erklärte Ziel des Spartakusbundes eine deutsche Räterepublik und das Bündnis mit Rußland. Der Spartakusbund befand sich daher nicht nur in einer klassenkämpferischen Frontstellung gegen die alten Eliten, sondern auch gegenüber der Sozialdemokratie. Der 4. August 1914, an dem die Sozialdemokratie im Reichstag der Bewilligung von Kriegskrediten zugestimmt hatte, galt der extremen Linken als Tag des „Verrates". Ebert und Scheidemann und mit ihnen die ganze Mehrheit der Sozialdemokratie galten dem Spartakusbund auch im November 1918 als „Arbeiterverräter", denen es allein um die Stabilisierung des Systems und um Kompromisse mit dem Klassenfeind zu tun sei. Demgegenüber hielten es die Spartakisten für notwendig, die Revolution gegebenenfalls auch mit Gewalt weiterzutreiben, was ihrer Politik ein immanent putschistisches Element verlieh.

Allerdings repräsentierte der Spartakusbund, der an der Jahreswende 1918/19 maßgeblich an der Gründung der KPD beteiligt war, nur eine kleine Minderheit innerhalb der deutschen Arbeiterbewegung. In den Betrieben verfügte er über keinen nennenswerten Rückhalt. Substantiellen Einfluß in den Betrieben, insbesondere in der Hauptstadt Berlin, übte dagegen die USPD aus. Als linker bzw. dezidiert pazifistischer Flügel der Sozialdemokratie hatte sich die USPD im Jahre 1917 abgespalten; entscheidend hierfür war die Haltung des Mehrheitsflügels zum Krieg, zu den Kriegskrediten und zur Burgfriedenspolitik im allgemeinen gewesen. Allerdings genügte der gemeinsame Nenner der gegen die Mehrheitssozialdemokratie gerichteten Antikriegspolitik nicht, die überaus heterogene ideologische Gemengelage innerhalb der USPD zu überdecken. Ihr linker Flügel, repräsentiert insbesondere durch die Revolutionären Obleute, befürwortete ebenfalls ein energisches Weitertreiben der Revolution, während auf der Rechten sich der wichtigste Theoretiker des Revisionismus, Eduard Bernstein, befand. Die gemäßigte Richtung der USPD tendierte daher, nachdem mit dem Ersten Weltkrieg der Hauptdivergenzpunkt erledigt war, zurück zur

1. Entstehung, Verfassung und Krisenjahre der Weimarer Republik

MSPD. In der Konsequenz spaltete sich die USPD im Oktober 1920, als es um die Haltung der Partei zur Kommunistischen Internationale ging. Die Mehrheit der Mitglieder ging zur KPD (VKPD), viele andere gingen zurück zur MSPD. Im Jahre 1922 erfolgte dann die „Wiedervereinigung" zwischen dem Großteil der sogenannten „Rest-USPD" und der Sozialdemokratischen Partei.

Die eigentliche Macht fiel nach dem 9. November 1918 freilich der MSPD und ihren Führern Ebert und Scheidemann zu. In der Arbeiterschaft besaßen sie unbestritten die stärkste Position. Die SPD war, zumindest auf ihrer Funktionärsebene, im Herbst 1918 keine revolutionäre Partei mehr. Zwar artikulierten sich SPD und Gewerkschaften nach wie vor mittels eines marxistisch-klassenkämpferischen Vokabulars. Aber das Kategoriensystem des orthodoxen Marxismus hatte seit der Jahrhundertwende eine Metamorphose der Inhalte erfahren. Begriffe wie „Klassenkampf", „Revolution", „Diktatur des Proletariats" waren im Zuge von Revisionismus und Reformismus umgewertet worden. „Klassenkampf" ließ sich aus mehrheitssozialdemokratischer Sicht nunmehr auch in Form parlamentarisch-demokratischer Auseinandersetzung führen; „Revolution" ließ sich ökonomisch, als „wirtschaftliche Revolution" begreifen, was dann die allmähliche und gewaltlose, demokratisch legitimierte Umgestaltung der Produktionsverhältnisse meinte. Die Politik der MSPD und eines Großteils der Gewerkschaften zielte im Winter 1918/19 auf die evolutionäre Fortentwicklung des Bestehenden. Ihre hauptsächlichen Ziele lauteten: parlamentarische Demokratie, Verhältnis- und Frauenwahlrecht, Verbesserung der materiellen Arbeitsverhältnisse und Ausbau des Sozialstaats.

Aus diesen Umständen erklären sich die für die weitere Geschichte der Weimarer Republik zentralen Basisentscheidungen vom Ende des Jahres 1918. Die erste dieser Basisentscheidungen, das sog. „Bündnis Ebert-Groener" betraf die Militärpolitik. Die unter Ebert neu gebildete Regierung des Rates der Volksbeauftragten stand vor der Aufgabe, sich selbst exekutive Autorität zu verschaffen, um die drängendsten Probleme zu lösen und das kurzfristige Hauptziel, die Wahlen zur Nationalversammlung, durchzusetzen. Angesichts der nicht auszuschließenden Möglichkeit einer gewaltsamen Radikalisierung nach links sowie angesichts des Risikos einer gegenrevolutionären Bewegung stellte sich das Problem einer bewaffneten, regierungstreuen Macht in besonderer Schärfe. Daß der Rat der Volksbeauftragten dieses Problem nicht aus eigener Kraft und Initiative lösen konnte, hatte einen entscheidenden Grund darin, daß die Sozialdemokratie an Militärfragen traditionell desinteressiert gewesen war. Fest verankert in der pazi-

Mehrheitssozialdemokratie

Politische Ziele der MSPD

Grundsatzentscheidungen Ende 1918

„Bündnis Ebert-Groener"

fistischen Tradition, verfügte sie in der Revolutionsphase über keinerlei militärpolitische Programmatik, aber auch über keine Soldaten. Tatsächlich stand sie daher unvorbereitet vor dem militärpolitischen Vakuum, das sich durch den Zusammenbruch des Kaiserreiches auftat. Hinzu kam, daß der Waffenstillstandsvertrag, den der Zentrumspolitiker Matthias Erzberger am 11. November 1918 unterzeichnete, die forcierte Demobilisierung erzwang. Unter diesen Voraussetzungen war eine Absprache des Rates der Volksbeauftragten mit der Obersten Heeresleitung kaum vermeidbar; sie erfolgte am 10. November 1918 durch ein Telefongespräch zwischen Ebert und General Wilhelm Groener, dem Nachfolger Ludendorffs in der OHL. In dieser Absprache akzeptierte die OHL den Rat der Volksbeauftragten als rechtmäßige Regierung und versprach ihre Unterstützung bei der Aufrechterhaltung von Sicherheit und Ordnung. Im Gegenzug erkannte Ebert und mit ihm der Rat der Volksbeauftragten die OHL als oberste militärische Befehlsinstanz an und versprach die Unterstützung bei der Aufrechterhaltung der militärischen Disziplin. Zu Recht ist diese Absprache zwiespältig beurteilt worden; und daß dem Rat der Volksbeauftragten in der Folge keine wirklich durchgreifende Initiative gelang, um eine republiktreue Truppe aufzubauen, verschärfte die Problematik der Übereinkunft zwischen Ebert und Groener: Als Hauptrepräsentant des alten Regimes war die OHL durch die Niederlage vorübergehend aus dem Spiel gewesen; durch die Absprache mit dem Rat der Volksbeauftragten wurde sie aufgewertet und als gleichberechtigter Partner wieder ins Spiel gebracht. Das aus dem preußischen Obrigkeitsstaat herrührende konstitutionelle Spezifikum des Kaiserreiches, die mangelnde Durchsetzung der zivilen Prärogative gegenüber der bewaffneten Macht, wurde so als ein Strukturproblem in die Weimarer Republik übertragen.

Probleme der Demobilisierung

Die zweite Basisentscheidung vom Herbst 1918 betraf eine sozialpolitische Weichenstellung. Bereits vor dem 9. November 1918 hatten Arbeitgeber und Gewerkschaften sich zu Spitzengesprächen zusammengefunden. Beide Seiten suchten wechselseitige Anerkennung und die Aufwertung der eigenen Position bei weitgehender Vermeidung staatlicher Intervention. Die Unternehmer waren an einer Rückversicherung gegen möglicherweise drohende Sozialisierungen interessiert, während sich die Gewerkschaften als einziger akzeptierter Verhandlungspartner der Arbeitgeber angesichts der Konkurrenz durch die Arbeiterräte zu profilieren suchten. Aus dieser partiellen Identität der Interessen heraus, gleichsam im Rücken der Revolution, wurde am 15. November 1918 die Zentralarbeitsgemeinschaft mit dem sog. „Stinnes-Legien-Abkommen" aus der Taufe gehoben. Gewissermaßen

Zentralarbeitsgemeinschaft

im Sinne späterer „Sozialpartnerschaft" akzeptierte die Unternehmerseite die Gewerkschaften als gleichberechtigte Verhandlungspartner. Künftig sollten kollektiv ausgehandelte Tarifverträge die Lohnentwicklung bestimmen, und mit dem Achtstundentag akzeptierten die Arbeitgeber eine lang zurückreichende Forderung der Arbeiterbewegung. Darüber hinaus konzedierte die Unternehmerseite in Betrieben mit mehr als fünfzig Beschäftigten die Einrichtung von Arbeiterausschüssen, den Vorläufern der späteren Betriebsräte. Im Gegenzug erkannten die Gewerkschaften die grundsätzliche Fortgeltung der gegenwärtigen Gesellschaftsordnung sowie der Besitzverhältnisse an. In der Konsequenz stieß künftig jeder weitere Vorstoß zu einer Sozialisierung auf den überwiegenden Widerstand der Gewerkschaftsführungen.

Die dritte Basisentscheidung wurde auf dem Ersten Allgemeinen Kongreß der Arbeiter- und Soldatenräte vom 16. bis 21. Dezember 1918 in Berlin getroffen. Sie stellte eine grundlegende verfassungspolitische Weichenstellung dar. Der Kongreß, der die höchste revolutionäre Instanz bildete, rekrutierte sich aus Delegierten aus ganz Deutschland. Die Wahlen der Delegierten bestätigten, daß es im Deutschland der Novemberrevolution keine linksextremistische Mehrheit gab: ca. dreihundert Delegierte gehörten der MSPD, ca. hundert Delegierte der USPD an. Hinzu kamen nur wenige der extremen Linken angehörige Delegierte. Bezeichnend ist, daß Rosa Luxemburg und Karl Liebknecht nicht nur kein Mandat erhielten, sondern daß auch der Antrag, ihnen auf dem Kongreß einen Gaststatus zu gewähren, mehrheitlich abgelehnt wurde. Seine wichtigste Entscheidung traf der Kongreß im Sinne der Mehrheitssozialdemokratie: Mit einer Mehrheit von 344 gegen 98 Stimmen lehnte er die Räte als Grundlage der Verfassung sowie als gesetzgebende und vollziehende Gewalt ab; und mit 400 gegen 50 Stimmen setzte er die Wahlen zur Nationalversammlung zum technisch frühest möglichen Termin, dem 19. Januar 1919, fest. Über die sich daran anschließenden Wahlen zum Zentralrat, der als selbständiges Überwachungsorgan des Rates der Volksbeauftragten konzipiert war, kam es indes zum offenen Zerwürfnis. Mehrere der USPD angehörige Delegierte forderten eine grundsätzliche Prärogative für den Zentralrat; nachdem dies von der Mehrheit des Kongresses abgelehnt worden war, boykottierte die USPD die Wahlen zum Zentralrat. Die Folge war, daß dem neuen Organ ausschließlich MSPD-Abgeordnete angehörten; damit zeichnete sich der Bruch der Koalition von SPD und USPD im Rat der Volksbeauftragten bereits ab; er erfolgte am 28. Dezember 1918.

Die genannten drei Weichenstellungen vom Jahresende 1918 bildeten einen starken Riegel gegen eine Radikalisierung der Revolution und gegen die Forderung der Linken nach einem Weitertreiben der Revolution; sie verbürgten ein hohes Maß an politisch-gesellschaftlicher Kontinuität zum Kaiserreich, aber auch an Rechtsstaatlichkeit. Ebenso unzweifelhaft ist es freilich, daß dieser Verlauf der Revolution erhebliche Enttäuschungen hervorrief. So blieb die Sozialisierung der als „reif" angesehenen Wirtschaftszweige wie des Bergbaus oder des Bankwesens aus; von der Mehrheit des Ersten Allgemeinen Rätekongresses war dies ebenso gefordert worden wie die „Demokratisierung" des Heeres („Hamburger Punkte"). Aus solchen Enttäuschungen speiste sich die zunehmende Erbitterung der Linken über die Politik der Mehrheitssozialdemokratie, die je länger desto weniger dem Vorwurf des „Arbeiterverrats" zu entgehen vermochte. Dem standen seitens der konterrevolutionären Kräfte die nicht geringere Verbitterung über den Kriegsausgang, eine häufig übertriebene – auch bei der MSPD großenteils anzutreffende – Furcht vor dem „Bolschewismus" sowie eine ansteigende Gewaltbereitschaft gegenüber. In dieser Situation erwies es sich als verhängnisvoll, daß der Rat der Volksbeauftragten militärisch mehr oder minder machtlos war. Tatsächlich befand er sich sicherheitspolitisch vollständig in der Hand der alten Kräfte, d. h. der OHL und der seit Anfang Januar 1919 gebildeten Freikorps.

Enttäuschung über den Revolutionsverlauf

Die Kluft, die sich zwischen der Enttäuschung über den Verlauf der Revolution und der gegenrevolutionären Mobilisierung auftat, wurde seit Mitte Dezember 1918 immer tiefer, und seit dem Kampf um das Berliner Stadtschloß an Weihnachten 1918 eskalierte die Spannung immer häufiger in gewaltsamen Auseinandersetzungen. Auf der einen Seite setzte die extreme Linke ihre hemmungslose Agitation gegen die Regierung fort; auf der anderen Seite stand das ungemein brutale Vorgehen der neugebildeten Freikorpstruppen. Beginnend mit dem „Januaraufstand", in dessen Verlauf am 15.1.1919 Rosa Luxemburg und Karl Liebknecht ermordet wurden, entwickelten sich in Deutschland während der ersten Jahreshälfte 1919 mehr als einmal bürgerkriegsähnliche Zustände. Dies gilt für den Versuch eines revolutionären Generalstreiks und seine gewaltsame Niederschlagung in Berlin im März 1919 ebenso wie für die Liquidation der Münchner Räterepublik Anfang Mai 1919, aber auch für zahlreiche Unruhen und Aufstandsversuche in vielen Teilen des Reiches. Zwar bildeten die Freikorpstruppen unter dem sozialdemokratischen Reichswehrminister Gustav Noske tatsächlich eine scharfe und effiziente Waffe im Kampf gegen die Aufstandsversuche der extremen Linken; keineswegs aber waren die Freikorps gegenüber der Republik immer loyal eingestellt. Vielmehr bestand eine z.T. extreme Unverhältnismäßigkeit der Mittel, mit denen lokale Aufstände

Radikalisierung und gegenrevolutionäre Mobilisierung

„Januaraufstand 1919"

1. Entstehung, Verfassung und Krisenjahre der Weimarer Republik

niedergeschlagen wurden. Haß säte dabei Haß, und Gewalt gebar Gegengewalt, wenn sich auf beiden Seiten die Politik zunehmend auf ein physisches Freund-Feind-Verhältnis zu reduzieren schien.

> Niederschlagung revolutionärer Erhebungen durch Freikorps

Fast überrascht es, daß sich parallel hierzu die neue Staatsgewalt schnell zu konsolidieren vermochte. Am 19. Januar 1919 gaben in der Wahl zur Nationalversammlung drei Viertel der Wähler ihre Stimmen einer der Parteien der späteren Weimarer Koalition. Während die SPD 37,9% der abgegebenen Stimmen erhielt, entfielen auf die DDP 18,5% und auf die Zentrumspartei 19,7%. Bereits am 6. Februar 1919 trat die neu gewählte Nationalversammlung in Weimar zusammen; am 11. Februar wählte sie Friedrich Ebert zum provisorischen Reichspräsidenten, während Philipp Scheidemann die erste parlamentarische Reichsregierung der Republik bildete. Zugleich war auch der Prozeß der Verfassungsschöpfung weit vorangeschritten. Schon im November 1918 hatte Ebert den linksliberalen Staatsrechtler Hugo Preuß zum Staatssekretär im Reichsministerium des Innern ernannt und ihn mit dem Entwurf einer Reichsverfassung beauftragt. Während am 10. Februar 1919 das Gesetz über die vorläufige Reichsgewalt verabschiedet wurde, hatte die Diskussion über Preuß' Entwürfe und Denkschriften bereits begonnen. Preuß, der in der Regierung Scheidemann selbst das Amt des Reichsinnenministers bekleidete, favorisierte eine weitgehend unitarische Verfassung sowie eine grundlegende Reichsgebietsreform. Preußen sollte demzufolge in mehrere mittelgroße Einzelstaaten aufgeteilt, kleinere Staaten sollten zusammengefaßt und die Kompetenzen der Länder sollten deutlich reduziert werden. In einem „dezentralisierten Einheitsstaat" wären die Länder ihrer Eigenstaatlichkeit beraubt worden; im ersten Preuß'schen Verfassungsentwurf hätten sie somit nur noch die Funktion von Organen „höchst potenzierter Selbstverwaltung" erfüllt. Diesen Vorstellungen setzten die Länder, allen voran Bayern und Preußen, entschiedenen Widerstand entgegen. Die Entscheidung darüber, daß die gewachsene föderativ-bundesstaatliche Struktur des Reiches, die ja durch den Revolutionsverlauf bestätigt worden war, beizubehalten sei, fiel bereits am 25. Januar 1919 auf einer Besprechung zwischen dem Rat der Volksbeauftragten und den Vertretern der Einzelstaaten. Der revidierte Verfassungsentwurf von Hugo Preuß respektierte denn auch den Grundsatz der föderativen Ordnung bei territorialer Integrität der Länder.

> Wahlen zur Nationalversammlung
>
> Ebert Reichspräsident
>
> Preuß' Verfassungsentwürfe
>
> Widerstand der Länder

Das Deutsche Reich blieb also auch unter republikanischem Vorzeichen ein Bundesstaat, wenn es insgesamt auch zentralistischer verfaßt war als das Kaiserreich. Zwar blieben die Kompetenzen der Einzelstaaten im wesentlichen unangetastet; allerdings verfügte der

> Beibehaltung der föderalen Struktur des Reiches

Reichsrat in der Weimarer Republik im Gegensatz zu seinem Vorgänger, dem Bundesrat, über geringere Einflußmöglichkeiten, so daß das föderative Element in der Weimarer Republik schwächer ausgeprägt war als im Kaiserreich, aber auch als in der späteren Bundesrepublik. Hinzu kam im Jahre 1919/20 die Erzbergersche Reichsfinanzreform, welche die Einkommenssteuerhoheit von den Ländern auf das Reich übertrug. Die Reichsfinanzreform bestätigte damit eine schon lange bestehende Tendenz, die im Ersten Weltkrieg übermächtig geworden war und den Reichszentralismus beständig verstärkt hatte. Die Reichsfinanzreform zog die Konsequenz daraus, daß das Reich immer mehr Aufgaben an sich gezogen hatte und übertrug ihm nun die dafür notwendige finanzpolitische Prärogative.

Erzbergers Reichsfinanzreform

Im ganzen bieten die Verfassungsdiskussionen der Nationalversammlung im Jahre 1919 ein Lehrstück dafür, wie auch der beste Wille durchaus problematische Folgen hervorbringen kann. Unterstützt von Hugo Preuß, aber auch z. B. Max Weber, vertrat die Mehrheit der Nationalversammlung die Auffassung, daß dem Parlament nicht die gesamte Macht anvertraut werden dürfe, wolle man nicht Gefahr laufen, daß das Volk entmündigt und einer Art „Parlamentsabsolutismus" unterstellt würde. Dieses Mißtrauen gegen den konsequenten Parlamentarismus als eigentlicher Form der repräsentativen Demokratie führte zu einem Kompromiß. Die Nationalversammlung verknüpfte Elemente der repräsentativen mit solchen der präsidialen und plebiszitären Demokratie. Neben den Reichstag stellte sie einen starken, direkt gewählten Reichspräsidenten, der, ganz in der Tradition des Konstitutionalismus, als „pouvoir neutre", der über den Interessen der Gesellschaft stand, begriffen wurde. Hinzu traten die Instrumente der direkten Demokratie wie Volksbegehren und Volksentscheid.

Mißtrauen gegenüber der Macht des Parlaments

Diese Verknüpfung unterschiedlicher Demokratiemodelle trug den Keim verfassungspolitischer Dysfunktionalität in sich. Dies galt für die insgesamt sieben Versuche, im Verlauf der Weimarer Republik auf Reichsebene einen Volksentscheid durchzuführen. Sie alle blieben erfolglos, auch wenn zumindest zwei Volksbegehren erhebliche Bedeutung erreichten: das Volksbegehren gegen die Fürstenabfindung im Jahre 1926 und das Volksbegehren gegen den Young-Plan im Jahre 1929. Während beide Volksbegehren von den jeweiligen extremistischen Flügelparteien, 1926 der KPD, 1929 der NSDAP, im überwiegend demagogisch-antirepublikanischen Sinne instrumentalisiert wurden, rissen sie doch zugleich tiefe Gräben zwischen denen auf, die gemeinsam die Republik hätten tragen können, nämlich Sozialdemokratie und gemäßigtem Bürgertum.

Verfassungspolitische Dysfunktionalität

Gravierendere Folgen hatte freilich die Stellung des Reichspräsidenten. Tatsächlich bildete dessen starke verfassungsrechtliche Position seit Ende der zwanziger Jahre ein Einfallstor für antiparlamentarische und antirepublikanische Kräfte, die darauf hinwirkten, die Republik in ein autoritäres Regime umzuformen. Die bekannteste der präsidialen Kompetenzen, der Art. 48 WRV, regelte das Ausnahme- und Notstandsrecht. Der zugrunde liegende Begriff der „öffentlichen Sicherheit und Ordnung", bei deren erheblicher Gefährdung der Reichspräsident zur Reichsexekution und/oder zum Erlaß von gesetzesvertretenden Notverordnungen berechtigt war, erwies sich im Verlauf der Weimarer Republik als dehnbar. In Ermangelung eines von der Verfassung eigentlich vorgesehenen Ausführungsgesetzes wurde der Art. 48 bereits 1922/23, während der Inflationszeit, auf einen finanziellen und wirtschaftlichen Notstand angewendet. Dagegen blieb es erst dem zweiten Reichspräsidenten, dem Generalfeldmarschall Hindenburg, vorbehalten, den Art. 48 in systematischer Weise mit den anderen beiden zentralen präsidialen Kompetenzen zu kombinieren, nämlich mit dem Art. 53 WRV, der das Recht des Reichspräsidenten zur Ernennung des Reichskanzlers regelte, sowie mit dem Art. 25 WRV, der dem Reichspräsidenten das Recht zuwies, den Reichstag aufzulösen. Tatsächlich war es die Kombination dieser drei Artikel, welche die Machtfülle des Reichspräsidenten im Sinne einer präsidialen „Reserveverfassung" begründete. Mit ihnen war der Reichspräsident Herr über die Exekutive und verfügte nach Ausschaltung des Reichstages mit dem Notverordnungsartikel selbst über eine quasi-legislative Kompetenz. Diese Kombination, die faktisch die Möglichkeit zur Diktaturgewalt eröffnete, war 1919, als die Weimarer Reichsverfassung am 11. August in Kraft trat, kaum vorauszusehen. Sie entwickelte sich allmählich und unterlag auch keiner Zwangsläufigkeit. Entscheidend war, daß der Reichstag immer weniger zur konstruktiven Mehrheitsbildung fähig war, so daß im Verfassungsgefüge ein Vakuum entstand, in welches gegen Ende der zwanziger Jahre antiparlamentarische Kräfte eindrangen.

Zunächst jedoch vermochte sich die neue Demokratie als parlamentarische Republik zu behaupten und zu konsolidieren. Dies ist um so bemerkenswerter, als sich die Weimarer Republik in ihrer Anfangsphase einem massiven und zugleich ineinandergreifenden Druck von drei Seiten ausgesetzt sah: außenpolitisch vom Versailler Frieden und von der französischen „Exekutionspolitik", von der extremen Linken durch den zur Massenbewegung werdenden Kommunismus und von den sich sammelnden gegenrevolutionären bzw. rechtsextremen Kräften. Wenn sich Deutschland ultimativ gezwungen sah, sich jenen Vorgaben der Siegermächte zu beugen, welche die große Mehrheit der Deutschen ablehnte, so leitete dies Wasser auf die Mühlen der extremen Nationalisten. Mehr als einmal erfolgte daher in den Jahren von 1920 bis 1923 ein Frontalangriff auf die Republik durch Gewalt, d. h. durch Putschversuche und politische Attentate. Im schwerwiegendsten dieser Putschversuche, im Kapp-Lüttwitz-Putsch vom 13. bis 16. März 1920, kulminierten soziale, ideologische und verfassungspolitische Faktoren. Aufgrund der Abrüstungsbestimmungen des Versailler Friedens standen viele Offiziere beruflich vor dem Nichts, ihre materielle Lage war ungeklärt und ohne große Aussicht auf Besserung. Daß sich die republikanische Regierung gegenüber den Forderungen der Alliierten nicht zu einem entschlossenen Nein hatte durchringen können, diskreditierte die Weimarer Demokratie in den Augen des ohnehin überwiegend monarchistisch gesinnten Offizierskorps um so mehr. Verfassungspolitisch schließlich offenbarte der Kapp-Lüttwitz-Putsch die ungenügende Integration der Reichswehr in den Staat von Weimar. Aus dem Kaiserreich hatte letzterer das faktisch quasi gleichberechtigte Nebeneinander von militärischer und ziviler Kommandogewalt übernommen. Als daher der Putsch die Frage der republikanischen Loyalität innerhalb der Reichswehr aufwarf, verschanzte sich Hans von Seeckt, der Chef des Truppenamtes im Reichswehrministerium, hinter einer „neutralen" Haltung und verweigerte den Einsatz der Reichswehr gegen die putschenden Freikorpstruppen, ohne diese allerdings zu unterstützen. Obwohl sich die Reichsregierung unter dem sozialdemokratischen Reichskanzler Gustav Bauer zur Flucht nach Stuttgart genötigt sah, hatte der Putsch keine Chance auf Erfolg. Er besaß kaum eine soziale Basis und umfaßte wenig mehr als das ostelbische agrarkonservative Milieu, aus dem nicht wenige der putschenden Offiziere stammten. Als die Gewerkschaften entschlossen zu einem politischen Generalstreik aufriefen, brach der Putsch innerhalb weniger Tage zusammen.

Indes offenbarte die daraufhin einsetzende massive politische Radikalisierung, welch zweischneidige Waffe der Generalstreik war. Einerseits trug er maßgeblich zum Sturz der Putschregierung unter dem ostpreußischen Generallandschaftsdirektor Wolfgang Kapp bei; andererseits setzte er eine zur Radikalisierung neigende Eigendynamik frei. Vor allem im Ruhrgebiet führte sie zu neuen Aufstandsbewegungen der extremen Linken, zur Bildung einer „Roten-Ruhrarmee", die von der Reichswehr wiederum z.T. mit unverhältnismäßiger Brutalität niedergeschlagen wurde.

Die extreme Rechte lehrten die Ereignisse des Jahres 1920 dagegen, daß ein Putsch gegen die Republik zumindest solange chancenlos bleiben mußte, wie sich die Reichswehr „neutral" verhielt. Politische Gewalt von rechts erfolgte daher in den nächsten Jahren weniger durch Putschversuche als durch politische Geheimbündelei und politische Attentate. Überwiegend organisiert und ausgeführt wurden sie von Angehörigen der Organisation Consul (O.C.), deren Chef, der Korvettenkapitän Hermann Ehrhardt, bereits beim Kapp-Lüttwitz-Putsch eine führende Rolle gespielt hatte. Am 9. Juni 1921 wurde der USPD-Politiker Karl Gareis in München ermordet, am 26. August 1921 Matthias Erzberger (Z.) und am 24. Juni 1922 der Reichsaußenminister Walter Rathenau (DDP). Weitere Attentate, u. a. auf Scheidemann und den Journalisten Maximilian Harden, blieben erfolglos. Hinzu kam eine unübersehbare Zahl von politisch motivierten Morden an Unbekannten, wobei es sich häufig um Fememorde innerhalb des rechtsextremen Milieus handelte. Politische Geheimbünde und politische Morde
Organisation Consul

Ein zentrales Element im Kalkül der rechtsextremen Republikfeinde bildete darüber hinaus die Möglichkeit eines kommunistischen Aufstandes. Eine solcherart verschärfte innenpolitische Lage hätte auf einen gegenrevolutionären Staatsstreich im Namen des „Antibolschewismus" hoffen lassen, der von breiten bürgerlichen Kräften mitgetragen werden würde. Diese Strategie konnte sich in dem Maße Chancen ausrechnen, wie auf der extremen Linken ein tatsächlich autochthones Gewaltpotential existierte. Unter Federführung der Kommunistischen Internationale wurde in der KPD, nachdem der Parteiführer Paul Levi und seine Anhänger im Februar 1921 gestürzt worden waren, der Weg zur sog. „Offensivtheorie" frei. Deren unmittelbare Frucht bestand in der von Moskau initiierten „Märzaktion" der KPD von 1921, die in enger Zusammenarbeit zwischen der Komintern und der neuen KPD-Führung um August Thalheimer durchgeführt wurde. Der Versuch, v. a. in dem mitteldeutschen Chemiedreieck Halle-Merseburg-Leuna die Arbeiter zu bewaffnen und einen flächendeckenden Aufstand herbeizuführen, blieb freilich gegen die rasch eingesetzte Reichswehr ohne jede Chance und endete am 29. März 1921 beim Kampf um die Leuna-Werke in einem Blutbad. „Märzaktion" der KPD

Daß sich die Weimarer Republik gegen diese und andere Herausforderungen behaupten konnte, ist um so bemerkenswerter, als sie sich im Jahre 1923 noch einmal potenzierten. Zwar schien es zunächst so, als könnten die Deutschen unter dem parteilosen Reichskanzler Wilhelm Cuno der am 11. Januar 1923 erfolgenden Ruhrbesetzung durch passiven Widerstand trotzen. Doch der fortbestehende französische Druck, der infolge der Finanzierung des passiven Widerstandes vorangetriebene vollständige Zusammenbruch der deutschen Währung, Krisenjahr 1923
Ruhrbesetzung und passiver Widerstand schließlich die Auflösungserscheinungen der antifranzösischen Einheitsfront seit Mitte des Jahres nötigten Cuno am 12. August 1923 zum Rücktritt und seinen Nachfolger Gustav Stresemann (DVP) am 26. September 1923 zum Abbruch des passiven Widerstandes. Unter Stresemann, der vorübergehend ein Kabinett der Großen Koalition anführte, und seinem Nachfolger Wilhelm Marx (Z.) gelang es den demokratischen Kräften, der größten Herausforderungen Herr zu werden. Insbesondere galt dies für die offene Herausforderung der Reichsgewalt durch Bayern, wo am 26. September 1923 unter dem Regierungspräsidenten von Oberbayern, Gustav Ritter von Kahr, und dem Kommandeur der in Bayern stationierten Reichswehrtruppen, dem General Otto Hermann von Lossow, in widerrechtlicher Weise der Ausnahmezustand nach Art. 48 WRV verhängt wurde. Die „Ordnungszelle Bayern" war schon längst bekannt als Versammlungspunkt für rechtsradikale, nationalistische und paramilitärische Verbände, darunter auch die NSDAP. Unter dem Schutz Bayerns konnte so die extreme antisemitische Rechte ihre Agitation entfalten, ein Prozeß, der schließlich in *Hitlerputsch* Hitlers Putschversuch vom 9. November 1923 kulminierte.

Zur gleichen Zeit verstärkte sich der Druck auf die Weimarer Republik durch die extreme Linke ein weiteres Mal. Gegen den Willen der Reichsleitung der SPD bildete sich im März 1923 in Sachsen ein von der KPD toleriertes Minderheitenkabinett unter dem sozialdemokratischen Ministerpräsidenten Erich Zeigner. Zum Schutz dieser „Arbeiterregierung" wurden Teile der Arbeiterschaft in „proletarischen Hundertschaften" bewaffnet und zu paramilitärischen Übungen zusammengezogen. Am 23. August 1923 beschloß das Politbüro der russischen kommunistischen Partei den Übergang zur revolutionären Offensive. Der „deutsche Oktober" verpuffte jedoch rasch, als sich in Sachsen eine Mehrheit der Arbeiter gegen den politischen Generalstreik aussprach, während es in Hamburg vom 23. bis 25. Oktober lediglich zu einer isolierten Aktion kam, der 24 Kommunisten und 17 Polizisten zum Opfer fielen. In Sachsen weigerte sich indessen die Regierung Zeigner zurückzutreten, woraufhin ab dem 23. Oktober die Reichsexekution nach *Reichsexekution gegen Sachsen* Art. 48 WRV erfolgte. Innerhalb kurzer Zeit wurden die proletarischen Hundertschaften von der einmarschierenden Reichswehr entwaffnet. Am 29. Oktober 1923 wurde Zeigner seines Amtes enthoben und rasch durch einen neuen sozialdemokratischen Ministerpräsidenten ersetzt.

Diese Ereignisse des Herbstes 1923 brachten die Regierung der Großen Koalition in eine schwierige Lage. Einerseits war gegen Bayern und seine außerhalb der Verfassung stehende Rechtsregierung keine Reichsexekution erfolgt, da dies, ähnlich wie 1920 im Zusammenhang des Kapp-Lüttwitz-Putsches, eine Konfrontation zwischen Reichswehrteilen nach sich gezogen hätte. Andererseits war in Sachsen eine demokratisch legitimierte Linksregierung mit indirekter Beteiligung der KPD durch die Reichsexekution beseitigt worden. In dieser Ungleichbehandlung erblickte die SPD ein inakzeptables Vorgehen und kündigte daher die Große Koalition auf. Nach dem Rücktritt Stresemanns am 23. November 1923 bestand ein gefährliches Vakuum an der Reichsspitze. Reichspräsident Ebert hatte nach dem Hitlerputsch dem Chef der Heeresleitung, Hans von Seeckt, die vollziehende Gewalt übertragen. In der Folgezeit wurde Seeckt von antirepublikanischen Kräften zur Diktatur gedrängt, ein Angebot, das er jedoch ausschlug, wohl weniger aus Loyalitätsempfindungen gegenüber der Reichsverfassung als gegenüber Ebert persönlich.

Nachdem die Weimarer Republik die lebensbedrohlichen Krisen des Jahres 1923 überwunden hatte, führte die neue Regierung, das von der SPD tolerierte bürgerliche Minderheitskabinett unter dem Zentrumspolitiker Wilhelm Marx, die junge Demokratie in eine Stabilisierungsphase. Insbesondere wirkte die Stabilisierung der Währung im November 1923 durch die Einführung der „Rentenmark" wie ein „Zauberstab". Weihnachten 1923 war der Spuk der Hyperinflation vorbei, und von heute auf morgen standen Lebensmittel und Verbrauchsgüter aller Art, die zuvor gehortet worden waren, reichlich zur Verfügung. Viele begannen daher das Jahr 1924 mit einem neuen Lebensgefühl, der Hoffnung auf Normalität, dem Stefan Zweig rückblickend Ausdruck gab: „Man konnte wieder arbeiten, sich innerlich sammeln, an geistige Dinge denken. Man konnte sogar wieder träumen und auf ein geeintes Europa hoffen. Einen Weltaugenblick schien es, als sollte unserer schwer geprüften Generation wieder ein normales Leben beschieden sein" [Stefan Zweig, Die Welt von gestern, Wien 1952, 289].

Selbstbehauptung der Weimarer Republik

Einführung der „Rentenmark"

Beginn der Phase der relativen Stabilität

2. Parteien und Parteiensystem

Von Beginn an stand das Parteiensystem der Weimarer Republik in einem komplexen Spannungsverhältnis von Kontinuität und Diskontinuität. Einerseits bedingte der Systemwechsel vom Konstitutionalismus zum Parlamentarismus fundamentale Veränderungen. Insofern als sie parlamentarisch funktionierte, war auch die Weimarer Demokratie ein Parteienstaat. Von der Demokratisierung des Wahlrechtes, der Einführung des Verhältniswahl- und Frauenwahlrechts und dem allgemeinen Mobilisierungs- und Politisierungsschub im Gefolge der Novemberrevolution vermochten zunächst alle Parteien zu profitieren. So verfügte z. B. die DDP im Jahre 1919 über rund 900000, die SPD über rund 1,1 Millionen Mitglieder: Zahlen, die freilich gegen Ende der zwanziger Jahre auf 130000 bzw. 800000 zurückgingen. Tatsächlich litt die Weimarer Republik durchgehend an der „Parteienprüderie" (Gustav Radbruch) der politischen Öffentlichkeit wie der parlamentarischen Eliten selbst, und im Rückblick wird deutlich, daß der Mobilisierungsschub des Jahres 1918/19, der sich im Wahlergebnis vom 19. Januar 1919 niederschlug, die Ausnahme bildete. Die aus dem Kaiserreich tradierten Strukturprobleme des deutschen Parteiensystems lebten demgegenüber auch in der Weimarer Republik fort.

Politisierungsschub zu Beginn der Weimarer Republik

Strukturprobleme des deutschen Parteiensystems

Die Gründungsgeschichte des Kaiserreiches hatte das deutsche Parteiensystem langfristig geprägt. Infolge des preußisch-protestantisch dominierten, kleindeutschen Gründungskonsenses von 1870/71 wurde der traditionelle Dualismus zwischen Liberalismus und Konservativismus durch einen neuen Gegensatz überlagert, nämlich zwischen Anhängern jenes Gründungskonsenses und denjenigen, die sich im neuen Deutschen Reich nicht zu Hause fühlten: Linksliberale, Zentrumspartei und Sozialdemokratie, die als „Weimarer Koalition" zur Ausgestaltung der neuen Republik berufen waren, blickten daher auf eine Vergangenheit als quasi strukturelle Oppositionsparteien zurück. Darüber hinaus hatte die spezifisch deutsche Tradition des Konstitutionalismus die Parteien im allgemeinen geprägt. Die Vorstellung, der Staat, verkörpert im monarchischen Oberhaupt und in der „unpolitischen" Beamtenschaft stehe über den Parteien und repräsentiere ihnen gegenüber allein das Allgemeininteresse, zog sich noch wie ein roter Faden durch die Verfassungsberatungen der Nationalversammlung und wirkte in der Weimarer Republik fort. Dies hatte zwei Konsequenzen: Zum einen waren die Parteien nicht an die Regierungsaufgabe gewöhnt, einen parlamentarisch fundierten interessenpolitischen Ausgleich zu schaffen und politisch zu gestalten; zum anderen blieb ein nicht unerheblicher Teil der Weimarer Politiker auf den Dualismus zwischen Regierung (Exekutive) und Parlament (Legislative) fixiert und begriff beide eben nicht im parlamentarischen Sinne als Gegenspieler. Die hieraus resultierende Distanz zu praktisch-politischer Verantwortung verband sich mit der Tendenz zur weltanschaulichen oder sozial gebundenen Prinzipientreue. Hinzu traten freilich die objektiven Sachprobleme, die aus der prekären sozialökonomischen Entwicklung der Weimarer Republik resultierten und die Kompromiß- und Koalitionsfähigkeit der Parteien auf das äußerste strapazierten.

Prägung der Parteien durch den Konstitutionalismus des 19. Jahrhunderts

Objektive Last der Sachprobleme

2. Parteien und Parteiensystem

Nicht zufällig blieb daher jede der vier großen politischen Hauptströmungen der deutschen Geschichte in der Weimarer Republik gespalten. Die historisch begründete Spaltung des deutschen Liberalismus vermochte auch das kurzzeitige Bemühen um die Gründung einer neuen liberalen Gesamtpartei im November/Dezember 1918 nicht zu überwinden. Die Spaltung der Sozialdemokratie besaß ihre Wurzeln in der Zeit von vor 1914, hatte sich im Ersten Weltkrieg manifestiert und wurde durch die Gründung der KPD dauerhaft fortgeschrieben. Überwiegend föderalistische Gründe bewirkten die Abspaltung der Bayerischen Volkspartei (BVP) vom Zentrum; und auch von der DNVP, die zunächst als Sammelbecken aller konservativen Kräfte fungierte, spaltete sich bereits im Jahre 1922 die Deutschvölkische Freiheitspartei (DVFP) ab. Der Widerstand gegen Hugenbergs radikaloppositionellen Kurs bewirkte dann seit 1928 die Abspaltung mehrerer konservativer Splitterparteien wie den Christlich-Sozialen Volksdienst und die Volkskonservative Partei. Die Tatsache, daß die vier Hauptströmungen der deutschen Parteiengeschichte in der Weimarer Republik alle gespalten blieben, bewirkte eine zusätzliche, dem System schädliche Konkurrenz: Während die eine Richtung einer politischen Strömung bereit war, pragmatische Politik zu betreiben und Kompromisse einzugehen, suchte die andere sich häufig durch Prinzipientreue in den Augen der Wähler zu profilieren.

<small>Spaltung der vier politischen Hauptströmungen</small>

Die Scheu, politische Verantwortung zu übernehmen, und die koalitionspolitische Unbeweglichkeit der Weimarer Parteien hingen freilich auch mit ihrer engen sozialen und geographischen Gebundenheit zusammen. Keiner der Parteien gelang es, ihre historisch determinierten Grenzen, seien sie weltanschaulicher, konfessioneller, sozialer oder interessenpolitischer Art zu transzendieren. Die DNVP blieb die Partei des protestantischen und agrarischen Konservatismus, während Zentrum und BVP allein den katholischen Teil der Bevölkerung repräsentierten. Demgegenüber blieben SPD und KPD als klassische Arbeiterparteien im wesentlichen auf die städtischen Industriegebiete beschränkt. Hinzu kam das Verhältniswahlrecht, das als reines Listenwahlrecht dazu beitrug, daß bestimmte Parteien in manchen Regionen des Deutschen Reiches überhaupt nicht durch eigene Ortsverbände präsent waren. Die erste und einzige Partei, der es gelang, die klassischen sozialen, konfessionellen und weltanschaulichen Grenzen des deutschen Parteiensystems zu überwinden und in allen Schichten substantielle Stimmengewinne zu erzielen, war die NSDAP. Ihr Charakter als „Volkspartei des Protests" (J. FALTER) ist ein wichtiges Merkmal ihres Aufstiegs.

<small>Milieugebundenheit der Parteien</small>

Allerdings konnte der Aufstieg des Nationalsozialismus nur in Verbindung mit der Krise des Parteiensystems und dem Niedergang der liberalen und konservativen Parteien erfolgen. Daß die Weimarer Republik einer geschlossenen Partei des liberalen und demokratischen Bürgertums, deren politisches Gewicht mit demjenigen der SPD oder dem Zentrum vergleichbar gewesen wäre, entbehrte, gehört zu ihren schwersten Belastungen und bildete das größte Hindernis für eine Konsolidierung des deutschen Parteiensystems. Der Stimmenanteil beider liberaler Parteien zusammen sank von 23% im Jahre 1919 über 13,6% im Jahre 1928 auf nur noch 2,2% im Jahre 1932. Die DDP, die als Nachfolgepartei der Fortschrittlichen bei den Wahlen zur Nationalversammlung mit 18,5% und mit großen Hoffnungen die politische Entwicklung zunächst prägte, war doch zugleich von erheblichen inneren Gegensätzen gekennzeichnet. Akademiker standen dem gewerblichen Mittelstand gegenüber, Radikaldemokraten den auch in der DDP vertretenen Nationalliberalen. Zudem fehlte nach dem frühzeitigen Tod Friedrich Naumanns eine integrierende Persönlichkeit. Auch die DDP wurde vom Wähler für die Übernahme der Regierungsverantwortung bestraft: zwischen 1919 und 1920 ging ihr Stimmenanteil von 18,5% auf 8,3% zurück. Offenkundig waren viele liberale Wähler von der DDP zur DVP gewechselt, wobei die außenpolitischen Probleme und die traumatische Erfahrung des Versailler Friedens ihre Wirkung getan haben dürften. Zwar war die innere Entwicklung der DVP von ähnlichen Strukturproblemen wie bei der DDP gekennzeichnet; doch in der Frühzeit mochten Monarchismus und Nationalismus eine stärkere identitätsstiftende Wirkung ausüben. Zudem verfügte die DVP in Gustav Stresemann über einen überragenden Parteiführer, der die inneren Gegensätze, wenn auch mit Mühe, immer wieder überbrückte und trotz starker Vorbehalte auf dem rechten Flügel ein Garant innerparteilicher Integration war. Nach Stresemanns Tod im Jahre 1929 und der darauffolgenden Rechtswendung der DVP erfolgte jedoch ebenfalls ein rascher Abstieg.

Angesichts seiner überwiegend bürgerlichen Klientel litt der deutsche Liberalismus mehr als andere Parteien darunter, daß er auf die Wirtschafts- und Sozialprobleme, die sich aufgrund der Inflation und der Weltwirtschaftskrise stellten, keine Antwort wußte. Seit Anfang/Mitte der zwanziger Jahre erodierten daher die gesellschaftlichen Fundamente der liberalen Parteien, wobei der polarisierenden Wirkung der Inflation entscheidende Bedeutung zukam. Seit Mitte 1922 bildeten sich bürgerliche Interessenverbände wie der „Bund gegen Wucher und Teuerung" und der „Hypothekengläubiger- und Sparerschutzbund", der sich seit 1926 „Sparerbund für das Deutsche Reich" nannte. Im Anschluß an die Währungsstabilisierung verfolgten diese Organisationen die Aufwertung der Privatschulden, der Hypotheken und öffentlichen Anleihen, deren Wert durch die Inflation vernichtet worden war. Die eng begrenzten Aufwertungsmaßnahmen der Reichsregierung, wie sie in der 3. Steuernotverordnung vom 14. Februar 1924 fixiert wurden, konnten diese Verbände in keiner Weise zufriedenstellen und hinterließen tiefe Verbitterung. Zunächst schien es zwar, als könnte die DNVP zum Nutznießer dieses Prozesses werden, flossen ihr doch bei den Wahlen des Jahres 1924 erhebliche Stimmen der Inflations- und Stabilisierungsgeschädigten zu. Insgesamt aber trug die Inflation entscheidend zur Auflösung des bürgerlichen Parteienspektrums und zum Verlust seiner Integrationskraft bei. Bei den Reichstagswahlen im Jahre 1928 erlitten alle bürgerlichen Parteien Verluste, während der Stimmenanteil der „sonstigen Parteien" von 7,5 auf 13,9% anstieg. Dahinter verbargen sich nicht weniger als 17 Parteien, von denen die wichtigste, die „Reichspartei des deutschen Mittelstandes" (Wirtschaftspartei), 4,5% erreichte. Hinzu kam eine Fülle von kleineren Splitterparteien wie z. B. die „Reichspartei für Volksrecht und Aufwertung" (1,6%), die „Christlich-nationale Bauern- und Landvolkpartei" (1,9%), die „Deutsche Haus- und Grundbesitzerpartei" oder der „Volksblock der Inflationsgeschädigten". Diese Gruppierungen waren reine Interessenparteien und rekrutierten sich aus der Wählerklientel einer sich auflösenden Mitte. Viele von ihnen waren gewissermaßen „Durchlauferhitzer", „Zwischenwirte" für die NSDAP. Deren spektakulärer Durchbruch bei den Septemberwahlen des Jahres 1930 kam insofern nicht ganz so überraschend, war er doch durch die Erosion der bürgerlichen Mittelparteien vorbereitet worden.

Erosion der bürgerlichen Mitte

Die hiermit angedeuteten Strukturprobleme des Weimarer Parteiensystems bedingten in mehrfacher Hinsicht seine Funktionsschwäche. So schreckten auch die republikanisch orientierten Parteien der Weimarer Koalition, zumal angesichts der gewaltigen Sachprobleme, vor der Übernahme der Regierungsverantwortung zurück. Am wenigsten gilt dies noch für das Zentrum, das aufgrund seiner sozial heterogenen Struktur und auf der Basis der christlichen Staatslehre am ehesten zu einer flexiblen Haltung prädestiniert war. Ein geringeres Maß an Pragmatismus legte die SPD an den Tag. Teile der Parteibasis und auch der Reichstagsfraktion sehnten sich immer wieder nach einer gleichsam „gesinnungstüchtigen Opposition" (Gustav Radbruch). Allerdings gehört es ebenfalls zu den Grundproblemen der Weimarer Parteiendemokratie, daß die Wähler eine verantwortungsvolle Regierungsarbeit so

Funktionsschwäche des Weimarer Parteiensystems

Mangelnde Bereitschaft zur Übernahme von Regierungsverantwortung

gut wie nie honorierten. Im Falle der SPD saß der Schock der Reichstagswahlen am 6. Juni 1920 besonders tief, als die Partei von 37,9% der Stimmen auf 21,7% zurückging. Im gleichen Zeitraum stieg der Anteil der USPD und KPD von zusammen 7,6% auf 19%, was den Konkurrenzdruck für die Mehrheitssozialdemokratie erhöhte. Viele Sozialdemokraten verfolgte fortan die Sorge, den Prinzipien proletarischer Politik untreu zu werden. Insbesondere die Bildung von Großen Koalitionen, nach dem Verlust der Weimarer Mehrheit im Grunde die einzige Möglichkeit einer systemkonformen parlamentarischen Mehrheitsregierung, wurde dadurch erschwert. So kündigte die SPD die erste Große Koalition im November 1923 nach zweieinhalb Monaten auf, wenn sie auch mit der Ungleichbehandlung Sachsens und Bayerns in der Krise des Herbstes 1923 einige gute Gründe hierfür hatte.

Zwar hat die SPD in der Folgezeit wesentliche Entscheidungen aus der Opposition mitgetragen wie z. B. die Außenpolitik Stresemanns und den Locarno-Pakt. Doch dauerte es bis zum Kieler Parteitag von 1927, ehe die SPD sich wieder für eine Regierungsteilnahme im Rahmen einer Großen Koalition bereithielt. Wenn also einerseits der SPD die Regierungsverantwortung durchaus schwerfiel, so wurde sie ihr umgekehrt auch schwer gemacht. Nach dem Beginn der zweiten Großen Koalition unter Hermann Müller (SPD), im Anschluß an die Reichstagswahlen vom 20. Mai 1928, erfolgte in allen bürgerlichen Parteien ein Rechtsruck. Mit der Wende gegen den Sozialstaat der Weimarer Republik verband sich eine antisozialdemokratische Frontstellung, und in der DVP wurden v.a. nach Stresemanns Tod im Jahre 1929 die Stimmen immer lauter, die eine „antimarxistische" Regierung unter Ausschluß der SPD anstrebten. Keinesfalls besaßen also die parlamen-

Probleme der Koalitionsbildung

tarische Instabilität und die Probleme der Koalitionsbildung ihre Wurzeln nur in der Haltung der Sozialdemokratie. Vielmehr resultierten sie aus der Haltung aller Parteien, und tatsächlich trug im Grunde jede Koalitionsregierung der Weimarer Republik den Keim ihrer Auflösung bereits in sich.

Tatsächlich vermittelte die Parlamentspolitik auch während der relativen Stabilität der Weimarer Mittelphase nur einen „Schein der

Parlamentspolitik in der Phase der relativen Stabilität

Normalität". In der Zeit von 1924 bis 1928 blieb die Weimarer Republik frei von gravierenden außenpolitischen Belastungen und außergewöhnlichen innenpolitischen Krisen, so daß die Eigentümlichkeiten des Weimarer Parlamentarismus in dieser Phase besonders deutlich hervortreten. Zwar brachten die Reichstagswahlen vom 7. Dezember 1924 einen deutlichen Rückschlag für die extremistischen Flügelparteien: Während die KPD 9,0 % der gültigen Stimmen erhielt, kam die

Nationalsozialistische Freiheitsbewegung nur auf 3,0%. Doch trotz dieser weitgehenden Absenz des republikfeindlichen Extremismus blieb die parlamentarische Mehrheitsbildung auch in der Folgezeit ausgesprochen schwierig. Da die Weimarer Koalition mit zusammen 45,9% über keine Mehrheit verfügte, blieben grundsätzlich drei Alternativen der parlamentarischen Regierungsbildung:

Drei Möglichkeiten der parlamentarischen Regierungsbildung

1. Die Bildung einer Großen Koalition stand zwischen 1924 und 1928 mehrfach auf der politischen Tagesordnung, scheiterte aber stets an den v.a. sozialpolitisch definierten Gegensätzen zwischen SPD und DVP.

Große Koalition

2. Die zweite Möglichkeit bestand in der Bildung einer bürgerlichen Minderheitsregierung, bestehend aus der Zentrumspartei, der DVP und DDP unter Einschluß der BVP. Solche Minderheitsregierungen bestanden mit den ersten drei Kabinetten Marx sowie im zweiten Kabinett Luther, die in den Jahren 1924 und 1925 sowie in der zweiten Hälfte des Jahres 1926 amtierten. Im Reichstag operierten diese Regierungen mit wechselnden Mehrheiten, was insbesondere deshalb möglich war, weil die oppositionelle Sozialdemokratie die großen außenpolitischen Entscheidungen der Zeit, Dawesplan und Locarno-Pakt, mittrug. In der Sozial- und Wirtschaftspolitik konnten die Kabinette Marx und Luther demgegenüber auf die Unterstützung der DNVP zählen. Indem sie auf solche wechselnden Mehrheiten angewiesen waren, blieben die bürgerlichen Minderheitskabinette freilich stets fragil und vom Sturz bedroht. Das Interesse an einer Verbreiterung der parlamentarischen Basis führte daher zwingend zur dritten Alternative, nämlich die Bildung einer bürgerlichen Koalitionsregierung unter Einschluß der DNVP.

Bürgerliche Minderheitsregierung

Kabinette Marx und Luther

3. Solche „Bürgerblock"-Regierungen, denen die DNVP angehörte, verkörperten das erste Kabinett Luther, das im Jahre 1925 amtierte, sowie das vierte Kabinett Marx, das von Anfang 1927 bis Mitte 1928 die Regierungsgeschäfte führte. Die Regierungsbeteiligung der DNVP konnte als Symbol für die Hoffnung auf eine Stabilisierung gewertet werden. Tatsächlich entfernte sich die DNVP Mitte der zwanziger Jahre von ihrer anfänglichen fundamentalen Opposition; sie schien ihren Frieden mit der Republik zu machen und zu konstruktiver politischer Beteiligung bereit zu sein. Zusammen mit der DNVP besaßen die Bürgerblockbewegungen zwar eine klare Mehrheit im Reichstag; zugleich aber trennten auch sie unüberbrückbare Gegensätze, v.a. außen- und kulturpolitischer Art. So scheiterte die erste Bürgerblock-Koalition unter dem ersten Kabinett Luther an der Frage des Locarno-Paktes. Die DNVP, die den endgültigen Verzicht auf eine Revision der deutschen

„Bürgerblock"-Regierung

Westgrenze ablehnte, weigerte sich, die Locarno-Verträge zu ratifizieren. Die zweite Bürgerblock-Koalition unter dem vierten Kabinett Marx scheiterte demgegenüber an inneren kulturpolitischen Differenzen. Die Debatte um das Reichsschulgesetz, in dem es um das Ausmaß kirchlichen Einflusses auf das Schulwesen ging, provozierte eine Neuauflage älterer kulturkämpferischer Traditionen: Während die DNVP, die BVP und das Zentrum an einem Strang für die Stärkung der Bekenntnisschulen zogen, vertrat die DVP die liberal-laizistische Position. Das Ergebnis waren einmal mehr Handlungsunfähigkeit der Regierungskoalition und eine weitere vorzeitige Reichstagsauflösung im Februar 1928.

Nach den Reichstagswahlen vom 20. Mai 1928 erodierte neben dem liberalen auch der konservative Pfeiler des Weimarer Parteiensystems. 1918 als Sammelbecken aller konservativen Kräfte und Parteien gegründet, bildete die DNVP zunächst eine ohne Wenn und Aber verfassungs- und systemfeindliche Partei, die sich durch monarchistische und antiparlamentarische Agitation gegen die Repräsentanten der Republik „profilierte". Als solche verbuchte die DNVP zu Beginn der Weimarer Republik erhebliche Gewinne: Während sie bei den Wahlen zur Nationalversammlung am 19. Januar 1919 nur auf 10,3% kam, vermochte sie diesen Anteil bis zu den Dezemberwahlen des Jahres 1924 auf 20,5% zu verdoppeln und stellte damit nach der SPD die zweitstärkste Fraktion im Reichstag. Allerdings verschärfte sich damit das für die DNVP typische Dilemma zwischen Fundamentalopposition und pragmatischer „Realpolitik". Auf der einen Seite verbreitete sich der Spielraum konservativer Parteipolitik innerhalb der Weimarer Verfassung, der unter dem Parteichef Graf Westarp auch zur Regierungspartizipation genutzt wurde. Doch die damit verbundenen Kompromisse zogen nun die vehemente Kritik des rechten Parteiflügels auf sich. Hier forderte man eine gegen die republikanische Verfassung und die Verständigungspolitik gerichtete Prinzipientreue ein. Hinzu kam, daß auch die DNVP vom Wähler für ihre Regierungsbeteiligung bestraft wurde: Bei den Reichstagswahlen 1928 erlitt die Partei einen Verlust von über 6%; damit schlug die Stunde der „Fundamentalisten". Der Streit über die Ursachen der Niederlage endete mit der Wahl von Alfred Hugenberg zum neuen Vorsitzenden der Partei, und damit ging diese zu einem radikalen Konfrontationskurs über. Unter der Parole „Block oder Brei" legte Hugenberg die DNVP auf einen systemfeindlichen, scharf antiparlamentarischen antirepublikanischen Kurs fest. Während sich mit der Landvolkpartei, dem Christlich-Sozialen Volksdienst und der Volkskonservativen Vereinigung mehrere Gruppierungen von der DNVP abspalteten, näherte sich die Partei selbst in ihren Inhalten und Methoden mehr und mehr der NSDAP an. Im Zuge des Volksbegehrens gegen den Youngplan reichte Hugenberg denn auch Hitler die Hand zur gleichberechtigten Partnerschaft.

Das Beispiel des DNVP-Kurses seit 1928 lehrt freilich, daß das extremistische Original in der Regel erfolgreicher ist als die Kopie. Jedenfalls hat der Hugenberg-Kurs den Niedergang des deutschen Konservativismus nicht gestoppt, sondern beschleunigt. Als Milieupartei des protestantischen Landes wurde die DNVP seit 1930 zunehmend von der NSDAP abgelöst. Bereits bei den Reichstagswahlen vom 14. September 1930 erreichte die DNVP mit ganzen 7,0% ihr bis dahin schlechtestes Ergebnis. Nachdem die Partei in der Folgezeit zum einzigen parlamentarischen Rückhalt der Regierung Papen geworden war, spielte sie in der Phase der Machtergreifung die Rolle eines Anhängsels der NSDAP. Das von Hugenberg zusammen mit Papen verfolgte Konzept der „Einrahmung" oder „Zähmung" Hitlers zeugte von maßloser Selbstüberschätzung. Bald nach dem 30. Januar 1933 wurde die Position Hugenbergs und der DNVP gegenüber Hitler hoffnungslos. Von dem neuen „Führer" wurden sie zunächst ausgenutzt, sodann eingeschüchtert und überspielt, schließlich desavouiert. Die Selbstauflösung der DNVP Ende Juni 1933 war das folgerichtige Resultat.

Ablösung der DNVP durch die NSDAP

Zusammengenommen wird deutlich, daß nicht nur die aus dem Kaiserreich tradierten konstitutionalistischen Überhänge das Weimarer Parteiensystem belasteten, sondern daß v.a. die Erosion zweier seiner Hauptpfeiler, die des bürgerlichen Liberalismus wie des Konservativismus, den Zusammenbruch bewirkten. Während die in ihren jeweiligen Milieus verwurzelten Parteien des politischen Katholizismus und der Sozialdemokratie den Krisen der Weimarer Republik vergleichsweise gut widerstanden und auch gegenüber dem Nationalsozialismus die geringste Anfälligkeit aufwiesen, erwies sich das Resistenzpotential der protestantisch-bürgerlichen Parteien als zu gering. Der Weimarer Republik wurde damit nicht nur ihre politische Mitte mehr und mehr entzogen; vielmehr fehlte ihr auch eine systemkonforme Rechtsopposition, die eine stete Regierungsalternative geboten und so den „normalen" demokratischen Pendelschlag ermöglicht hätte.

3. Die Weimarer Republik als Sozial- und Interventionsstaat

Die Funktionsdefizite des Weimarer Parlamentarismus und seiner Parteien spiegeln die unübersehbaren Schwierigkeiten wider, mit denen die deutsche Politik konfrontiert war. Mehr als jedes europäische Land war das Deutsche Reich von Gegensätzen zerklüftet. Der industrielle Durchbruch erfolgte in Deutschland erst verhältnismäßig spät, dafür um so schneller. Innerhalb einer historisch extrem kurzen Zeit, während der Lebensspanne einer Generation, entstand eine Vielzahl neuer, vormals unbekannter kultureller und sozialer Antagonismen. So war die deutsche Arbeiterbewegung, verkörpert in der Sozialdemokratie und den Freien Gewerkschaften, bald die stärkste und bestorganisierte der Welt. Umgekehrt gehörten die deutschen Unternehmer, v. a. der Schwerindustrie an Rhein und Ruhr, zu den einflußreichsten in Europa. Während also die forcierte Industrialisierung, die Soziale Frage und die Komplexität der modernen industriellen Massengesellschaft ein ganzes Kaleidoskop neuer Konflikte hervorbrachten, bestanden zugleich traditionelle Lebensformen und –welten fort. Die „Gleichzeitigkeit des Ungleichzeitigen" (E. Bloch) und die damit verbundenen Spannungen waren in Deutschland in besonderer Weise erfahrbar. Den Staat stellte dies in höherem Maße vor die Notwendigkeit der gesellschaftlichen Intervention, als dies in den meisten anderen europäischen Ländern der Fall war.

Komplexität der modernen Industriegesellschaft

Angesichts der erwähnten Funktionsschwächen des parlamentarischen Systems konnte es vielleicht nicht ausbleiben, daß die staatliche Intervention in Weimar eine inhärent autoritäre Tendenz aufwies. Bekanntlich besaß schon die Sozialgesetzgebung der Bismarckzeit, in Verbindung mit den Sozialistengesetzen, einen paternalistisch-autoritären Zug. Gleichwohl verfügte das Deutsche Reich bis 1914 über die im europäischen Vergleich am weitesten ausgestaltete Sozialstaatlichkeit. Die Weimarer Republik hat an diese Tradition unmittelbar angeknüpft; zugleich aber setzte die Revolution 1918/19 gerade in sozialstaatlicher Hinsicht eine neue Dynamik frei. Eine zentrale Rolle kam dabei der SPD zu, die den bewußten Ausbau der Arbeiterrechte ansteuerte. Der „Herr-im-Hause-Standpunkt" der Unternehmer, der ja die *Abwesenheit* des Staates in der privatwirtschaftlichen Sphäre zur Voraussetzung hatte, sollte definitiv beendet werden. In der Entstehungsphase der Weimarer Republik traf die sozialdemokratische Übergangsregierung daher ein ganzes Bündel von Maßnahmen, um durch staatliche Inter-

3. Die Weimarer Republik als Sozial- und Interventionsstaat 25

vention, die weit über das Bekannte hinausging, die sozialen Gegensätze zu entschärfen bzw. zu domestizieren und einen sozialen Ausgleich zu schaffen.

In diesem Sinne ist auch der zweite Hauptteil der Weimarer Reichsverfassung zu verstehen, der ja nicht nur einen liberalen Grundrechtskatalog festschrieb, sondern auch einen Katalog von sozialen Grundrechten und -pflichten des Individuums. Es ging also nicht nur um die Freiheitsrechte des einzelnen vom Staat, sondern auch um die Zuweisung sozialer Aufgaben an den Staat, zwecks sozialer Sicherung des Bürgers. Während Art. 163 WRV einen Anspruch darauf formulierte, daß der Einzelne die Möglichkeit haben solle, durch Arbeit seinen Unterhalt zu verdienen, definierte Art. 161 WRV komplementär hierzu das Versicherungswesen: Dies sollte dienen „zur Erhaltung der Gesundheit und Arbeitsfähigkeit, zum Schutz der Mutterschaft und zur Vorsorge gegen die wirtschaftlichen Folgen von Alter, Schwäche und Wechselfällen des Lebens". Die Quintessenz der intendierten Weimarer Sozialstaatlichkeit formulierte der Art. 151 WRV: „Die Ordnung des Wirtschaftslebens muß den Grundsätzen der Gerechtigkeit mit dem Ziele der Gewährleistung eines menschenwürdigen Daseins für alle entsprechen."

<small>Soziale Grundrechte in der Weimarer Reichsverfassung</small>

Diese sozialen Grundrechte waren, das wurde bereits von Zeitgenossen festgestellt, keineswegs einklagbar; aber sie prägten den „Geist" der Weimarer Reichsverfassung. Staatliche Sozialpolitik war daher in der Weimarer Republik im doppelten Sinne zu begreifen: Zum einen handelte es sich um eine Politik der sozialen Sicherung, die in Notlagen und bei besonderen Belastungen Hilfe zusicherte; zum anderen aber sollte es sich um eine Politik des sozialen Ausgleichs zwischen den großen gesellschaftlichen Interessen handeln.

Eine in diesem Sinne vollzogene gesellschaftspolitische Innovation stellte das kollektive Arbeitsrecht dar. Im Kaiserreich, dessen Sozialpolitik sich in einer sozialen (Grund-)Sicherung erschöpfte, hatte es kollektive Regelungen der industriellen Arbeitsbeziehungen nicht gegeben. Auch die Gewerkschaften waren damals als gleichberechtigte Partner noch nicht anerkannt; das Streik- und Koalitionsrecht stand ihnen zwar im Prinzip zu, in der Praxis bestanden aber häufig Hindernisse. Demgegenüber knüpfte die Weimarer Republik an Entwicklungen im Weltkrieg an, in dessen Verlauf die Rolle der Gewerkschaften aus kriegswirtschaftlichen Gründen bereits aufgewertet worden war. Art. 147 WRV stellte fest: „Die Arbeitskraft steht unter dem besonderen Schutz des Reichs. Das Reich schafft ein einheitliches Arbeitsrecht." Die Basis hierfür hatte bereits der „Stinnes-Legien-Pakt" vom

<small>Kollektives Arbeitsrecht</small>

15.11.1918 gelegt. Und die am 23.12.1918 erlassene Verordnung des Rates der Volksbeauftragten über „Tarifverträge, Arbeiter- und Angestelltenausschüsse und Schlichtung von Arbeitsstreitigkeiten" legte die Grundlagen für das künftige Arbeitsrecht der Weimarer Republik. Die Verordnung bestimmte, daß Tarifverträge künftig nur noch kollektiv ausgehandelt werden durften, was die Gewerkschaften als die Interessenvertretungen der Arbeitnehmer aufwertete. Insofern, als der künftige Tarifvertrag alle Mitglieder der vertragsschließenden Parteien band, gewährleistete er auch Lohnsicherheit nach unten. Eine Durchbrechung des Tarifs nach unten, etwa infolge konjunktureller Schwankungen, sollte künftig nicht mehr zulässig sein.

Tarifverträge

Weiterhin sah die Verordnung vom 23. Dezember 1918 in Betrieben mit mehr als 20 Beschäftigten die Einrichtung von Betriebsräten vor. Diese Politik mündete schließlich am 13. Januar 1920 in die Verabschiedung des Betriebsrätegesetzes. In Betrieben mit mehr als 20 Arbeitnehmern wurden Betriebsräte künftig, nach Arbeitern und Angestellten getrennt, von der Belegschaft gewählt. An der Arbeits- und Verwaltungsorganisation des jeweiligen Unternehmens waren sie zu beteiligen; in größeren und großen Betrieben erhielt der Betriebsrat Einsicht in die Bilanzen bzw. einen Sitz im Aufsichtsrat.

Betriebsräte

Zwar war das Betriebsrätegesetz zweifellos nur ein bescheidener Schritt in Richtung betriebliche Mitbestimmung der Arbeitnehmerschaft. Und ebensowenig wie der gleichfalls im Jahre 1920 ins Leben gerufene Vorläufige Reichswirtschaftsrat konnte es die z.T. hochfliegenden Hoffnungen der radikalen Linken und ihrer Massenanhängerschaft auf ein politisches Rätesystem befriedigen. Sichtbares Zeichen hierfür waren die schweren Unruhen, welche die Verabschiedung des Gesetzes im Reichstag begleiteten und in deren Verlauf viele Todesopfer und Verletzte zu beklagen waren. Doch auch wenn die spätere Praxis hinter den Intentionen des Betriebsrätegesetzes zurückblieb, stellte es faktisch eine erhebliche Verbesserung der Arbeiterrechte im Sinne der Politik des sozialen Ausgleichs dar. Nicht zufällig gingen vielen Arbeitgebervertretern die Rechte der Betriebsräte bereits allzu weit. Tatsächlich stellt das Betriebsrätegesetz ein signifikantes Beispiel dar für die immer wieder aufscheinende Ambivalenz der Weimarer Republik zwischen sozialpolitischem Fortschritt, enttäuschten Hoffnungen, Problemen in der Praxis und jenen Kräften, welche die „sozialpolitischen Errungenschaften" der Revolutionszeit rückgängig machen wollten.

In dem anderen großen Bereich sozialstaatlicher Intervention, in der Politik der sozialen Sicherung, stand die Weimarer Republik in stär-

3. Die Weimarer Republik als Sozial- und Interventionsstaat 27

kerer Kontinuität zum Kaiserreich. In Analogie zur allgemeinen Periodisierung lassen sich drei Phasen der Sozialpolitik unterscheiden: Die erste Phase von 1918/19 bis 1923 stand im Zeichen der Fürsorge für die Opfer von Krieg und Inflation. Während der Phase relativer Stabilität (1924–1928/29) konnte für einen kurzen Zeitraum der Ausbau der Sozialversicherung ins Auge gefaßt werden, bevor dann die allgemeine Staats- und Wirtschaftskrise (1930–1933) die Weimarer Republik als Sozialstaat definitiv überforderte. *Drei Phasen der Sozialpolitik*

1. Fürsorge für die Opfer von Krieg und Inflation (1918/19–1923): Während dieser ersten Phase beschränkte sich die Sozialpolitik der Weimarer Republik im wesentlichen auf die reine Daseinsfürsorge für eine großenteils verarmende städtische Bevölkerung. Im Zeichen der galoppierenden Inflation war es v.a. die Aufgabe der Kommunen, die materiellen Grundbedürfnisse zu erfüllen: hierbei handelte es sich um die verbilligte oder auch kostenlose Abgabe von Kohle bzw. anderen Heizungsmaterialien, Nahrungsmitteln, warmer Kleidung etc. Damit verband sich freilich ein grundlegender Paradigmenwechsel in der staatlichen Fürsorge, der im Grunde die Transformation der traditionellen Fürsorge in die moderne Sozialhilfe antizipierte. Die klassische Armenfürsorge, die in mittelalterlichen und frühneuzeitlichen Wert- und Moralvorstellungen wurzelte, ging von der Annahme aus, Armut sei bei fortbestehender körperlicher Unversehrtheit und Arbeitsfähigkeit im Grunde selbstverschuldet. Die traditionelle Armenfürsorge implizierte daher stets disziplinierende und diskriminierende Elemente. Demgegenüber machte schon die Heraufkunft des modernen Industriezeitalters mit seinen vielfältigen Konjunkturrisiken diese Grundlagen der traditionellen Armenfürsorge obsolet. Der Erste Weltkrieg und die Inflation aber führten sie endgültig ad absurdum. Millionen und Abermillionen gerieten zwischen die Mühlsteine anonymer kriegerischer und wirtschaftlicher Deprivationsprozesse; sie verarmten *ohne* irgendwelches eigenes Verschulden. Schon im Weltkrieg hatte die Reichsleitung hierauf reagiert, indem sie diejenigen, die offenkundig im direktesten Sinne zum Opfer des Krieges geworden waren, nämlich die Kriegsinvaliden, aus der regulären Fürsorge herausnahm. Der in der Folgezeit etablierten, organisatorisch eigenständigen Kriegsopferfürsorge eignete denn auch nicht der moralisch disqualifizierende Geruch der normalen Fürsorge. *Fürsorge für die Opfer von Krieg und Inflation*

Kriegsopferfürsorge

In den Anfangsjahren der Weimarer Republik verstärkte sich solche gesetzgeberische Intervention im Hinblick auf die Regulierung der Armut. Tatsächlich konstruierte der Gesetzgeber gewissermaßen neue „Armutsgruppen", die er, nach dem Vorbild der Kriegsopferfürsorge, sukzessive der regulären Armenfürsorge entzog. Bereits am 13. November 1918 erließ der Rat der Volksbeauftragten die „Verordnung über Erwerbslosenfürsorge". Zu $^3/_6$ vom Reich zu $^2/_6$ vom Land und $^1/_6$ von der jeweiligen Gemeinde finanziert, gewährte die Erwerbslosenfürsorge solchen Personen Leistungen, die arbeitswillig, arbeitsfähig und zugleich bedürftig waren. Die Hyperinflation des Jahres 1923 machte dann auch die zusätzliche Unterstützung der „Sozialrentner" notwendig, d. h. jener Empfänger von Renten aus der Alters- und Invalidenversicherung, deren hieraus stammende Einnahmen in der Inflation dahinschmolzen und die über keine anderen Einkünfte verfügten. Durch das „Reichsgesetz über Notstandsmaßnahmen zur Unterstützung von Rentenempfängern der Invaliden- und Angestelltenversicherung" vom 7. Dezember 1921, das am 29. Juli 1922 und am 14. August 1923 novelliert wurde, richtete der Gesetzgeber eine neue, aus der Armenfürsorge herausgenommene Sozialrentnerfürsorge ein. Analog hierzu wurde am 4. Februar 1923 das „Reichsgesetz über die Kleinrentnerfürsorge" verabschiedet. Seine Zielgruppe waren jene Angehörigen des selbständigen Mittelstandes, denen die Kapitaleinkünfte aus Wertpapieren und Ersparnissen normalerweise einen sorgenfreien Lebensabend gewährleistet hätten. Sofern sie über keine anderen Einkünfte oder Sachvermögen verfügten, war ihre Verarmung infolge der Inflation vorgezeichnet.

Nach der Währungsstabilisierung zog der Gesetzgeber die Konsequenz aus der gewandelten Struktur des Fürsorgewesens. In der „Reichsverordnung über die Fürsorgepflicht" vom 13. Februar 1924 und den „Reichsgrundsätzen über die Voraussetzung, Art und Maß der öffentlichen Fürsorge", die am 1. Januar 1925 in Kraft traten, erkannte der Staat den – freilich nachzuweisenden – Rechtsanspruch auf Fürsorge bei Bedürftigkeit an. Im Prinzip war damit die Transformation von der traditionellen Armenfürsorge zur modernen Sozialhilfe vollzogen; die Rolle, die der Erste Weltkrieg und die Inflation dabei spielten, kann kaum überschätzt werden.

2. Ausbau der Sozialversicherung (1924–1928/29): In der zweiten Phase der Weimarer Sozialstaatlichkeit erfolgte der entschlossene Ausbau des Versicherungswesens. Bekanntlich folgt das Versicherungsprinzip einer grundsätzlich anderen Systematik als die Fürsorge, begründet es doch einen Rechts- und Besitzanspruch dessen, der in die jeweilige Versicherung Beiträge eingezahlt hat. Die schon im Kaiserreich bestehenden Sozialversicherungen deckten mit Alter, Krankheit, Invalidität und Unfall die klassischen Armutsrisiken ab. Zwar hatten die Versicherungssysteme in der Inflation ebenfalls ihr Vermögen verloren,

3. Die Weimarer Republik als Sozial- und Interventionsstaat

institutionell überstand das Sozialversicherungssystem Weltkrieg und Inflation jedoch unbeschadet. Zugleich schufen die Katastrophen der Vergangenheit Mitte der zwanziger Jahre ein günstiges politisches und geistiges Klima für den Ausbau der Sozialversicherung. Konzeptionell federführend war in dieser Phase das Reichsarbeitsministerium, an dessen Spitze der von 1920–1928 amtierende Zentrumspolitiker Heinrich Brauns ein hohes Maß an Kontinuität verbürgte. Das damalige Gesetzgebungswerk hat daher maßgebliche Impulse von der christlichen Soziallehre erfahren; das erklärt auch seine sozialpolitische Fernwirkung auf die spätere Bundesrepublik Deutschland. *Heinrich Brauns*

Die Sozialpolitik zu Beginn der Weimarer Republik hatte sich u. a. dadurch ausgezeichnet, daß sie die Leistungen aus der traditionellen Sozialversicherung nicht substantiell erhöhte, sondern Defizite durch Sonderfürsorgeleistungen auszugleichen suchte. Mitte der zwanziger Jahre wurde nun der Zugang zur Sozialversicherung erweitert, und die Leistungen wurden verbessert. So konnten die Familienangehörigen der in der Krankenversicherung versicherten Erwerbstätigen nunmehr ebenfalls Zugang zur freien Heilbehandlung erhalten, während in der Rentenversicherung der Arbeiter die im Kaiserreich noch bestehenden Unterschiede zwischen der Invaliditäts- und der Altersrente aufgehoben wurden. Die bedeutendste Neuerung der zwanziger Jahre betraf freilich die Einführung der Arbeitslosenversicherung. Das im Jahre 1927 nach langer Vorbereitung verabschiedete „Gesetz über Arbeitsvermittlung und Arbeitslosenversicherung" (AVAVG) löste den Anspruch ein, den der Art. 163 WRV dem Gesetzgeber mit auf den Weg gegeben hatte: „Jedem Deutschen soll die Möglichkeit gegeben werden, durch wirtschaftliche Arbeit seinen Unterhalt zu erwerben. Soweit ihm angemessene Arbeitsgelegenheit nicht nachgewiesen werden kann, wird für seinen notwendigen Unterhalt gesorgt. Das Nähere wird durch besondere Reichsgesetze bestimmt." *Einführung der Arbeitslosenversicherung 1927*

Dieser Verfassungsartikel dokumentierte den Willen des Weimarer Staates, regelnd in den Arbeitsmarkt einzugreifen. Während das Kaiserreich den öffentlichen Arbeitsnachweis, das „Arbeitsamt", fast gar nicht gekannt hatte, änderte sich das in der Weimarer Republik grundlegend. Auf der Basis des AVAVG wurde die Reichsanstalt für Arbeitsvermittlung und Arbeitslosenversicherung gegründet, flächendeckend organisiert und regional gegliedert. Neben der Arbeitsvermittlung oblag ihr auch die Berufsberatung, womit der unmittelbare, im Art. 163 WRV formulierte funktionale Konnex zwischen Arbeitsvermittlung und Arbeitslosenversicherung eingelöst wurde. Die Unterstützung der Arbeitslosen selbst, die bis dahin nach dem Fürsorgeprinzip *Gründung der Reichsanstalt für Arbeitsvermittlung und Arbeitslosenversicherung* organisiert worden war, wurde nun nach dem Versicherungsprinzip gestaltet. Für die Arbeitslosenversicherung, die paritätisch durch die Beiträge der Arbeitnehmer und Arbeitgeber finanziert wurde, übernahm das Reich die Verantwortung. Ein Arbeitsloser ohne Beschäftigungsnachweis mit Anspruch auf Versicherungsleistungen erhielt demzufolge für ein halbes Jahr 50–80% seines letzten Nettolohnes. Darüber hinaus sah das AVAVG eine „Krisenunterstützung" für diejenigen vor, die noch nicht oder nicht mehr zu Leistungen aus der Arbeitslosenversicherung berechtigt waren und ihre individuelle Bedürftigkeit nachweisen konnten.

Neben Großbritannien war die Weimarer Republik in der Zwischenkriegszeit der einzige Staat, der eine Arbeitslosenversicherung einführte, was zweifellos eine bemerkenswerte Ausgestaltung des Sozialstaatsprinzips bedeutete. Der Staat übernahm nun – zumindest dem Anspruch nach – die Verantwortung auch für *konjunkturelle* Arbeitsrisiken und nicht mehr nur für die klassischen Armutsrisiken wie Alter, Invalidität und Krankheit. In dem Maße freilich wie konjunkturelle Risiken bestanden, wies die Arbeitslosenversicherung auch eine immante Anfälligkeit auf. Mehr als deutlich wurde dies bereits seit 1930, als die Arbeitslosenversicherung in den Strudel der Weltwirtschaftskrise geriet.

Krise der Sozialversicherung

Bruch der Großen Koalition

3. Die Krise der Sozialversicherung (1930–1933): Es entbehrt nicht der Symbolkraft, daß die Frage der Beiträge zur Arbeitslosenversicherung den letzten Anstoß zum Bruch der Großen Koalition gab. Die zunehmend katastrophalen Wirtschaftsverhältnisse machten in der Folgezeit eine konstruktive Gestaltung der Sozialpolitik unmöglich. Hinzu trat die außenpolitisch motivierte Deflationspolitik der neuen Reichsregierung unter ihrem Kanzler Heinrich Brüning. Am Beispiel der Arbeitslosenversicherung werden die Folgen besonders deutlich: Auf der einen Seite suchte die Regierung die Ausgaben des Reichshaushaltes drastisch zu kürzen; auf der anderen Seite mußte das Defizit der Arbeitslosenversicherung, das konjunkturell bedingt unvermeidlich anschwoll, aus dem Reichshaushalt gedeckt werden. Über den Art. 48 WRV kürzte die Regierung Brüning die Leistungen sowie die Dauer von Zahlungen aus der Arbeitslosenversicherung. Die Zahl der sog. „Ausgesteuerten" oder derer, die überhaupt nie die Möglichkeit hatten, Ansprüche an der Arbeitslosenversicherung zu erwerben, stieg infolgedessen unaufhörlich. Indem diese „Wohlfahrtserwerbslosen" der kommunalen Fürsorge anheim fielen, erfolgte eine fundamentale Überwälzung der Lasten vom Reich auf die Kommunen, die finanziell sehr bald an den Rand des Zusammenbruchs gerieten. Die Folge war ein fakti-

scher Zusammenbruch der Arbeitslosenversicherung bei millionenfacher Arbeitslosigkeit.

In der Bilanz gilt für die Sozialpolitik der Weimarer Republik das gleiche wie für deren Geschichte insgesamt: Ihr fehlte die Zeit für eine gewissermaßen „normale" Entwicklung. Die prekäre wirtschaftliche und konjunkturelle Entwicklung traf in besonderem die Sozialpolitik, die ja letztlich nur aus Zuwächsen zu finanzieren war. Es kennzeichnet daher das Dilemma der Weimarer Republik, daß sie als Sozialstaat auf die Dauer nicht genügend Rückhalt in der Wirtschaftsentwicklung fand. Das Ergebnis war paradox: Gerade weil die Weimarer Demokratie die Verantwortung für die soziale Ausgestaltung der Lebensverhältnisse übernahm, überforderte sie sich damit in der Krisenzeit der zwanziger und dreißiger Jahre. Dessenungeachtet gingen von ihr wichtige sozialpolitische Langzeitimpulse und zukunftsweisende Innovationen aus.

4. Auflösung und Ende

Die Regierung der Großen Koalition unter dem sozialdemokratischen Reichskanzler Hermann Müller, die vom 28. Juni 1928 bis zum 27. März 1930 amtierte, stellte die letzte Chance zur Stabilisierung des Weimarer Parlamentarismus dar. Wie groß diese Chance allerdings tatsächlich war, ist angesichts der gravierenden Gegensätze nicht nur zwischen den Koalitionspartnern, sondern auch zwischen Fraktionen und Mitgliedern der Reichsregierung fraglich. Der sozialpolitische Gegensatz, wie er im Ruhreisenstreit hervortrat, das Volksbegehren gegen den Young-Plan und die Panzerkreuzer A–Affäre machten aus der Regierung Müller ein „Kabinett mit eingebauter Dauerkrise", wie eine Tageszeitung spottete. Zwischen dem Regierungsantritt der SPD und einer praktisch alle bürgerlichen Parteien erfassenden Wendung nach rechts entwickelte sich eine für den Fortbestand des Weimarer Parlamentarismus selbstzerstörerische Dialektik. Auch in der Zentrumspartei erfolgte ein Rechtsruck, symbolisiert im Rücktritt des langjährigen Parteiführers Wilhelm Marx. Am 8. Dezember 1928 wählte der Parteitag des Zentrums in Köln den Prälaten Ludwig Kaas zum Nachfolger von Marx. Kaas, ein Exponent der Parteirechten, offenbarte in seinen Reden in der Öffentlichkeit deutlich antiparlamentarische Affekte und erwies sich als Anhänger einer autoritären Ordnung. Zu einem entsprechend unbequemen Partner entwickelte sich die Zentrumspartei in der

Krise des Parlamentarismus

Rechtsruck der bürgerlichen Parteien

Großen Koalition, der sie formell ohnehin erst im April 1929 beitrat. In der DVP hatte deren Vorsitzender Gustav Stresemann schon bei der Bildung der Großen Koalition alle Mühe, die in seiner Fraktion bestehenden Widerstände gegen eine Zusammenarbeit mit der SPD zu überwinden. In der Folgezeit mußte Stresemann immer wieder all seine Überredungskünste, einschließlich der Androhung seines Rücktritts, anwenden, um die Reichstagsfraktion der DVP koalitionspolitisch bei der Stange zu halten. Dieses Unterfangen gestaltete sich um so schwieriger, je tiefer die bereits 1929 deutlich steigende Arbeitslosigkeit den sozialpolitischen Keil in das Regierungsbündnis von SPD und DVP trieb. Angesichts einer Erwerbslosenzahl von annähernd drei Millionen geriet das Kabinett Müller über die Frage einer Reform der Arbeitslosenversicherung in eine tiefe Krise. Am 2. Oktober 1929 gelang es Stresemann in einer mehrstündigen, turbulenten Sitzung, die Reichstagsfraktion der DVP zur Annahme eines mühsam ausgehandelten Kompromisses zu bewegen. Daß er in der Nacht darauf einem Schlaganfall erlag, entbehrt nicht der tieferen politischen Symbolik. Stresemanns Nachfolger, der bisherige Fraktionsvorsitzende Ernst Scholz, repräsentierte den rechten Flügel der DVP, die nunmehr zu einem offen antisozialdemokratischen Kurs überging.

Probleme der Arbeitslosenversicherung

Tod Stresemanns

Ende 1929 geriet die Große Koalition somit in eine hoffnungslose Lage. Einerseits wurde sie vom linken Flügel der SPD scharf attackiert; andererseits sah sie sich der zunehmend offenen Feindschaft der großen Wirtschaftsinteressen gegenüber. Paul Reusch, der Generaldirektor der Gutehoffnungshütte, forderte am 26. November 1929 eine Abwehrfront gegen den Marxismus. Diese sei „mit allen Mitteln zu fördern und auf die bürgerlichen Parteien ein Druck dahin auszuüben, daß sie sich endlich zu einem wirksamen Widerstand gegen den Sozialismus auf allen Gebieten unserer Politik aufraffen" [Zit. in 240: B. WEISBROD, Schwerindustrie, 467]. Eine solche Haltung schlug einmal mehr politische Brücken zur ostelbischen Landwirtschaft, die schon immer ein Gegner der Großen Koalition gewesen war. Der z.T. hochverschuldete Großgrundbesitz richtete seine Hoffnung auf eine Rechtsregierung unter Ausschluß der SPD. Daß Hindenburg, nachdem er im Jahre 1927 das ostpreußische Gut Neudeck zum Geschenk erhalten hatte, zu einem unmittelbaren „Nachbarn" geworden war, fügte sich gut in die Interessenpolitik des ostelbischen Großgrundbesitzes.

Angriffe auf die Große Koalition

Zum Kristallisationspunkt der spätestens seit Frühjahr 1929 sich beschleunigenden antiparlamentarischen Bewegung wurde denn auch das Reichspräsidialamt. Ihre Schlüsselfigur war der Generalmajor Kurt von Schleicher, seit 1929 Chef des Ministeramtes im Reichswehrmini-

Reichspräsidialamt und antiparlamentarische Tendenzen

4. Auflösung und Ende

sterium und ein enger Vertrauter Hindenburgs. Mehrere Entwicklungslinien kreuzten sich in den Plänen, ein Kabinett zu installieren, das nicht mehr von den Parteien abhängig sein, ein dezidiert rechtes Profil aufweisen und über außerordentliche Vollmachten gemäß Art. 48 WRV verfügen sollte. Zum einen verschärfte die Serie von Krisenanzeichen im Jahre 1929 die koalitionspolitischen Probleme der Regierungsparteien, während sich zugleich in bürgerlichen und landwirtschaftlichen Kreisen die gegen das Parlament gerichteten Kräfte sammelten. Zum anderen erlebte die Weimarer Republik eine neue Welle politischer Gewalt auf den Straßen. In den ersten Tagen des Mai 1929, während des sog. „Blutmai" in Berlin, kam es in der Reichshauptstadt im Zusammenhang mit einer verbotenen KPD-Demonstration zu schweren Straßenschlachten, die über 30 Tote und 200 Verletzte forderten. Aber auch Schleswig-Holstein wurde zunehmend zu einem Schauplatz der Gewalt. In der Folge der seit 1927 andauernden Agrarkrise, in deren Verlauf nicht wenige Höfe zwangsversteigert werden mußten, bildete sich eine militante Landvolkbewegung. 1929 kulminierte die ländliche Militanz in Steuerstreiks, einer Serie von Bombenattentaten und vielfachen Zusammenstößen mit der Polizei. *Zunahme politischer Gewalt*

Unter diesen Umständen war die Große Koalition nach dem Einbruch der Weltwirtschaftskrise im Gefolge des „Schwarzen Freitags" am 24. Oktober 1929 dem Tod geweiht. Der Dissens über die Frage, ob der Beitrag zur Arbeitslosenversicherung um ein halbes Prozent angehoben werden sollte, bildete denn auch nur den Anlaß des Koalitionsbruches. In der DVP-Reichstagsfraktion waren die Gemeinsamkeiten mit der Sozialdemokratie längst aufgebraucht, wenn auch die SPD den taktischen Fehler beging, daß in der Öffentlichkeit der Eindruck entstand, sie habe die Koalition einseitig aufgekündigt. Am 27. März 1930 trat mit der Regierung Müller die letzte parlamentarische Regierung der Weimarer Republik zurück. Schon drei Tage später wurde mit Heinrich Brüning ein Reichskanzler berufen, der von Hindenburg die Zusage erhielt, bei Bedarf mit den Vollmachten nach Art. 48 WRV regieren zu können; dies dokumentiert, wie zielstrebig die nichtparlamentarische Alternative vorbereitet worden war. Das Ende der Großen Koalition stellt ohne Zweifel eine der tiefsten Zäsuren in der Geschichte der Weimarer Republik, ja der deutschen Geschichte im 20. Jahrhundert dar. Es bedeutete nicht nur das Ende des Weimarer Parlamentarismus, sondern verschob auch die politische Symmetrie in irreversibler Weise nach rechts. *Beginn der Weltwirtschaftskrise* *Rücktritt der Regierung Müller 27. März 1930*

Angesichts der Wirtschaftskrise, die zunehmend katastrophalen Charakter annahm, glichen die beiden Kanzlerjahre Brünings einem

Kanzlerschaft Brünings

Massenarbeitslosigkeit

Das Ende der Reparationen als Priorität Brünings

Praxis des Präsidialregimes

ständigen Krisenmanagement. Zwischen 1930 und 1932 sank die deutsche Industrieproduktion um 40–50%. Die dramatischen Auswirkungen auf dem Arbeitsmarkt erreichten Anfang 1932 einen Höhepunkt, als die faktische Zahl der Arbeitslosen über sieben Millionen betrug. Über die Folgen von Massenarbeitslosigkeit und Massenverelendung gab es bereits zeitgenössisch eine Vielzahl von Berichten und Studien. Ihre Befunde sind in mehrfacher Hinsicht aufschlußreich: Sie zeigen, daß Arbeitslose keine Lobby besaßen, die politisch leicht organisierbar und mobilisierbar gewesen wäre. Damit verbindet sich die Erkenntnis, daß Arbeitslosigkeit allein noch keine politische Radikalisierung aus sich selbst hervorbringt. Der Aufstieg des Extremismus in Deutschland erklärt sich daher v.a. aus der Existenz bestimmter Ideologieangebote bzw. einer bestimmten politischen Kultur.

Auf Regierungsebene bestand das Hauptproblem darin, das Gleichgewicht der öffentlichen Haushalte zu sichern. Angesichts dramatischer Verluste in den Steuereinnahmen und dem ebenso dramatischen Anstieg der zu unterstützenden Arbeitslosen bildete die Sicherung des Reichshaushaltes das zentrale innenpolitische Thema der Brüningschen Kanzlerschaft. Daß Brüning dabei einem immer offener vertretenen Primat der Außenpolitik folgte und dem Ende der Reparationen unbedingte Priorität einräumte, verschärfte die innenpolitische Krise noch.

Bis Mitte 1930 gelang es Brüning, den Reichstag durch z.T. wechselnde Mehrheiten für die notwendigen Regierungsvorlagen zur Deckung des Haushaltes zu gewinnen. Im Juni 1930 gerieten die Verhandlungen um eine parlamentarische Mehrheit jedoch definitiv in eine Sackgasse. Infolge der aus der Großen Koalition bekannten sozialpolitischen Gegensätze zwischen SPD und DVP ergab sich im Reichstag eine Blockade, die am 16. Juli 1930 mit einer Abstimmungsniederlage der Regierung endete. Was jetzt folgte, machte die sich künftig immer schärfer zuspitzende Problematik des Präsidialregimes paradigmatisch deutlich: Brüning und mit ihm die Reichsregierung bekundeten keinerlei Interesse daran, die Debatte mit den im Reichstag vertretenen Parteien fortzuführen. Noch am Tage der Abstimmungsniederlage brachte Brüning eine Notverordnung nach Art. 48 WRV auf den Weg, die in ihren Bestimmungen (ein Notopfer für Festbesoldete, Einführung einer Bürgersteuer) der zuvor abgelehnten Regierungsvorlage bis ins Detail glich. Die SPD vertrat sofort die Auffassung, Brüning verletze hiermit die Verfassung, seien doch „Sicherheit und Ordnung" im Deutschen Reich nicht „erheblich gefährdet". Die Voraussetzungen zur Anwendung des Art. 48 seien daher nicht gegeben. Demgegenüber argumentierte die Regierung, es bestehe ein aktueller Notstand der öffentlichen Finanzen, der parlamentarisch nicht zu beheben sei, da hierfür die Reichstagsmehrheit fehle. Aus dem Haushaltkonflikt wurde so der Verfassungskonflikt. Am 18. Juli 1930 stimmte eine Mehrheit von 236 : 222 Stimmen, bestehend aus den Abgeordneten der SPD, KPD, NSDAP und Teilen der DNVP, für die Aufhebung der Notverordnung. Der Reichstag machte damit von seinem verfassungsmäßigen Recht Gebrauch, unmittelbar nach der Abstimmung präsentierte Brüning jedoch eine vorbereitete Verordnung des Reichspräsidenten, mit welcher der widerspenstige Reichstag aufgrund des Art. 25 WRV aufgelöst wurde. Am gleichen Tag tat Brüning zwar der Verfassung insofern Genüge, als er die im Reichstag gescheiterte Notverordnung aufhob; am 26. Juli 1930 jedoch, in der parlamentslosen Zeit zwischen der Auflösung des alten und der Einberufung des neu zu wählenden Reichstages, erließen Reichspräsident und Reichskanzler eine neue Notverordnung, die der alten in ihren wesentlichen Zügen entsprach. Damit war Brüning zum Kampfkanzler gegen das Parlament geworden, der wenn nicht gegen den Buchstaben der Weimarer Reichsverfassung, so doch flagrant gegen deren Geist verstieß. *Auflösung des Reichstages*

In jedem Fall war die Auflösung des Reichstages inmitten einer sich beschleunigenden Krise ein schwerer politischer Fehler. Dessen Quittung präsentierten die Reichstagswahlen vom 14. September 1930: Die NSDAP konnte ihr Ergebnis von 2,6 auf 18,3% vervielfachen und wurde damit nach der SPD zur zweitstärksten Fraktion im Reichstag. Und auch die KPD konnte ihren Anteil von 10,6 auf 13,1% steigern. Wenn sich damit die Geschäftsgrundlage der Politik drastisch verändert hatte, so war dies die mehr oder minder direkte Folge der Brüningschen Wendung gegen den Parlamentarismus. *Reichstagswahl vom 14. September 1930: sprunghafter Anstieg der NSDAP*

Auf einen unentbehrlichen innenpolitisch-parlamentarischen Pfeiler konnte Brüning freilich nach den Septemberwahlen des Jahres 1930 bauen: auf die Tolerierungspolitik der SPD. Die Sozialdemokratie sah ihren Handlungsspielraum nach den Septemberwahlen, bei denen sie mehr als 5% ihres Stimmenanteils verloren hatte, stark eingeschränkt. Zumindest aus der Sicht ihrer führenden Funktionäre sowie der Fraktionsmehrheit im Reichstag stand die SPD damit vor einer ebenso unangenehmen wie zwangsläufigen Alternative: Entweder kam die Partei zu einer wie auch immer gearteten einvernehmlichen Zusammenarbeit mit Brüning; oder aber es war zu befürchten, daß die Brüning-Regierung noch weiter nach rechts rückte und eine Zusammenarbeit mit Hugenberg oder Hitler anstrebte. Die Motivation der sozialdemokratischen Tolerierungspolitik beruhte also auf dem Kalkül, Hit- *Tolerierungspolitik der SPD* ler zu verhindern und die Reste des Parlamentarismus zu verteidigen. Vor allem aber stand die Koalition in Preußen auf dem Spiel, wo SPD und Zentrumspartei innerhalb einer Regierung der Weimarer Koalition den Ton angaben. Brüning im Reichstag die Unterstützung zu versagen, hätte durchaus die Aufkündigung der Preußenkoalition durch das Zentrum bewirken und damit die letzte sozialdemokratische Machtposition im Weimarer Staat liquidieren können. Andererseits steht außer Frage, daß die Tolerierungspolitik auch große Gefahren in sich barg, was von den Zeitgenossen durchaus erkannt wurde.

Weimarer Koalition in Preußen

Tatsächlich ging die Selbstverleugnung der SPD im Namen der Tolerierungspolitik so weit, daß sie die Wiederwahl Hindenburgs zum Reichspräsidenten unterstützte. Ende 1931 war sie zu Brünings wichtigster innenpolitischer Priorität geworden. Die Wiederwahl Hindenburgs erschien Brüning in dem Maße notwendig, wie sie die einzige Garantie gegen eine Präsidentschaft Hitlers, die die Grundlage für Brünings Kanzlerschaft definitiv zerstört hätte, zu sein schien. Tatsächlich wurde Hindenburg, nicht zuletzt dank des unermüdlichen Einsatzes Brünings, am 13. März und am 10. April 1932 wiedergewählt, im zweiten Wahlgang mit 53% gegenüber den 36,8%, die Hitler auf sich vereinigen konnte. Nichts konnte wohl besser dokumentieren, wie weit sich das politische Spektrum der Republik nach rechts verschoben hatte, als der Vergleich der Ergebnisse bei den Reichspräsidentenwahlen der Jahre 1925 und 1932: 1925 hatte Hindenburg nur einen hauchdünnen Vorsprung gegenüber einem anerkannt republikanischen Politiker, dem Zentrumsvorsitzenden Wilhelm Marx, erreichen können, und dies auch nur aufgrund der Tatsache, daß die KPD an ihrem Zählkandidaten Ernst Thälmann festhielt und die BVP den protestantischen preußischen Generalfeldmarschall dem katholischen Rheinländer vorzog. 1932 wurde Hindenburg dagegen von einer Art Großer Koalition, unter Einschluß der SPD, gewählt, die in ihm die letzte Möglichkeit sah, die Republik gegenüber dem Ansturm der nationalistischen Rechten um Hitler und Hugenberg zu verteidigen. Tatsächlich aber barg dieser innenpolitische Sieg Brünings den Keim seines politischen Endes in sich. Denn Hindenburg vergaß es dem Reichskanzler nicht, daß er aus seiner Sicht gleichsam von den falschen Leuten gewählt worden war. Daß er sein Amt tatsächlich nur den Stimmen der SPD verdankte, begriff Hindenburg als schleunigst zu korrigierende Abirrung, die seine nunmehr fühlbare Mißstimmung gegen Brüning begründete. In der Folgezeit, im Frühjahr 1932, waren es v.a. drei Kräfte, die den Keil zwischen Hindenburg und Brüning vorantrieben und schließlich den definitiven Bruch bewirkten:

Wiederwahl Hindenburgs

Gründe für den Bruch zwischen Hindenburg und Brüning

4. Auflösung und Ende

Erstens stieg im Unternehmerlager und damit in der DVP die Verbitterung darüber, daß Brüning die ursprünglich geforderte Wendung nach rechts nicht wirklich vollzogen habe und weiterhin mit der SPD zusammenarbeitete. Einmal mehr resümierte Paul Reusch bereits am 6. September 1931 die in der Schwerindustrie dominierende Auffassung: „Ich bin der unmaßgeblichen Meinung, daß Herr Brüning, nachdem die Erwartungen, die wir in ihn gesetzt haben, sich nicht erfüllt haben und nachdem er nicht den Mut hat, sich von der Sozialdemokratie zu trennen, von der Wirtschaft und vom Reichsverband [der Industrie, A.W.] auf das Allerschärfste bekämpft werden muß und daß ihm die Industrie ganz offen ihr Mißtrauen aussprechen soll" [Politik und Wirtschaft in der Krise 1930–1932. Quellen zur Ära Brüning, Bd. 2, 944]. Abwendung des Unternehmerlagers von Brüning

Zweitens wurde die energische Front immer spürbarer, welche die ostelbische Landwirtschaft gegen die Regierung Brüning mobilisierte. Entscheidende Bedeutung erlangte in diesem Zusammenhang der Plan der Reichsregierung, im Rahmen der sog. „Osthilfe" aussichtslos überschuldete Güter durch einen staatlichen Kommissar zwangsversteigern zu lassen und auf kleineren Parzellen eine Neuansiedlung durchzuführen. Als im Mai 1932 der Entwurf einer entsprechenden Notverordnung im Kabinett behandelt wurde, führte dies zu extremer Verbitterung und Entrüstung bei den häufig hoch verschuldeten Gutsbesitzern. In ihren Augen stellten die Pläne der Regierung Brüning, die nunmehr des „Agrarbolschewismus" verdächtigt wurde, eine Enteignung dar. Der Reichspräsident wurde dringend ersucht, gegen die Pläne der Regierung Brüning vorzugehen, und tatsächlich forderte Hindenburg ultimativ, die geplante Notverordnung zugunsten der Agrarier abzuändern. Dies führte am 27. Mai 1932 zum Rücktritt des Reichsministers und Reichskommissars für die Osthilfe, Hans Schlange-Schöningen, womit der Anfang vom Ende der Regierung Brüning eingeleitet wurde. Widerstand der ostelbischen Landwirtschaft

Drittens vertiefte sich die Kluft zwischen Brüning und Hindenburg v.a. durch die Frage, wie der Nationalsozialismus zu behandeln sei. Am 13. April 1932, also kurz nach der Wahl Hindenburgs, erging nach langem Zögern das von den Ländern schon lange geforderte Verbot der SA. Das gegen den Willen des Reichspräsidenten durchgesetzte SA-Verbot bildete noch einmal einen Erfolg der Quasi-Großen Koalition, auf die sich Brüning im Reichstag stützen konnte. Das bei der DNVP, der Reichswehr und bei Hindenburg selbst unpopuläre Verbot der SA diente Kurt von Schleicher als entscheidender Hebel, die Regierung Brüning abzulösen. Der von Schleicher präsentierte Zentrumspolitiker Franz von Papen verkörperte eine nunmehr grundsätzlich rechte Alternative: Hinter den Kulissen verständigten sich Hindenburg, SA-Verbot

Schleicher und Papen darauf, nach einer Ernennung Papens zum Reichskanzler das SA-Verbot aufzuheben und den Reichstag aufzulösen, in der vagen Hoffnung auf eine neue, diesmal rechte Tolerierungsmehrheit unter Einschluß der NSDAP. Daraufhin verweigerte Hindenburg Brüning das Instrument der Notverordnungen; dessen Entlassung bzw. Rücktritt erfolgte am 30. Mai 1932.

Entlassung Brünings am 30. Mai 1932

Das Konzept eines überparteilichen Präsidialregimes mit einer scheinbar streng sachbezogenen, am Notwendigen orientierten Politik war damit gescheitert. Es war strukturell gescheitert, da es nicht nur auf einer zu schmalen Basis in der Gesellschaft beruhte, sondern im Gegenteil deren Radikalisierung vorantrieb und die letzte Entscheidung in die Hände eines greisen Reichspräsidenten legte, der persönlichen Einflüssen Dritter offenstand.

Die Regierung Franz von Papens, die am 1. Juni 1932 ernannt wurde, ist nicht ohne Grund „Kabinett der Barone" genannt worden. Als Außenminister gehörte ihm der parteilose Konstantin Freiherr von Neurath, als Innenminister Wilhelm Freiherr von Gayl (DNVP) und als Finanzminister der parteilose Lutz Graf Schwerin von Krosigk an. Zwar mochte dies ein Kabinett nach Hindenburgs Geschmack sein; gesellschaftlich war es jedoch fast ohne Basis, und gegenüber der Masse der 19,5 Millionen Wähler Hindenburgs stellte es eine Provokation dar. Der neue starke Mann des Kabinetts war Kurt von Schleicher, der die Regierungsbildung eingefädelt hatte und nun selbst das Reichswehrministerium übernahm. Die Regierungszeit von Papens ist im wesentlichen durch drei Punkte gekennzeichnet: erstens durch die Praxis der Regierung ohne bzw. gegen den Reichstag; zweitens durch das vergebliche Bemühen, die NSDAP im Sinne einer parlamentarischen Tolerierung oder Stützung an die Regierung heranzuführen; drittens durch die weitere Zerstörung des Weimarer Verfassungsgefüges im Zuge des sog. „Preußenschlages".

Regierung von Papen als „Kabinett der Barone"

Kurt von Schleicher

Erstens: Regierung ohne bzw. gegen den Reichstag. Anders als Brüning konnte Papen auf keinerlei parlamentarischen Rückhalt mehr hoffen. Die SPD beendete unmittelbar ihre Tolerierungspolitik, und das Zentrum erblickte in Papen nichts anderes als einen „Verräter" an der eigenen Sache. Einem Parteiausschlußverfahren kam der neue Reichskanzler durch seinen Austritt zuvor. Die parlamentarische „Basis" der Papen-Regierung umfaßte im Grunde nicht viel mehr als die 7% DNVP-Mitglieder unter den Reichstagsabgeordneten. In Schleichers Kalkül hatte eine mögliche parlamentarische Unterstützung durch die NSDAP, mittelfristig sogar ihre eventuelle Regierungsbeteiligung, eine wichtige Rolle gespielt. Allerdings verfügten auch DNVP, DVP und

Verlust jeglichen parlamentarischen Rückhalts

4. Auflösung und Ende

NSDAP zusammen nur über 178 der 288 Reichstagsmandate, die zur absoluten Mehrheit notwendig gewesen wären. Gegenüber vagen Versprechungen Hitlers hatten Schleicher und von Papen im Vorfeld der Entlassung Brünings die erneute Auflösung des Reichstages zugesagt. Dementsprechend löste Hindenburg am 4. Juni 1932 den Reichstag mit der Begründung auf, der Reichstag verkörpere nicht den Willen des Volkes. Diese Begründung mutete insofern eigenartig an, als Hindenburg ja gerade eine immerhin parlamentarisch tolerierte Regierung entlassen und an ihre Stelle ein neues Kabinett mit einer geradezu grotesken parlamentarischen Minderheitenposition gesetzt hatte. Der Weimarer Reichsverfassung sprach ein solches Vorgehen jedenfalls Hohn. Der neue Reichstag, der am 31. Juli 1932 gewählt wurde, erwies sich denn auch als vollständig manövrierunfähig. Die NSDAP konnte ihren Anteil von 18,3 auf 37,4% nahezu verdoppeln, während die KPD ebenfalls leicht hinzugewann und mit 14,5% ihr bis dahin bestes Ergebnis erreichte. Die viel beschworene „negative absolute Mehrheit" in der Weimarer Republik, in der die extremistischen Flügelparteien zusammen mehr als 50% der Reichstagsmandate besaßen, war damit erreicht; sie legte jeglichen Ansatz einer konstruktiv-parlamentarischen Politik lahm.

Reichstagsauflösung Juni 1932

Reichstagswahlen 31. Juli 1932

NSDAP stärkste Fraktion

„Negative Mehrheit" der extremistischen Flügelparteien

Nachdem die Verhandlungen zwischen Papen und Hitler wegen einer möglichen Regierungsbeteiligung der NSDAP (s.u.) gescheitert waren, befand sich Papen beim Zusammentritt des neuen Reichstages im September 1932 in einer vollständig isolierten Lage. Die Reichstagssitzung am 12. September 1932 bildete denn auch den denkwürdigen Höhepunkt einer längerfristigen, im Prinzip bereits von Brüning in Gang gesetzten Entwicklung: In dieser Sitzung ging es um nichts anderes als um die Frage, wer gewissermaßen zuerst kommen würde: der Reichskanzler, der mit einer vorbereiteten Auflösungsordre des Reichspräsidenten den Reichstag erneut nach Hause schicken wollte, oder das parlamentarische Mißtrauensvotum gegenüber Papen, das von der KPD beantragt wurde. Über letzteres erlitt Papen zwar mit 42 zu 512 Stimmen die höchste Niederlage einer Regierung in der deutschen Parlamentsgeschichte; nach einigem Geplänkel setzte sich jedoch die Politik der Reichstagsauflösung durch. Aufgrund des Art. 25 WRV löste Hindenburg den Reichstag erneut auf, „weil die Gefahr besteht, daß der Reichstag die Aufhebung meiner Notverordnung vom 4. September d.J. verlangt". Die Absurdität eines solchen Vorgehens bzw. die mißbräuchliche Anwendung des Art. 25 wird in dieser Formulierung offenkundig. Bezeichnenderweise war Papen der einzige Kanzler der deutschen Geschichte, der nie vor dem Parlament gesprochen hat. Die

Politik der Reichstagsauflösung

Regierungserklärung vom 12. September 1932, an deren Verlesung im Reichstag er durch das Mißtrauensvotum gehindert wurde, hielt er am Abend im Rundfunk. Der Reichstag als Organ der politischen Repräsentation des Volkes und der politischen Willensbildung sowie der Weimarer Parlamentarismus im allgemeinen waren mit der Farce des 12. September 1932 definitiv zu Grabe getragen worden.

Neuwahlen vom 6. November 1932

Nach den Neuwahlen vom 6. November 1932, die keine grundlegende Änderung der parlamentarischen Machtverhältnisse bewirkten, bestanden für die Regierung Papen im Grunde nur noch zwei Alternativen: erstens der Versuch, doch noch eine parlamentarische Mehrheit durch die Einbeziehung der NSDAP zu gewinnen; dies scheiterte an Hitler, der nach wie vor die ganze Macht für sich forderte. Die zweite Möglichkeit bestand darin, den Reichstag erneut aufzulösen, aber ohne Neuwahlen auszuschreiben. Dies wäre einem staatsstreichartigen offenen Verfassungsbruch gleichgekommen. Tatsächlich gediehen entsprechende Diskussionen im November 1932 relativ weit. Hindenburg war zuletzt dazu bereit, zusammen mit seinem Günstling Papen für eine Übergangszeit die volle Präsidialdiktatur auszuüben, in deren Verlauf der Reichspräsident als Garant der Verfassung erschienen wäre. Für Schleicher allerdings war diese Art der Diktatur, die jeglicher Massenbasis vollständig entbehrt hätte, nicht akzeptabel. Ein weiteres Mal intrigierte Schleicher infolgedessen gegen einen amtierenden Reichskanzler, indem er der entscheidenden Kabinettsitzung am 2. Dezember 1932 das „Planspiel Ott" vorlegte. Demzufolge war die Reichswehr nicht in der Lage, einen Bürgerkrieg gegen SA und KPD zu führen und gleichzeitig einem möglichen Angriff Polens gegen die deutsche Ostgrenze standzuhalten. Auch wenn dies ein „worst-case"-Szenario ohne besonderen Realitätsgehalt war, so zeigte sich doch das Kabinett tief beeindruckt, und Papen fand sich in einer Minderheitenposition wieder. Nachdem von Papen noch am selben Tag zurücktrat, übernahm nun Kurt von Schleicher selbst, der bis dahin als Mann im Hintergrund agiert hatte, die Regierungsverantwortung.

„Planspiel Ott"

Kurt von Schleicher Reichskanzler

Das *zweite* Charakteristikum der Regierungszeit von Papens bestand in dem Versuch, die NSDAP an die Regierungsverantwortung heranzuführen. Die vage Möglichkeit, sich der parlamentarischen Unterstützung der NSDAP zu versichern und damit zu quasi-verfassungsgemäßen Formen zurückzukehren, bildete stets eine Zielperspektive. Bereits im Vorfeld der Entlassung Brünings hatte Schleicher Hitler die Auflösung des Reichstages und die Aufhebung des SA-Verbotes versprochen für den Fall, daß die NSDAP zu einer parlamentarischen Tolerierung der neuzubildenden „nationalen" Präsidialregierung bereit

Parlamentarische Tolerierung durch die NSDAP als Ziel Papens

sei. Letztere erfolgte tatsächlich am 16. Juni 1932, bezeichnenderweise durch eine Verordnung nach Art. 48 WRV. Tatsächlich muß man fragen, ob dieses Verfahren nicht auch gegen den Buchstaben der Weimarer Reichsverfassung verstieß. Die gegen den erbitterten Widerstand der meisten Länder erfolgende Wiederzulassung der SA damit zu begründen, daß „die öffentliche Sicherheit und Ordnung erheblich gestört oder gefährdet" sei (Art. 48 WRV), erforderte jedenfalls beträchtliche Interpretationskünste. Der Wahlkampf, für den die SA nun gleichsam das Signal „Straße frei" erhielt, entwickelte denn auch sehr bald bürgerkriegsartige Züge. Doch auch darüber hinaus war der Sommer 1932 geprägt von einer erhöhten Gewaltbereitschaft der Nationalsozialisten, die ihrerseits durch kommunistische Übergriffe immer wieder neue Nahrung und scheinbare Legitimation erhielt. Tatsächlich wurde 1932 zum Jahr des Terrors. Allein während der vierzehn Tage nach den Reichstagswahlen am 31.7.1932 waren reichsweit mehr als 50 Tote aufgrund politischer Zusammenstöße zu beklagen. Wie stark in diesem Zusammenhang Hitlers Handlungsspielraum wuchs und wie weit er mit seiner vorgeblichen „Legalitätstaktik" zu gehen vermochte, dokumentiert eines der scheußlichsten politischen Verbrechen der Weimarer Zeit, der Mord im oberschlesischen Potempa. Am 10. August 1932 hatten hier betrunkene SA-Männer einen polnischen KPD-Sympathisanten zu Tode getrampelt. Nachdem die Täter am 22. August von einem Sondergericht in Beuthen zum Tode verurteilt worden waren, zögerten Hitler und die NS-Propaganda keinen Augenblick, öffentliche Solidarität zu bekunden. Das durch Agitation erzeugte Klima der Erpressung verfehlte sein Ziel nicht: Die Täter wurden begnadigt.

Hitlers Verhalten in der Potempa-Affäre muß vor dem Hintergrund seiner gescheiterten Gespräche mit Hindenburg, Papen und Schleicher betrachtet werden. Als am 13. August 1932 in direkten Verhandlungen die Frage ventiliert wurde, ob Hitler sich an einer „nationalen" Regierung beteiligen könnte, erlitt der „Führer" eine scharfe Abfuhr durch Hindenburg. Hindenburg erklärte, „er könne es vor Gott, seinem Gewissen und seinem Vaterlande nicht verantworten, einer Partei die gesamte Regierungsgewalt zu übertragen, noch dazu einer Partei, die einseitig gegen Andersdenkende eingestellt wäre". Das entsprechende Pressekommuniqué des Reichspräsidialamtes bedeutete für Hitler, der die ganze Macht gefordert und nichts erhalten hatte, eine schwere Demütigung und sorgte in der NSDAP für erhebliche Verbitterung.

Die Episode des 13. August 1932 verdeutlicht indes das Grundproblem jeglichen „Zähmungs"-Konzeptes. Wie sollte Hitler in die Regierungsverantwortung eingebunden werden, um das Präsidialregime parlamentarisch zu festigen, ohne daß zugleich auch der Staat an Hitler ausgeliefert wurde? Trotz dieses offenkundigen Dilemmas setzten Papen und Schleicher auch in der Folgezeit ihre Bemühungen, die NSDAP an die Regierung heranzuführen, fort, wobei es sich immerhin darum handelte, eine Partei regierungsfähig zu machen, deren Führer offenkundigen Mord öffentlich rechtfertigte. Ausschlaggebend für das Zähmungskonzept war indessen weder die Person Hitlers noch die Ideologie des Nationalsozialismus, sondern allein die Faszination einer betont nationalen Massenbewegung. Die Möglichkeit, die eigene prekäre innenpolitische Position zu fundieren und zugleich das nationalsozialistische Massenpotential dem nationalen Wehrwillen nutzbar zu machen und damit den außenpolitischen Aufstieg zu befördern, trug maßgeblich zur fatalen Unterschätzung Hitlers bei, die dem Zähmungskonzept innewohnte.

Unterschätzung Hitlers

Das *dritte* Charakteristikum der Regierung Papen bestand in der weiteren Zerstörung des Weimarer Verfassungsgefüges durch den sog. „Preußenschlag" am 20. Juli 1932. Einer Regierung der äußeren Rechten, die unter dem Siegel des „Antimarxismus" den konsequenten Ausschluß der SPD von der Regierungsmacht anstrebte, mußten die Verhältnisse in Preußen ein Dorn im Auge sein. Tatsächlich hatte hier die SPD durch eine langjährige konsequente Personalpolitik in der Innenverwaltung und im Polizeiapparat eine gewisse Machtposition erreicht. Schon zu Beginn des Kabinetts Papen gab es daher Bestrebungen, Preußen unter die Kontrolle des Reiches zu bringen. Einen Vorwand hierfür bildete die ausufernde Gewalt, die man einer angeblich zu laschen Haltung der preußischen Polizei gegenüber dem Kommunismus anzulasten suchte. Hinzu kamen frei erfundene Behauptungen über eine angebliche Zusammenarbeit zwischen Sozialdemokratie und Kommunisten in Preußen in Form konkreter Staatsstreichpläne. Den endgültigen Vorwand zur Liquidierung der preußischen Regierung der Weimarer Koalition bildete schließlich der „Altonaer Blutsonntag" vom 17. Juli 1932. Im Verlauf schwerer Straßenschlachten zwischen KPD und NSDAP waren 18 Tote aus der Zivilbevölkerung zu beklagen. Am 20. Juli 1932 enthob eine präsidiale Notverordnung die Mitglieder der preußischen Regierung ihres Postens und setzte den Reichskanzler von Papen zugleich zum Reichskommissar in Preußen ein, der damit die Dienstgeschäfte des preußischen Ministerpräsidenten übernahm. Zugleich erfolgte die Absetzung des Berliner Polizeipräsidenten, an dessen Stelle ein Militärbefehlshaber der Reichswehr trat. Schon damals wurde bei den unmittelbar Betroffenen die Frage diskutiert, ob mit dem Einsatz der kasernierten Polizei und dem Aufruf zum General-

„Preußenschlag"

„Blutsonntag von Altona"

Absetzung der preußischen Regierung

4. Auflösung und Ende

streik dem staatsstreichartigen Vorgehen der Reichsregierung hätte Widerstand entgegengesetzt werden können. Die Führungsspitze der preußischen SPD lehnte einen solchen Kurs jedoch als hoffnungslos ab und wollte darüber hinaus nicht die Verantwortung für einen möglichen Bürgerkrieg übernehmen. Statt dessen blieb die SPD ihrer legalistischen Linie treu: Neben einem scharfen Protestschreiben an den Reichskanzler Papen reichte sie unmittelbar Klage beim Staatsgerichtshof ein. Tatsächlich bestätigte der am 25. Oktober 1932 ergangene Urteilsspruch des Staatsgerichtshofes die rechtliche Argumentation der preußischen Regierung zumindest teilweise. Das Ergebnis war ein Kompromiß, der zwar den Reichskommissar und die rechtmäßige preußische Regierung nebeneinander im Amt beließ, in der Praxis aber keinerlei Konsequenz mehr besaß.

Frage nach möglichem Widerstand

Legalitätskurs der SPD

Nachdem Kurt von Schleicher am 2. Dezember 1932 mit dem „Planspiel Ott" den Rücktritt Papens provoziert hatte, trat er nun, der sich bisher eher im Hintergrund gehalten hatte, in die volle Verantwortung. Aus der Sicht des Reichspräsidenten stellte Schleicher zumindest eine Alternative mit geringerem Verfassungsrisiko dar. Denn der neue Reichskanzler hegte im Gegensatz zu Papen keine weitgehenden Staatsstreich- und Umbildungspläne. Allerdings war Schleicher bei seinem Regierungsantritt auch nicht ganz ohne Plan: Dieser bestand in dem erneuten Versuch, durch die Heranziehung zumindest eines Teils der NSDAP und weiterer gesellschaftlicher Kräfte wie der Gewerkschaften doch noch eine Massenbasis für die präsidiale Regierung zu gewinnen. Dieses sog. „Querfront"-Konzept verfolgte eine doppelte Zielsetzung: Verfassungs- und innenpolitisch setzte es auf eine stärkere gesellschaftliche Verankerung der Regierung bei gleichzeitiger Umgehung des offenen und eindeutigen Verfassungsbruchs. Wirtschafts- und sozialpolitisch setzte es auf die Abkehr von der Deflationspolitik und auf die Krisenbekämpfung mittels einer stärker expansiven Haushaltspolitik sowie Maßnahmen zur Arbeitsbeschaffung. Gerade für letzteres wären einige Spitzenfunktionäre des Allgemeinen Deutschen Gewerkschaftsbundes zwar möglicherweise zu gewinnen gewesen, von der SPD jedoch kam eine scharfe Absage. De facto durchkreuzte das Veto der SPD gegen eine Regierungsbeteiligung sozialdemokratischer Gewerkschaftsführer die Pläne Schleichers.

„Querfront"-Konzept von Schleichers

Dramatischer war dagegen die Auseinandersetzung um eine Regierungsbeteiligung innerhalb der NSDAP. Nachdem die vergangenen Verhandlungen mit Hitler stets an dessen rigoroser „Alles oder Nichts"-Haltung gescheitert waren, hoffte Schleicher nun die NSDAP spalten und einen Teil an sich binden zu können. An und für sich genommen

Spaltung der NSDAP als Ziel Schleichers

war der Dezember 1932 für solche Überlegungen nicht ungünstig. Innerhalb der NSDAP herrschte nach den Reichstagswahlen vom 6. November 1932, die der NSDAP deutliche Verluste beigebracht hatten, eine überaus gedrückte Stimmung. Am 10. November 1932 schrieb Goebbels in sein Tagebuch, in der Partei herrsche eine „flaue Depression"; „überall [...] Ärger, Streit und Mißhelligkeiten". Seit dem Debakel des 13. August 1932 schien die Partei zu keinem Zeitpunkt mehr weiter von einer Regierungsbeteiligung entfernt zu sein als nach den Novemberwahlen. Hinzu kam eine desaströse Finanzlage, welche die Krise der NSDAP noch mehr verschärfte. In dieser Situation bildete Gregor Straßer, als Reichsorganisationsleiter nach Hitler der mächtigste Mann in der NSDAP, Schleichers persönlichen Anknüpfungspunkt. Schon während des ganzen Jahres 1932 war Straßer nicht abgeneigt, einer Präsidialregierung beizutreten, und am 4. Dezember 1932 bot ihm Schleicher das Amt des Vizekanzlers an. Innerhalb der Führungsgruppe der NSDAP spitzte dieses Angebot die Situation aufs äußerste zu; nach heftigen Diskussionen, die phasenweise den Charakter einer offenen Krise in der Parteiführung annahmen, setzte sich schließlich Hitler, der auf der Forderung nach einer Maximallösung beharrte, durch. Gregor Straßer resignierte, gab seine Parteiämter auf und zog sich aus der Politik zurück.

Schleichers Konzeption einer „Querfront" war damit gescheitert, bevor sie in Umrissen erkennbar wurde. Zugleich aber schien die NSDAP Ende des Jahres 1932, nach weiteren Niederlagen in Kommunalwahlen in Thüringen und Sachsen, fast am Ende zu sein. Aus dieser fast verzweifelten Situation wurde Hitler durch Franz von Papen gerettet. Während sich Schleicher zunehmend isoliert sah, hegte der in seiner Eitelkeit verletzte von Papen gegenüber dem Reichskanzler das Bedürfnis nach Revanche. Mit Hitler, mit dem er sich am 4. Januar 1933 in Köln persönlich traf, knüpfte von Papen nun engere Kontakte. In dem „Kölner Gespräch" faßten beide eine neue Regierung ins Auge, in der Hitler zwar als Kanzler amtieren, faktisch aber eine Art „Duumvirat" der beiden Protagonisten unter Ausschaltung von Schleichers etabliert werden sollte. Nachdem das Gespräch bekannt wurde, erfuhr von Papen sofort die Unterstützung der ostelbischen Agrarier, des Reichs-Landbundes sowie von Teilen des Unternehmerlagers. Gemeinsam machten die Beteiligten ihren Einfluß auf Hindenburg geltend, wobei der Sohn des Reichspräsidenten, Oskar von Hindenburg, und der Staatssekretär im Reichspräsidialamt, Otto Meißner, Vermittlungsdienste leisteten. Im Ergebnis verweigerte Hindenburg dem Reichskanzler sowohl den weiteren Rekurs auf Art. 48 WRV als auch die Vollmacht, den Reichstag ein weiteres Mal aufzulösen. Am 28. Januar 1933 erkannte der Reichspräsident gegenüber Schleicher „dankbar an, daß Sie versucht haben, die Nationalsozialisten für sich zu gewinnen und eine Reichstagsmehrheit zu beschaffen. Es ist leider nicht gelungen und es müssen daher nun andere Möglichkeiten versucht werden" [Akten der Reichskanzlei, Das Kabinett von Schleicher, 310].

Damit war das Schicksal Schleichers besiegelt und der Weg für Papen und Hitler frei. Als Hitler am 30. Januar 1933 zum Reichskanzler berufen wurde, konnte er mithin von mehreren vorausgegangenen Entwicklungen profitieren. Das Verfassungsgefüge der Weimarer Republik war bereits zerstört, wenn auch Hitler deren präsidiale und parlamentarische Elemente zum Zwecke der innenpolitischen Machtdurchsetzung geschickt zu verbinden wußte. Außenpolitisch waren mit der vorzeitigen Räumung des Rheinlandes durch die Truppen der Westalliierten, durch das Ende der Reparationen auf der Konferenz von Lausanne im Jahre 1932, schließlich auch durch das grundsätzliche Einverständnis der Alliierten, Deutschland rüstungspolitische Gleichberechtigung zu gewähren (11. Dezember 1932), die drückendsten Hypotheken des Versailler Friedensvertrages beseitigt. Hinzu kam, daß, wie bereits zeitgenössische Beobachter konstatierten, die Wirtschaftskrise Anfang 1933 ihren Tiefpunkt bereits durchschritten hatte. In den Schubladen der Reichskanzlei lagen überdies weitgehend ausgearbeitete Pläne zur Arbeitsbeschaffung, auf welche die Regierung Hitler alsbald zurückzugreifen vermochte. Zweifellos hat das singuläre Zusammenwirken zwischen Staats- und Wirtschaftskrise, welches das Ende der Weimarer Republik charakterisierte, die Deutschen in höchstem Maße traumatisiert. Vor diesem Hintergrund gelang es Hitler, seinen ebenso skrupellos wie terroristisch durchgesetzten Machtanspruch durch den Schein von pseudo-legaler „Ordnung" und nationalem „Aufbau" quasi-plebiszitär zu legitimieren.

Ernennung Hitlers zum Reichskanzler

II. Grundprobleme und Tendenzen der Forschung

1. Gesamtdarstellungen und Deutungen

Das dauerhafte historisch-politische Interesse an der Weimarer Republik erklärt sich durch ihr Scheitern. Ihr Ende gab nicht nur der deutschen Geschichte eine katastrophale Wendung; zugleich stellte es auch den extremsten Fall einer gesamteuropäischen Krise der Demokratie dar [zuletzt: 40: H. MÖLLER, Europa]. Über die konkrete Verlaufsgeschichte hinaus bietet daher die Weimarer Republik ein Paradigma für die Gefährdung und Selbstgefährdung der Demokratie, für ihre Zerstörung und Selbstzerstörung: Bis heute bleibt sie ein Menetekel für die Fragilität der Freiheit.

Die Weimarer Republik als Paradigma

Daß sich die wissenschaftliche Forschung zunächst vor allem auf das Ende der Weimarer Republik konzentrierte, kann daher nicht verwundern. Freilich erfuhr bald auch die Entstehungs- und Gründungsphase verstärkte Aufmerksamkeit, vermutete man doch – z.T. im Rückgriff auf die Deutung A. ROSENBERGs – seit Ende der fünfziger Jahre schwerwiegende Geburtsfehler der Republik, die zumindest partiell schon den Keim ihres Scheiterns legten [47: Entstehung]. Dagegen blieb die mittlere, durch relative Stabilität geprägte Periode lange Zeit im Schatten des Interesses. Dieses besondere Interesse der Forschung am Ende wie an der Anfangsphase der Weimarer Republik, beides unter der leitenden Frage nach den Ursachen des Scheiterns, dürfte der Hauptgrund dafür sein, daß es lange Zeit an Gesamtdarstellungen mangelte. Denn sieht man von einigen Hand- und Studienbüchern ab [neueren Datums: 43: E. KOLB, Weimarer Republik; 45: G. NIEDHART, Deutsche Geschichte; 44: P. LONGERICH, Deutschland], so lag bis in die achtziger Jahre hinein lediglich die große, 1954/56 erschienene und fesselnd geschriebene Gesamtdarstellung E. EYCKs vor [35: Weimarer Republik].

Forschungsschwerpunkt: Gründungsphase

EYCK (1878–1964) war während der Weimarer Republik Mitglied der DDP und hatte in Berlin als Rechtsanwalt und Notar sowie als Stadtverordneter gewirkt. Als Sohn jüdischer Eltern zur Emigration ge-

ERICH EYCK

zwungen, wurde ihm England eine zweite Heimat, was in seinen vielbeachteten historischen Werken aus den vierziger und fünfziger Jahren deutlich zum Ausdruck kam. Zumindest implizit betrachtete EYCK die Geschichte des deutschen Nationalstaats, indem er sie an der englischen „Normalentwicklung" zur parlamentarischen Demokratie maß. Dies prägte auch seine Darstellung der Weimarer Republik, die aus liberal-demokratischer Perspektive geschrieben ist und entsprechend urteilt. Keine Gnade fanden vor EYCKs Augen die aristokratisch-monarchistischen Kräfte des Alten Regimes, die sich in der DNVP, in der Reichswehr und seit 1925 um den Reichspräsidenten Hindenburg sammelten. Demgegenüber bestand für EYCK die beste Chance der Weimarer Republik im konstruktiv-parlamentarischen Zusammenwirken zwischen den kompromißbereiten Sozialdemokraten und dem republikanischen Bürgertum. Seine Sympathien gehörten denn auch denjenigen Politikern, die diesen Kompromiß am ehesten verkörperten, wie Friedrich Ebert, Hermann Müller und vor allem Gustav Stresemann. Umgekehrt zeichnet die Darstellung ein scharfer Blick für die Strukturschwächen der deutschen Parteien aus, die EYCK vor allem auf die konstitutionalistischen Überhänge und den Mangel an parlamentarischer Reife in der deutschen Politik zurückführte. Entsprechend kritisch beurteilte er jene Kräfte in der Sozialdemokratie, die sich in entscheidenden Phasen der Übernahme politischer Verantwortung verweigert hätten, so etwa 1928 in der Panzerkreuzer A-Affäre und 1930 beim Bruch der Großen Koalition; aber auch für die häufig widerspenstige Fraktion der DVP und für Brünings Regieren gegen den Reichstag fand EYCK deutlich kritische Worte, die seine konsequente normative Orientierung an einem funktionierenden parlamentarischen System offenbarten.

Es dauerte immerhin bis 1982, bis eine neue, umfassend angelegte Gesamtdarstellung über die Geschichte der Weimarer Republik erschien [51: H. SCHULZE, Weimar]. Zwar entstand SCHULZES Werk zu einer Zeit, als in der Bundesrepublik die prolongierte Konjunkturschwäche der siebziger Jahre gelegentlich besorgte Vergleiche mit der Weltwirtschaftskrise provozierte [siehe etwa 37: K. HOLL (Hrsg.), Wirtschaftskrise; 33: K. D. ERDMANN/H. SCHULZE (Hrsg.), Weimar]. Doch konzentriert sich SCHULZE auf die große Politik, wirtschafts- und gesellschaftsgeschichtliche Probleme treten demgegenüber zurück. Indem er immer wieder auch die persönliche Verantwortung der politisch Handelnden unterstreicht, warnt SCHULZE vor deterministischen, auf die Notwendigkeit des Scheiterns programmierte Sichtweisen. SCHULZEs eigene Interpretation, inmitten eines Bündels ebenso heterogener wie komplexer Ursachen hätten die wichtigsten Gründe für das Scheitern der Republik auf dem Felde der langfristigen Mentalitäten gelegen, paßt hierzu allerdings nur begrenzt. Denn wenn zu viele in der Weimarer Republik „falsch dachten und deshalb falsch handelten" [51: Weimar, 425], läßt sich dann zugleich ohne weiteres behaupten, daß „Weimar immer eine Chance" hatte? In jedem Fall offenbaren sich hier die Grenzen einer Darstellung, die eine „force profonde" wie die Mentalitäten als entscheidenden Wirkungsfaktor in Anspruch nimmt, selbst aber nicht immer zu einer entsprechend vertieften Analyse vordringt.

Von begrenzterem Zuschnitt und Anspruch sind zwei knappe Gesamtdarstellungen, die in der zweiten Hälfte der achtziger Jahre in Taschenbuchform erschienen [41: H. MÖLLER, Weimar; 46: D. PEUKERT, Weimarer Republik]. In der Problemstellung zu strenger Auswahl genötigt, setzen beide Autoren ganz unterschiedliche Akzente, die sich indes in komplementärer Weise ergänzen. Neben einer scharfsinnigen, vergleichend-kontrastierenden Skizze der beiden Reichspräsidenten behandelt MÖLLER in vertiefter Form den Problemkomplex Parteien und Verfassung. Im Anschluß an E. FRAENKEL und K. D. BRACHER zeichnet MÖLLER ein überaus konturiertes Bild von den strukturellen „Vorbelastungen des deutschen Parlamentarismus". Sowohl der mangelnde Wille praktisch aller Parteien zur politischen Verantwortung als auch die Konstruktionsfehler der „semi-parlamentarischen" Weimarer Reichsverfassung erscheinen letzten Endes dem problematischen Erbe des vordemokratischen Konstitutionalismus geschuldet. Wenn sie nicht allein verantwortlich waren für das Scheitern der Weimarer Republik, so bildeten sie doch eine entscheidende Vorbedingung für die Versuchung, mit autoritären Lösungen zu experimentieren, sowie ein Einfallstor für extremistische Kräfte.

H. MÖLLER

Vorbelastungen des deutschen Parlamentarismus

Wo MÖLLER die Dysfunktionalität von Parteienstaat und Verfassung analysiert, betont PEUKERT vor allem sozialökonomische und sozio-kulturelle Faktoren [46: Weimarer Republik]. PEUKERT lehnt es ab, die Weimarer Republik in erster Linie von ihrem Ende bzw. ihrem Anfang her zu betrachten, sondern ordnet sie in einen größeren epochalen Zusammenhang ein. Aus einer dezidiert kritischen Perspektive werden die Weimarer Republik und in ihr v. a. die zwanziger Jahre in einen Gesamtprozeß industriegesellschaftlicher Modernisierung gestellt, der durchaus ambivalente Züge trägt. Als eine „Krisenzeit der klassischen Moderne" trug die Weimarer Republik in besonderem Maße den epochenspezifischen Januskopf: Hinter dem zukunftsweisenden Ausbau des Sozialstaats lauerten die Gefahren eines technokratisch-utilitaristischen „social engineering"; die tiefgreifende Rationalisierungswelle in

D. PEUKERT

Die Weimarer Republik als „Krisenzeit der klassischen Moderne"

der Industrie begleiteten vielfache Entwurzelung und die Erosion traditioneller Sozialmilieus.

Mehr als andere betont H. MOMMSEN in seiner Darstellung jene politisch-ideologischen Kontinuitäten, die das Jahr 1933 überwölben. Schwerpunktmäßig von der Auflösungsphase der Republik seit 1930 handelnd, hebt MOMMSEN [42: Freiheit] v. a. die Verantwortung der konservativen Funktionseliten in Politik und Verwaltung, Heer und Justiz hervor. Keinesfalls sei die Weimarer Republik gleichsam von „außen" durch den Einbruch des übermächtigen Nationalsozialismus und seiner manipulativen Kraft zerstört worden; auch der lähmende Zangenangriff der extremistischen Flügelparteien ist für MOMMSEN nicht das Entscheidende. Konstruktive Entwicklungspotentiale und offene Situationen stellt er zwar nicht in Abrede; aber sie stehen bei MOMMSEN im Schatten einer Vielzahl von ideologischen Affinitäten zwischen der bürgerlich-konservativen Rechten und dem Nationalsozialismus. Spätestens seit 1930 und im Zeichen von Antiliberalismus und Antisozialismus habe die von den Funktionseliten mehrheitlich angestrebte und tolerierte Entparlamentarisierung und Zurückdrängung der organisierten Arbeiterbewegung der Machtergreifung vorgearbeitet, ehe dann im Januar 1933 der Übergang von der „autoritären zur faschistischen Diktatur" erfolgte.

Die bis dato materialreichste Gesamtdarstellung stammt von H. A. WINKLER [57: Weimar 1918-1933]. Aufbauend auf seiner monumentalen Geschichte der Arbeiterbewegung 1918-1933, bietet WINKLER ein großflächiges Panorama der politischen Geschichte der Republik. Das Resümee eigener und fremder Forschungen ziehend, zeichnet WINKLER ein vielgestaltiges, facettenreiches Bild, aus dem deutlich wird, daß es auf die Frage nach dem Untergang der Weimarer Republik keine einfachen Antworten gibt. So spart WINKLER zwar nicht mit Kritik an der Sozialdemokratie und ihrem oppositionellen Habitus; aber zugleich betont er die Verweigerungshaltung des Bürgertums gegenüber einem tatsächlichen demokratischen Bündnis mit der SPD, welches alleine die dauerhafte Existenz Weimars hätte sichern können. Dabei gilt es für WINKLER stets hinter den zahlreichen Formen subjektiven Unvermögens auch die objektiven Widersprüche des deutschen Modernisierungsprozesses in Rechnung zu stellen, aus dem der Nationalsozialismus schließlich als größter Nutznießer hervorging.

Alle bis heute vorliegenden Gesamtdarstellungen, mit Ausnahme derjenigen PEUKERTs, setzen ihren Schwerpunkt eindeutig auf die politische Geschichte. Nicht zuletzt schlägt sich darin der noch ungleichgewichtige Forschungsstand nieder. In bezug auf Staat, Verfassung und

Parteien kann er überwiegend als gut bezeichnet werden, sind Synthesen also leichter durchzuführen. Wirtschafts- und sozialgeschichtliche sowie mentalitätsgeschichtliche Forschungen sind dagegen meist neueren Datums und haben noch nicht die gleiche Dichte erreicht. Die Zeit der sozialgeschichtlichen Synthesen wird daher noch kommen; angesichts der unübersehbaren Vielfalt der Einzelforschungen sind sie auch dringend erwünscht. _{Sozialgeschichtliche Synthesen als Desiderat}

Gerade in der jeweiligen Begrenztheit ihrer Reichweite und in ihrer Komplementarität machen die vorliegenden Gesamtdarstellungen eines deutlich: Der Weimarer Republik als Forschungsgegenstand kann man sich nur mit einer multiperspektivischen Sichtweise annähern. Deutungen oszillierten zwischen deterministischen Erklärungsmodellen [etwa 47: A. ROSENBERG, Entstehung] und der Betonung einer grundsätzlich offenen Entwicklung. Das Ende der Weimarer Republik wurde als „Selbstpreisgabe der Demokratie" [33: K. D. ERDMANN/H. SCHULZE, Weimar] interpretiert oder als gerichteter, auf bewußte Auflösung zielender Prozeß [42: MOMMSEN, Freiheit]. Ungeklärt ist schließlich, inwieweit die Weimarer Republik als Teilepoche eines längerfristigen deutschen „Sonderwegs" zu betrachten ist [56: H. A. WINKLER, Abweichung] oder inwiefern sich in ihr eine gemeineuropäische Krise spezifisch ausprägte. Epochenspezifische Faktoren der Krise bestanden in umfassenden Modernisierungs- und Rationalisierungsprozessen ebenso wie in finanzpolitischen Kriegsfolgelasten und gestörten Wirtschaftskreisläufen; parlamentarischen Funktionsdefiziten und parteipolitischen Koalitionsproblemen standen antiparlamentarische Protestpotentiale und extremistische Massenbewegungen entgegen. Alle diese Faktoren determinierten nicht nur die deutsche, sondern über weite Strecken die europäische Zwischenkriegszeit. Ihre konkreten Ausformungen in der ersten deutschen Demokratie zu analysieren und wo immer möglich mit einem europäisch-vergleichenden Zugriff zu verbinden bleibt eine dauerhafte Forschungsaufgabe.

2. Entstehung und Verfassung der Weimarer Republik

Eine wissenschaftlich befriedigende Gesamtdarstellung, die den deutschen Zusammenbruch, die Revolution und die Gründung der Republik aus den Quellen heraus darzustellen hätte, bildet nach wie vor ein Desiderat der Forschung. Weder die ideologisch gebundene Darstellung von J.S. DRABKIN [60: Novemberrevolution] noch die auf die Sozial- _{Gesamtdarstellung der Revolutionszeit als Forschungsdesiderat}

demokratie beschränkte Studie von A. J. RYDER [81: Revolution] noch die gehaltvolle, in ihrer Gedankenführung aber nicht immer ganz klare Problemskizze von U. KLUGE [67: Revolution] können dieses Desiderat ersetzen.

Im Zentrum der seit Mitte der fünfziger Jahre einsetzenden Einzelforschung stand lange Zeit die Frage nach Charakter, Möglichkeiten und historisch-politischer Einschätzung der Rätebewegung [vgl. hierzu die ausführliche Diskussion bei 43: KOLB, Weimarer Republik, 160–167]. Dabei hat die bis heute eindringlichste Behandlung des Themas von E. KOLB [71: Arbeiterräte] das Bild nachhaltig geprägt und die Diskussion über weite Strecken bestimmt. Auf empirisch gesicherter Grundlage konnte KOLB überzeugend nachweisen, daß die sich spontan organisierenden, häufig improvisierten Räte keine kommunistische Bewegung darstellten, sondern in ihrer überwältigenden Mehrheit unabhängig- und mehrheitssozialdemokratisch orientiert blieben. Der Einfluß, den linksradikal-utopistische und spartakistische Kräfte auf die Rätebewegung ausübten, blieb demgegenüber marginal. KOLB wies daher die 1955 zuerst von K. D. ERDMANN in Auseinandersetzung mit E. MATTHIAS formulierte These zurück, es habe 1918/19 ein klares „Entweder-Oder" zwischen parlamentarischer Demokratie im Bund mit den konservativen Kräften einerseits und bolschewistischer Diktatur andererseits gegeben [34: K. D. ERDMANN, Weimarer Republik, 6–8]. Die Gefahr einer Bolschewisierung Deutschlands habe zu keinem Zeitpunkt bestanden. Vielmehr postulierte KOLB in Anknüpfung an die Arbeiten von A. ROSENBERG und E. MATTHIAS [74: Zwischen Räten und Geheimräten] eine grundsätzliche Offenheit der Situation. Insofern die Räte in erster Linie politische Prioritäten setzten, hätten sie ein durchaus aktivierbares Potential für die überfällige Demokratisierung der Verwaltung gebildet. Daß der Rat der Volksbeauftragten diese Möglichkeit ungenutzt verstreichen ließ, die Räte vielmehr in Zusammenarbeit mit den alten Gewalten bekämpfte, sei ein unverzeihlicher Fehler gewesen und nur durch die übertriebene, letztlich gegenstandslose, ja geradezu hysterische Furcht Eberts und der anderen mehrheitssozialdemokratischen Führer vor dem Bolschewismus zu erklären.

Die Grundlinien des langfristig dominierenden Bildes von der deutschen Revolution 1918/19 waren damit vorgezeichnet. In einer ganzen Reihe empirischer Arbeiten und bilanzierender Problemaufrisse fand es seine, wenn auch in Einzelfragen nuancierte bzw. erweiterte Bestätigung [v. a. 78: P. v. OERTZEN, Betriebsräte; 61: W. ELBEN, Problem; 80: R. RÜRUP, Probleme; 74: E. MATTHIAS, Zwischen Räten und Geheimräten; 155: S. MILLER, Bürde der Macht; 68: U. KLUGE,

2. Entstehung und Verfassung der Weimarer Republik

Soldatenräte; 76: W. J. MOMMSEN, Deutsche Revolution]: Die mehrheitssozialdemokratisch geführte Revolutionsregierung hätte demzufolge allzu sehr in ihrem unproduktiven Selbstverständnis als „Konkursverwalter" (Ebert) und in ihrer Fixierung auf die Nationalversammlung verharrt. Befangen in ihrer Bolschewismusfurcht [hierzu: 73: P. LÖSCHE, Bolschewismus; differenzierter: 174: J. ZARUSKY, Sozialdemokraten], hätte sie für die anstehenden Probleme keine Konzepte besessen und es infolgedessen versäumt, eine Demokratisierung der Verwaltung durchzuführen, ein republikanisches Volksheer aufzubauen und die von der eigenen Basis geforderte Sozialisierung der hierfür „reifen" Schlüsselindustrien in Angriff zu nehmen. Bereits in der Entstehungsphase der Weimarer Republik seien somit entscheidende Chancen auf demokratische Konsolidierung und breite Zustimmung in der Bevölkerung verspielt worden.

Versäumnisse der MSPD

Kritik an dieser sich herauskristallisierenden „herrschenden Lehre" wurde bis Mitte der achtziger Jahre nur vereinzelt artikuliert [E. FRAENKEL, Rätemythos und soziale Selbstbestimmung, in: 92: DERS., Deutschland, 69–100; 112: H. MÖLLER, Parlamentarismus, 23 ff.; am dezidiertesten: 70: E. JESSE/H. KÖHLER]. In jedem Fall muß zwischen empirischer Revolutionsforschung einerseits und politischer Bewertung andererseits klar unterschieden werden. Zwar ist der nicht-bolschewistische Charakter der Räte empirisch einwandfrei bewiesen; doch sollte das nicht dazu verleiten, das „demokratische Potential" der Räte allzu rasch zu idealisieren. Eine eigenständige, ebenso scharfsinnig wie abgewogen argumentierende Einschätzung hat indes H. A. WINKLER vorgelegt. Teilweise anknüpfend an frühere Erkenntnisse von Eduard Bernstein, Heinrich Ströbel und Richard Löwenthal betont WINKLER v. a. die strukturellen Faktoren, die 1918/19 einer tiefgreifenden Revolutionierung der deutschen Gesellschaft entgegenstanden. Hierzu gehörten insbesondere die – etwa im Vergleich zum Zarenreich – weitgehenden staatsbürgerlichen Rechte, welche die Arbeiter im Kaiserreich bereits erworben hatten. Hinzu kam die in Deutschland weit fortgeschrittene Industrialisierung und Urbanisierung, die eine arbeitsteilig organisierte und von staatlichen Dienstleistungen abhängige Gesellschaft hervorgebracht hatte. Ihrer Revolutionierung stand mithin der kollektive „Anti-Chaos-Reflex" (Löwenthal) hochentwickelter Gesellschaften entgegen. So betrachtet war es vor allem der im Vergleich zu Rußland unvergleichlich höhere Grad der Demokratisierung wie der Industrialisierung, der in Deutschland eine analoge Entwicklung verhinderte. In jedem Fall hatten die Arbeiter, so lautet WINKLERs überzeugendes Resümee, im Jahre 1918 in Deutschland weitaus mehr zu

„Demokratisches Potential" der Räte?

Keine tiefgreifende Revolutionierung

verlieren als „ihre Fesseln". Vielmehr war der Fortschritt selbst zur Fessel der Revolution geworden [85: Sozialdemokratie]. Auf dieser Basis gelingt WINKLER eine sorgfältig abwägende Darstellung der Revolutionszeit als Teil der Geschichte der deutschen Arbeiterbewegung in der Weimarer Republik [53: WINKLER, Von der Revolution zur Stabilisierung, 19–33].

Soziale Begleitumstände der Revolution

Über die im engeren Sinne „politischen" Probleme der deutschen Revolution hinaus gilt es, deren soziale Begleitumstände eingehender als bislang zu erforschen. Die Auffassung etwa, im Vergleich zu den „politischen" Faktoren hätten die sozialökonomischen Rahmenbedingungen der Revolution eine eher geringe Bedeutung besessen [63: G. D. FELDMAN/E. KOLB/R. RÜRUP, Massenbewegungen, 86 ff.], greift zu kurz. Unter den Tisch fällt dabei die gewissermaßen „erfahrungsgeschichtliche" Dimension der sozialen Protestbewegung. Die gesamte Revolutionsgeschichte begleiteten Nahrungsmittelknappheit, Teuerung und vorübergehend auch hohe Arbeitslosigkeit [386: A. WIRSCHING, Weltkrieg, 64–77]. Im Verlauf des Jahres 1919 durchdrangen sich somit revolutionäre Rhetorik und eine ausgesprochen dynamische Lohnbewegung, die die soziale Kompensation der Kriegsanstrengung einforderte [72: D. LEHNERT, Revolution]. Mit der nüchternen Gesetzgebungs- und Verordnungspraxis des Rates der Volksbeauftragten [64: K. HOCK, Gesetzgebung; 75: L. MELZER, Gesetzgebung] harmonierten solche Erwartungen schlecht. Gleiches gilt für die soziale und sozialpolitische Problematik der Demobilisierung [83: F. C. WACHS, Verordnungswerk; 58: R. BESSEL, Germany; 79: S. ROUETTE, Sozialpolitik].

Rolle der Kirchen und der bürgerlichen Kräfte

Insgesamt weniger gut untersucht sind die politischen und sozialen Gegenkräfte der Revolution. In diesen Zusammenhang gehört auch die erst teilweise erforschte Rolle der Kirchen während der Revolution. Offensichtlich war der Widerstand, den die Kirchen und die von ihnen angesprochene Öffentlichkeit gegen die laizistischen Pläne der Sozialdemokratie zu mobilisieren wußten, zu wirksam, als daß von einem großen kulturpolitischen Handlungsspielraum der Revolutionsregierung gesprochen werden könnte [66: J. JACKE, Kirchen, 47–79; 65: H. HÜRTEN, Kirchen, v. a. 74–101]. Dem entspricht die von der Forschung lange Zeit zu wenig beachtete Erkenntnis, daß die bürgerlichen Kräfte nach dem Sturz der Monarchie keineswegs einer vollständigen Lähmung anheimfielen. Demgegenüber konnte H. J. BIEBER auf breiter Quellengrundlage zeigen, daß die Revolution durchaus auch im Bürgertum einen politischen Mobilisierungsschub bewirkte. Kennzeichnend hierfür war insbesondere die teilweise Adaption proletarischer und gewerkschaftlicher Aktions- und Organisationsformen, etwa in

2. Entstehung und Verfassung der Weimarer Republik 55

Form von „Bürgerräten" und „Bürgerstreiks" [59: Bürgertum]. Hinzu kam die Zusammenfassung bürgerlich-mittelständischer Kräfte durch Organe der sozialen Verteidigung wie die zahlreichen, der Propaganda dienenden antibolschewistischen Vereine, die Einwohnerwehren und die Technische Nothilfe. Offiziell überparteilich und sozial für alle „ordnungsliebenden" Kräfte offen, handelte es sich doch um zweifelsfrei bürgerlich und nicht selten gegenrevolutionär bestimmte Formationen [386: WIRSCHING, Weltkrieg, 113–119 u. 299–310].

Die für Geschichte und Verlauf so bedeutsamen Freikorps haben bislang keine wissenschaftlich gültige Darstellung erfahren. Die für sich genommen materialreichen Arbeiten von H. SCHULZE und H. J. KOCH kranken an einer teilweise unkritischen Perspektive. Zum Ausdruck kommt dies u. a. in der von beiden Autoren bemühten Kategorie der „Tragödie" [82: SCHULZE, Freikorps, 326; 69: KOCH, Bürgerkrieg, 13]. In eine pointiert kritische Perspektive werden die Freikorps dagegen von W. WETTE im Rahmen seiner Noske-Biographie gestellt [84: Noske]. Fehlen einer wissenschaftlichen Darstellung der Freikorps

Eingehend hat die Forschung den problematischen verfassungspolitischen Ort der Reichswehr herausgearbeitet: So gehörte es zu den schwerwiegenden Belastungen der Weimarer Republik, daß sie den konstitutionellen Dualismus des Kaiserreiches zwischen Zivilgewalt und militärischer „Kommandogewalt" nicht aufzuheben vermochte. Die Stellung des Reichswehrministers zwischen parlamentarischer Verantwortlichkeit, Reichspräsidialamt und Chef der Heeresleitung war verfassungspraktisch höchst ambivalent [124: J. SCHMÄDEKE, Kommandogewalt, v. a. 118–184]. Unter Seeckt zog sich die Reichswehr auf eine „neutrale", „unpolitische" Haltung zurück, in der sie sich einer diffusen „Staatsidee" weitaus mehr verpflichtet wußte als der Weimarer Reichsverfassung und zugleich auf gleichberechtigte politische Mitsprache pochte [391: W. SAUER, in: 391: Bracher, Auflösung, 212–234; 89: F. CARSTEN, Reichswehr, 157–168]. Die insgesamt positivere Würdigung Seeckts durch H. MEIER-WELCKER, der die grundsätzliche, gleichsam „vernunftrepublikanische" Verfassungstreue des Generals auch während des Kapp-Lüttwitz-Putsches hervorhebt [110: Seeckt, 254–281], blieb demgegenüber eher in der Minderheit. Verfassungspolitischer Ort der Reichswehr

Rolle Hans von Seeckts

Standen zunächst die Revolution und die Ära Seeckt im Mittelpunkt der Forschungen über die Reichswehr, so wurde seit Mitte der siebziger Jahre auch die darauffolgende Periode gründlicher erforscht und ein mehr oder minder deutlicher Bruch konstatiert. Historiker wie A. HILLGRUBER und M. GEYER haben darauf hingewiesen, daß eine neue, jüngere Offiziersgeneration den Dualismus zwischen Militär- und

Zivilgewalt auf neue Art und Weise aufzuheben suchte. Im Zuge einer umfassenden Wiederaufrüstung hätten sie eine durchgreifende Militarisierung der Gesellschaft zum Zwecke künftiger Kriegsführung erstrebt. Was die Reichswehr seit der zweiten Hälfte der zwanziger Jahre wollte, war demzufolge „nicht die Autonomie einer ‚Prätorianer-Garde', sondern die Vorbereitung der gesamten Gesellschaft für die Endzwecke der militärischen Gewaltanwendung" [95: M. GEYER, Aufrüstung, 234]. Allerdings ist das diesbezügliche Bild in der Forschung nicht einheitlich. So hat etwa J. HÜRTER mit Blick auf die Politik W. Groeners in seiner Amtszeit als Reichswehrminister von 1928 bis 1932 zwar ebenfalls Bestrebungen zur Verschmelzung von ziviler Sphäre und Militär festgestellt, die den eher „ineffiziente[n] Isolationismus Seeckts" ablöste. Keinesfalls aber habe Groener aggressive Kriegsabsichten oder gar eine totalitäre Militärdiktatur angestrebt; im Gegenteil habe er mit seinem berechenbaren „Kooperationskurs" „eine mittlere, verläßliche und den Rahmenbedingungen angepaßte Linie" verfolgt. Wenn ihm letztlich auch der Erfolg versagt geblieben sei, so hätte sein Kurs unter günstigeren Bedingungen möglicherweise zu einer tatsächlichen Integration der Reichswehr in das republikanische System führen können [104: J. HÜRTER, Groener, 362 f.].

Die von der Zivilgewalt letztlich nicht kontrollierbare Sonderrolle der Reichswehr verweist erneut auf die Probleme der Verfassung. Eine moderne Gesamtdarstellung, welche die historisch-genetische Entwicklung ebenso zu untersuchen hätte wie die normativen Aspekte der Verfassungsschöpfung sowie die materielle Verfassungsentwicklung, fehlte lange Zeit vollständig. Teilweise ist diese Lücke nun durch die Synthese von CH. GUSY geschlossen worden [98: Weimarer Reichsverfassung]. Von einem Juristen verfaßt, ist diese Arbeit vorbildlich in der Klarheit und der Materialpräsentation, mit der die normativen Grundlagen der Weimarer Verfassung dargelegt werden. Sie stößt jedoch dort an Grenzen, wo es um die politisch-soziale Ausformung und Weiterentwicklung der Verfassung geht: um Parteien, Verbände und sozialstaatliche Intervention.

Mehr oder minder umfangreiche Forschungen liegen zu zentralen Einzelproblemen und -aspekten der Weimarer Reichsverfassung vor. So informiert E. SCHANBACHER ausführlich über das Wahlrecht der Weimarer Republik [126: Wahlen], GUSY über die in der Verfassung verankerten Grundrechte [97: Grundrechte]. Die Entstehungsgeschichte weiterer Verfassungsartikel ist eingehend erforscht worden. Insbesondere betrifft dies den vielumkämpften „Räteartikel" 165 WRV [122: G. A. RITTER, Entstehung] sowie die Kirchen- und Schulartikel

[96: G. GRÜNTHAL, Reichsschulgesetz; 121: L. RICHTER, Kirche und Schule]. Auch die Entstehungsgeschichte des besonders bedeutungsschweren Art. 48 WRV, der einerseits das traditionelle Notstandsrecht fortführte, andererseits aber neue Anknüpfungspunkte für identitäre, „führerstaatliche" Politikmodelle und damit für die juristische Legitimation der Diktatur bot, ist neuerdings eingehend analysiert und dargestellt worden [119: L. RICHTER, Art. 48; 120: DERS., Reichspräsident und Ausnahmegewalt; DERS., Notverordnungsrecht, in 107: 207–257].

Über Verfassungsverständnis und Verfassungspolitik der Parteien liegen mehrere Arbeiten vor, so von E. PORTNER und L. ALBERTIN über die Liberalen [117: PORTNER, Verfassungspolitik; 131: ALBERTIN, Liberalismus, 265–308], von R. MORSEY über das Zentrum [156: MORSEY, Zentrumspartei, 196–245] und von W. LUTHARDT und S. VESTRING über die Sozialdemokratie [108: W. LUTHARDT, Verfassungstheorie; 127: S. VESTRING, Mehrheitssozialdemokratie]. Die Studie von TRIPPE geht der Verfassungspolitik der DNVP nach, und zwar nicht nur auf Reichsebene, sondern auch in den Einzelstaaten, wo sich ein überraschend breites Spektrum an konstitutioneller Mitarbeit und Akzeptanz offenbart [173: C. F. TRIPPE, Verfassungspolitik, 173–178]. <small>Verfassungsverständnis und Verfassungspolitik der Parteien</small>

Über die Parteien hinweg blieben die politisch Handelnden jedoch in ihren verfassungspolitischen Vorstellungen überwiegend in den Kategorien der konstitutionellen Monarchie bzw. eines problematischen Verständnisses von Gewaltenteilung befangen. Die anachronistische Unterscheidung zwischen einem „echten" und „unechten" Parlamentarismus (nach R. Redslob) hat dabei, wie H. MÖLLER gezeigt hat [113: Parlamentarismusdiskussion; auch 77: W. J. MOMMSEN, Max Weber, 372–376], eine wichtige Rolle gespielt. In jedem Fall dominierte die Sorge vor einer Übermacht des Parlaments, vor einem „Parlamentsabsolutismus", der durch verfassungsrechtliche Sicherheiten zu vermeiden sei. Dies gilt auch für die persönlichen Vorstellungen des maßgeblichen Verfassungsschöpfers Hugo Preuß [109: J. MAUERSBERG, Ideen, 114 ff.], der damit die starke Position des Reichspräsidenten motivierte, sowie für Max Weber, der im Amt des Reichspräsidenten die geeignete Plattform für eine charismatische Führungsfigur sah [77: W. J. MOMMSEN, Max Weber, 426–437]. <small>Befangenheit der politischen Akteure in den Kategorien der konstitutionellen Monarchie</small>

Neben der starken Stellung des Reichspräsidenten umfaßt der Problemkomplex „Gegengewichte" zum Parlament insonderheit die Diskussion um die Elemente „direkter Demokratie" in der Weimarer Reichsverfassung. R. SCHIFFERs erforschte eingehend die Entstehung von Volksbegehren und Volksentscheid im Verfassungsausschuß der Nationalversammlung [123: Elemente]. Einzelne der insgesamt sieben <small>Diskussion um plebiszitäre Elemente der Verfassung</small>

Volksbegehren auf Reichsebene, v. a. die Initiative im Jahre 1926 für die Enteignung der deutschen Fürsten, sind ebenfalls näher untersucht worden [125: V. SCHÜREN, Volksentscheid; 128: F. C. WEST, Crisis; 106: O. JUNG, Volksgesetzgebung]. Nach 1945 herrschte lange Zeit die Auffassung vor, die von der Verfassung vorgesehene Möglichkeit des Volksbegehrens habe eine Prämie für Extremisten dargestellt, den Aufstieg des Nationalsozialismus erleichtert und so zur Destabilisierung der Weimarer Demokratie beigetragen [94: K. F. FROMME, Weimarer Verfassung, 147–152]. Gegen diese Interpretation der „Weimarer Erfahrungen" wendete sich seit Ende der 1980er Jahre O. JUNG in mehreren Arbeiten. Insbesondere relativiert JUNG die Bedeutung des Volksbegehrens gegen den Young-Plan. Dessen empirische Überprüfung lasse die These vom Einfallstor für den „salonfähig" gemachten Hitler nicht zu und spreche daher auch nicht grundsätzlich gegen das verfassungspolitische Instrument des Volksbegehrens [105: Plebiszitärer Durchbruch?]. Ob diese These allerdings einer noch ausstehenden umfassend-kritischen Untersuchung über das Volksbegehren gegen den Young-Plan, welche insbesondere der verfassungspolitischen Dimension des Plebiszits nachzugehen hätte, standzuhalten vermöchte, sei dahingestellt.

Als ein weiteres bedeutendes Strukturproblem der Weimarer Reichsverfassung ist schon von den Zeitgenossen das Verhältnis von Reich und Ländern erkannt worden. Das nachhaltige Eingreifen der Länder in den Prozeß der Verfassungsschöpfung ist denn auch von der Forschung mehrfach untersucht worden, am umfangreichsten von G. SCHULZ [48: Demokratie I, 101 ff.], ferner durch die Arbeiten von W. BENZ zur Politik der süddeutschen Staaten [87: Süddeutschland] und von E. EIMERS zum Verhältnis von Preußen und Reich zu Beginn der Weimarer Republik [91: Verhältnis, v. a. 84–100].

Reich-Länder-Verhältnis als Strukturproblem der Verfassung

In der Forschung herrscht Konsens darüber, daß die Weimarer Reichsverfassung im Vergleich zum Kaiserreich einen Unitarisierungsschub bewirkte. Ebenso unstrittig ist jedoch, daß das insgesamt unausgewogene Verhältnis zwischen Reich, Preußen und den übrigen Ländern durch die Neuordnung 1918/19 nicht beseitigt wurde und als ungelöstes Verfassungsproblem fortbestand. Seinen Niederschlag fand dies in der nicht endenden Diskussion um eine Reichsreform, die insbesondere von G. SCHULZ [48: Demokratie I] und L. BIEWER [88: Preußen] dargestellt worden ist. Regional- und landesgeschichtliche Beispiele betreffen Württemberg [388: W. BESSON, Württemberg], Baden [101: M. P. HEIMERS, Unitarismus], Thüringen und Hessen [118: U. REULING, Reichsreform]. Das Bedeutsamste an der Reichsreform-

Diskussion um die Reichsreform

diskussion ist indes, daß sie im wesentlichen ohne Ergebnis blieb. Insbesondere gilt dies mit Blick auf die finanz- und steuerpolitische Dimension des Reich-Länder-Verhältnisses. So war zwar der Unitarisierungsschub der Erzbergerschen Reichsfinanzreform [hierzu v. a.: 62: K. EPSTEIN, Erzberger] von der finanziellen Fürsorgepflicht des Reiches für die Länder flankiert (Art. 8 WRV); aber der sich hierauf gründende Reichsfinanzausgleich kam niemals über den Zustand eines Provisoriums hinaus [111: F. MENGES, Reichsreform, 250–252, 272–293, 334–358; 102: W. HEINDL, Haushalte, 76–124], vielmehr blieb er „permanent vorläufig" [J. WYSOCKI, in: 99: K. H. Hansmeyer (Hrsg.), Kommunale Finanzpolitik, 125–128]. Und das Finanzproblem trug den „Keim des Zwiespalts in das Reich-Länder-Verhältnis" [111: F. MENGES, Reichsreform, 251].

Ein wichtiges, bislang zuwenig beachtetes Forschungsfeld stellt in diesem Zusammenhang die Geschichte der kommunalen Selbstverwaltung in der Weimarer Republik dar. Aus dem Unitarisierungsschub im Gefolge der Erzbergerschen Reichsfinanzreform [99: K. H. HANSMEYER (Hrsg.), Kommunale Finanzpolitik] gingen die Gemeinden als Verlierer hervor, wurden finanziell und staatsrechtlich in die Defensive gedrängt und gerieten während der Weimarer Republik in eine dauerhafte, am Ende sich zuspitzende Krise [129: A. WIRSCHING, Leistungsexpansion]. Kommunale Selbstverwaltung

3. Parlament und Parteien

Es gehört zu den Erkenntnissen langjähriger Forschung, daß der Parlamentarismus schon lange vor 1930, im Grunde durch die gesamte Weimarer Zeit hindurch, gravierende Funktionsschwächen aufwies. Teilweise lag dies natürlich an dem massiven äußeren Krisendruck, dem sich die junge Republik von Beginn an ausgesetzt sah, den aber, grosso modo, auch die anderen europäischen Staaten kannten. Wenn also im Europa der Zwischenkriegszeit ganz allgemein eine Krise des Parlamentarismus zu verzeichnen war, trat doch im Falle der Weimarer Republik eine ganze Reihe von Sonderfaktoren hinzu, welche die Überlebensfähigkeit des Systems einschränkten. Dies gilt zunächst für die bei Parteien und Politikern vorherrschende mentale Fixierung auf die Kategorien der konstitutionellen Monarchie. Doch war sie Ursache und Symptom zugleich jener unentschiedenen Kompromißstruktur der Weimarer Reichsverfassung, die dem Bemühen entsprang, parlamenta- Funktionsschwächen des Parlamentarismus

Kompromißstruktur der Weimarer Reichsverfassung rische, präsidiale und plebiszitäre Demokratie miteinander zu versöhnen, und damit doch einen problematischen Dualismus darstellte. Für E. FRAENKEL litt die Weimarer Demokratie dadurch an „einem Geburtsfehler, an dem sie zugrunde gegangen ist" [92: FRAENKEL, Deutschland, 149; s.a. K. D. BRACHER, Demokratie und Machtvakuum: Zum Problem des Parteienstaats in der Auflösungsphase der Weimarer Republik, in: 33: Weimar, 109–134, hier v.a.116–118]. Solche historischen „Vorbelastungen des deutschen Parlamentarismus" [FRAENKEL, Historische Vorbelastungen des deutschen Parlamentarismus, in:, 92: DERS., Deutschland], die K. D. BRACHER bereits in seiner klassischen Studie über die „Auflösung der Weimarer Republik" umfassend analysiert hat [391: Auflösung], sind in jüngerer Zeit noch einmal von H. MÖLLER eindringlich verdeutlicht worden [41: Weimar, 180–203]. Letztlich war es dann allzu rasch die Exekutive, die das Gesetz des Handelns an sich zog, sei es infolge von Ermächtigungsgesetzen [93: M. FREHSE, Ermächtigungsgesetzgebung, 67–145; 90: S. EILERS, Ermächtigungsgesetz; 103: BERND HOPPE, Demokratie, 120–122], sei es durch die Anwendung des Artikels 48 WRV.

Allerdings ist die Frage, inwieweit tatsächlich normative Konstruktionsfehler der Weimarer Reichsverfassung ihren Untergang bewirkten oder zumindest beschleunigten, keineswegs unumstritten. Nicht durchgesetzt hat sich die Auffassung F. A. HERMENS', erst das Verhältniswahlrecht habe Hitler überhaupt ermöglicht [vgl. die Diskussion bei 43: KOLB, Weimarer Republik, 172–174]. Aber auch die von FRAENKEL, BRACHER, HAUNGS [100: Reichspräsident] und MÖLLER herausgestrichene und als schädlich erachtete „semi-parlamentarische" Kompromißstruktur der Verfassung wird nicht von allen Autoren als eine Hauptursache für den Niedergang der Republik betrachtet. So beharrt etwa G. ARNS auf der grundsätzlich gegebenen, legitimen und in anderen Staaten auch angewandten Möglichkeit, unterschiedliche Demokratiemodelle verfassungspolitisch miteinander zu verbinden. Vielmehr müsse die schon in der Amtszeit Eberts zu beobachtende Selbstlähmung des Reichstages bei gleichzeitiger Absenz präsidial-exekutiven Drucks beachtet werden [86: Regierungsbildung, v.a. 225–233]. Dementsprechend sei auch die Ursache für die Krise des Parlamentarismus nicht in einem verfassungsmäßigen Dualismus zu suchen, sondern „im Parlament selbst und bei den Parteien" [86: 227]. H. SCHULZE sieht in der präsidialen „Reserveverfassung" gar ein stabilisierendes Element der Weimarer Republik, eine notwendige Ergänzung für jene schlechten Zeiten, in denen die parlamentarische „Schönwetterverfassung" nicht funktionieren konnte [33: SCHULZE, Weimar, 98]. In vergleichbarer Weise verteidigt L. RICHTER die durchaus häufige Anwendung des Art. 48 WRV unter der Präsidentschaft Friedrich Eberts. Während sie etwa von H. MOMMSEN und H. MÖLLER in eine kritische Perspektive gerückt worden ist [114: MOMMSEN, Friedrich Ebert, 312–315; 41: MÖLLER, Weimar, 192 f.], betont RICHTER die demokratiestabilisierende Funktion, die dem Art. 48 aus Sicht der Nationalversammlung zukam und ihm in der Amtszeit Eberts auch zugekommen sei [L. RICHTER, Notverordnungsrecht, in 107: 207–257]. Wenn daher „der immense Unterschied" zur späteren Handhabung durch Hindenburg entsprechend scharf gezeichnet werden muß [EBD., 257], so führt dies zugleich wieder zur Kernfrage zurück, ob die hohe Abhängigkeit der Verfassungspraxis von persönlichen Faktoren nicht doch auf eine normative Schwäche der Weimarer Reichsverfassung hinweist.

Art. 48 WRV

Eine neue Note hat das Problem durch den Vergleich des Parlamentarismus im Reich mit demjenigen in Preußen erhalten, der durch H. MÖLLERs Untersuchung möglich geworden ist [112: Parlamentarismus]. MÖLLER kommt zu dem Ergebnis, das parlamentarische System sei in Preußen, das eine Präsidialgewalt ebensowenig kannte wie einen hieraus resultierenden Dualismus, erheblich funktionsfähiger und krisenfester gewesen als auf Reichsebene. In welchem Maße sich dies allerdings auf die normativen Verfassungsunterschiede zurückführen läßt, ist eine empirisch kaum zu klärende Frage. Immerhin muß in Rechnung gestellt werden, daß der Länderparlamentarismus in Preußen nicht entfernt einem dem Reich vergleichbaren außen-, finanz- und wirtschaftspolitischen Druck ausgesetzt war. Hinzu kommt, daß 1932 auch die in Preußen bis dahin ungleich stabilere Weimarer Koalitionsregierung ihre Mehrheit verlor und bis zum Staatsstreich vom 20. Juli 1932 nur noch geschäftsführend amtierte.

Reichsparlamentarismus und Länderparlamentarismus in Preußen

Die von der Forschung vielfach konstatierte Funktionsschwäche des Weimarer Parlamentarismus verweist unmittelbar auf die Frage nach Tradition und Funktion der Weimarer Parteien. Sie hat bereits das Interesse von Teilen der zeitgenössischen Staatsrechtslehre auf sich gezogen. So machten sich demokratisch orientierte Staatsrechtslehrer wie Hans Kelsen, Richard Thoma, Gustav Radbruch und Hermann Heller an die konstruktive Neubestimmung der Parteien im demokratischen Verfassungsstaat und entfernten sich damit von der überkommenen Auffassung von Staat und Gesellschaft als getrennt einander gegenüberstehenden Sphären [138: CH. GUSY, Parteienstaat, v. a. 57–69]. Und die politik- und sozialwissenschaftlichen Parteienforschung der damaligen Zeit hat z. T. bis heute ihre Aktualität nicht eingebüßt. Insbesondere gilt dies für die Typologie S. NEUMANNs, der liberale „Re-

Tradition und Funktion der Weimarer Parteien

präsentationsparteien", „demokratische" und „absolutistische Integrationsparteien" unterschied [157: Parteien], und die parteisoziologischen Untersuchungen von R. MICHELS, der die Tendenz zur Bürokratisierung und zur zunehmenden Entfremdung zwischen Funktionsträgern und Mitgliedschaft unterstrich [154: Soziologie]. Die moderne parteiengeschichtliche Forschung hat an die bereits damals aktuellen Fragestellungen und Ergebnisse angeknüpft und das Spektrum systematisch erweitert. Inzwischen ruhen unsere Kenntnisse über die Parteien der Weimarer Republik auf einer gesicherten Grundlage. Maßgeblich dazu beigetragen hat v. a. die Arbeit und Publikationstätigkeit der 1951 gegründeten „Kommission für Geschichte des Parlamentarismus und der politischen Parteien". So gibt es tatsächlich keine Weimarer Partei mehr, die nicht in mehr oder minder eingehenden Abhandlungen untersucht worden wäre.

Gleichwohl bestehen nach wie vor empfindliche Desiderata. So sind zwar in den letzten Jahren einige gewichtige biographische Studien erschienen [140: U. v. HEHL, Wilhelm Marx; 151: H. KÜPPERS, Joseph Wirth; 142: U. HÖRSTER-PHILIPPS, Joseph Wirth; 84: W. WETTE, Gustav Noske; auf die Außenpolitik konzentriert: 132: C. BAECHLER, Gustave Stresemann]; gleichwohl haben viele führende Parteipolitiker noch keinen modernen Biographen gefunden. Keineswegs erschöpfend ist ferner die Geschichte der Rechtsparteien DNVP und DVP erforscht. Hinzu kommen schließlich ganze Untersuchungsfelder, die bisher vernachlässigt worden sind, wie etwa die kommunal- und z. T. auch die landespolitische Dimension der Weimarer Parteien und ihrer Politik. Freilich muß in Rechnung gestellt werden, daß die Quellensituation auf viele Fragen keine Antwort zuläßt. Als Folge von Diktatur, Exil und Kriegseinwirkung sind der Forschung Parteiarchive und Mitgliederverzeichnisse auf allen Organisationsebenen verloren gegangen; Fraktionsprotokolle liegen meist gar nicht, gelegentlich in fragmentarischer, nur selten in kontinuierlicher Form (wie etwa für das Zentrum) vor. Gleiches gilt für die Archivalien der Landesverbände. Angesichts dieser im Grunde beklagenswerten Quellensituation ist die tatsächlich erreichte Breite und Dichte der parteiengeschichtlichen Forschung überaus bemerkenswert.

Insgesamt muß man mit Blick auf das Parteiensystem zu Beginn der Weimarer Republik mit G. A. RITTER von Kontinuität *und* Umformung sprechen [160: Kontinuität]. Dabei betont RITTER freilich die Elemente der Kontinuität und insbesondere die fast nahtlose Fortführung konventioneller, aus der konstitutionellen Monarchie stammender Denkmuster. Vor allem „die weitgehende Beibehaltung des traditionel-

3. Parlament und Parteien

len Dualismus von Regierung und Parlament" schränkte einerseits die Handlungsspielräume der Reichskanzler empfindlich ein; andererseits aber provozierte sie den Versuch der Reichsregierungen, sich von den Parteien möglichst zu emanzipieren und „unter Betonung ihrer überlegenden Sachkompetenz einen möglichst großen ‚politikfreien' Raum auszusparen" [160: 122]. Dualismus von Regierung und Parlament

Naheliegenderweise haben die Parteien der Weimarer Koalition das größte und nachhaltigste Interesse der Forschung auf sich gezogen, waren sie doch nach Vorgeschichte und Wahlergebnis vom 19. Januar 1919 die berufenen Träger der Republik. Im besonderen gilt dies für die Zentrumspartei, die in fast allen Reichs- und preußischen Regierungen der Weimarer Republik vertreten war. Zweifellos hat sie damit maßgeblich zur Überlebensfähigkeit der parlamentarischen Demokratie beigetragen, wenn man sich auch fragen kann, ob nicht die bloße Existenz eines starken, aber für die Belange des modernen Parlamentarismus eigentlich anachronistischen konfessionellen Blocks auch lähmende Wirkungen ausübte [K. EPSTEIN, Rezension von 156: MORSEY, Zentrumspartei, in: DERS., Vom Kaiserreich zum Dritten Reich. Geschichte und Geschichtswissenschaft im 20. Jahrhundert, Frankfurt a.M./Berlin/Wien 1972, 172–174]. Zum einen ist bemängelt worden, daß sich das Zentrum allzu häufig mit „zweitrangigen", zumindest „rein katholischen" Fragen, etwa in der Kultur- und Personalpolitik befaßte [ebd., 173]. Zum anderen geht bereits aus der fundamentalen, 1966 erschienenen und auf breiter Quellengrundlage beruhenden Studie von R. MORSEY im Grunde das ganze Dilemma nicht nur des Zentrums, sondern des Weimarer Parteiensystems im allgemeinen hervor [156: Zentrumspartei]: Die Zentrumspartei füllte zwar den Rahmen des demokratischen Verfassungssystems aus und tat dies auch gleichsam „guten Gewissens". Normativ gebunden blieb sie jedoch durch die christliche Staatslehre und nicht durch den demokratischen Verfassungsgedanken. Letzteren vorbehaltlos zu akzeptieren und sich an der demokratischen Regierung zu beteiligen war aus Sicht der Zentrumsmehrheit mehr eine Frage der Zweckmäßigkeit als der inneren Überzeugung. So sicherte sich das Zentrum zwar die Mitsprache auf den sensiblen Feldern der Wirtschafts-, Finanz-, Sozial- und vor allem der Kulturpolitik; eine innere Distanz zu Parlamentarismus und Demokratie vermochte es hingegen mehrheitlich nicht zu überwinden. Es blieb bei einer überwiegend „formalen Loyalität" [156: R. MORSEY, Zentrumspartei, 614]. Diejenigen Zentrumspolitiker, die sich wie Erzberger und Wirth auch innerlich der Republik verbunden fühlten, blieben demgegenüber eine Minderheit. Zentrumspartei

Innere Distanz des Zentrums zu Parlamentarismus und Demokratie

Daß im Grunde dieselben christlichen Bindungen und weltanschaulichen Konstanten des politischen Katholizismus Distanz und konstruktiv-pragmatische Teilnahme zugleich begründeten, verdeutlicht auch die Arbeit von K. RUPPERT über das Zentrum als regierende Partei in den Jahren 1923 bis 1930 [161: Dienst am Staat, v. a. 227–230, 418 f.; auch 141: H. HÖMIG, Preußisches Zentrum]. Mitarbeit am Staat und Regierungsübernahme blieben im Selbstverständnis der Zentrumspartei stets ein „Opfer", das man im Interesse übergeordneter Erwägungen zwar beizubringen bereit war, dessen konkrete Ausgestaltung aber auch in der vergleichsweise ruhigen Mittelphase stark umstritten blieb [140: U. v. HEHL, Marx, 352–363]. Katholische Politik wurde *durch* und nicht *für* den demokratischen Verfassungsstaat durchgeführt. Ein insgesamt distanzierteres, quasi vorläufiges Verhältnis zur Republik behielt im übrigen der föderalistische und über weite Strecken monarchistisch geprägte bayerische Ableger der Zentrumspartei, die BVP [163: K. SCHÖNHOVEN, Bayerische Volkspartei 1924–1932].

Bayerische Volkspartei

Die „Verfassungspartei" schlechthin schien demgegenüber die DDP zu sein [als Gesamtdarstellung, aus eigener Erfahrung gespeist: 168: W. STEPHAN, Aufstieg]. Wie L. ALBERTIN in seiner grundlegenden Untersuchung gezeigt hat, war die DDP zunächst tatsächlich mehr als eine bloße Fortführung der Fortschrittlichen Volkspartei. Vor allem in der Anfangsphase der Weimarer Republik gelang es ihr, die soziale Begrenztheit des Honoratiorenliberalismus der Vorkriegszeit zu durchbrechen und ihr sozialpolitisches Profil wesentlich zu schärfen. Für die neue Mittelschicht der Angestellten und kleineren Beamten bildete die neue Partei daher zumindest vorübergehend die Möglichkeit einer politischen Heimat [131: Liberalismus, 130 ff.]. Bereits im Sommer 1919 erfolgte jedoch ein gewisser Rückgang der innerparteilichen Demokratie, der zugleich den Einflußverlust eben jener neuen Mittelschichten signalisierte, die zur neuen Basis eines sozialen Liberalismus hätten werden können. Der Rückschlag durch die Wahlen vom 6. Juni 1920, durch welche die DDP die liberale Führerschaft unwiederbringlich an die DVP verlor, besiegelte bereits die Rückbildung der mit so großen Hoffnungen gegründeten Partei [131: L. ALBERTIN, Liberalismus, 153–158; 145: L.E. JONES, German Liberalism, 71–80].

DDP als „Verfassungspartei"

Chancen und Grenzen, Blockaden und Versäumnisse der DDP wurden denn auch in der Mittelphase der Weimarer Republik offenkundig, während der die Partei aus der politischen Defensive nicht mehr heraus kam und zugleich von fortschreitendem Wähler- und Mitgliederschwund heimgesucht wurde. In erster Linie ist hierfür ein gleichsam inadäquates Verhältnis zwischen sozialem Inhalt und republikani-

Fortschreitender Wähler- und Mitgliederschwund

schem Formalismus verantwortlich gemacht worden. Ihm entsprang ein strukturelles Dilemma der Partei, insofern sie sich einerseits als berufene Vertreterin des republikanisch-universal verstandenen Gesamtinteresses fühlte, andererseits aber in ihrem sozialen Profil bürgerlich begrenzt blieb [162: W. SCHNEIDER, Deutsche Demokratische Partei, v. a. 46–57; 166: H. SCHUSTEREIT, Linksliberalismus, v. a. 193–205].

Sowohl die hieraus resultierenden inneren Gegensätze der DDP als auch das stete koalitionspolitische Dilemma, in dem sie sich während der zwanziger Jahre befand, wurden nur notdürftig durch republikanische Formelkompromisse, durch die Pose „republikanischer Staatspolitik" [162: W. SCHNEIDER, Deutsche Demokratische Partei, 78] überdeckt. In abgeschwächter Weise unterlag die DDP diesem Dilemma auch in Preußen, obwohl sie sich hier bis zum Staatsstreich vom 20. Juli 1932 dauerhaft als unentbehrlicher Koalitionspartner etablieren konnte [167: J. STANG, Deutsche Demokratische Partei].

Nur während eines kurzen Zeitraums in den ersten Jahren der Weimarer Republik vermochte die DVP vom Niedergang der DDP zu profitieren. Auf die Dauer unterlag sie auf andere Weise einem ähnlichen Dilemma wie die DDP: Die Vermittlung zwischen – im Falle der DVP – großindustriell dominierter Interessenstruktur und einer liberalen Weltanschauung, die sich als politische Mitte jenseits der Klassenauseinandersetzungen begriff, war unter den Bedingungen der parlamentarischen Demokratie nicht zu leisten [135: L. DÖHN, Politik und Interesse, v. a. 58–64]; auch Stresemann erscheint in dieser Perspektive eher als der Getriebene, als derjenige, der auf die spezifische, unaufhebbare materielle Interessenstruktur der DVP reagierte [135: 69].

DVP

Die bis dahin umfassendste, auf breiter Quellengrundlage ruhende Untersuchung über die liberalen Parteien der Weimarer Zeit hat – frühere Arbeiten zusammenfassend – L. E. JONES vorgelegt [145: German Liberalism]. Anders als jene Kritiker, die den durch liberale Defizite mitverursachten deutschen „Sonderweg" in den Mittelpunkt rücken, lehnt JONES das Bild eines durch Tradition und historische Vorbelastungen von vornherein zum Scheitern prädestinierten Liberalismus ab. Vielmehr sei die Weimarer Republik anfangs mit einer ausgesprochenen liberalen Aufbruchstimmung zusammengefallen, die sich seit Beginn des 20. Jahrhunderts manifestierte und sich insbesondere mit dem Namen Friedrich Naumanns verband [145: EBD. 8 f.]. Daß die liberalen Parteien gleichwohl in den zwanziger Jahren ihren Einfluß verloren und letztlich zur quantité négligeable degenerierten, ist für JONES Teil einer Legitimationskrise der Weimarer Parteien insgesamt, die unter dem Druck der finanziellen, sozialökonomischen und (außen-)politischen

Liberale Aufbruchstimmung zu Beginn der Republik

Legitimationskrise der Weimarer Parteien

Probleme schlechterdings unvermeidlich war. Insbesondere die politischen Auswirkungen der Inflation trafen die liberalen Parteien in besonderer Weise, waren es doch gerade ihre Stammwähler, die durch die Geldentwertung häufig über Gebühr betroffen waren. Das Ergebnis waren Auszehrung und Fragmentierung der politischen Mitte [zusammenfassend: 130: L. ALBERTIN, Auflösung] sowie die mehr oder minder ephemere Existenz einer Reihe bürgerlicher Splitterparteien [hierzu v. a. 165: M. SCHUMACHER, Mittelstandsfront].

Überragendes Forschungsinteresse an der SPD

Daß schließlich die SPD von allen Parteien der Weimarer Koalition die größte Aufmerksamkeit erfahren hat, ist kein Zufall. Das überragende Interesse der Forschung an der Weimarer Sozialdemokratie, das sich in einer Fülle von Spezialstudien niederschlägt, erklärt sich durch den Gegenstand selbst: Als lange Zeit stärkste politische Kraft und als bedeutendste Organisation der Arbeiterbewegung stellte die Sozialdemokratie nicht nur einen zentralen politisch-gesellschaftlichen Macht-, sondern auch Kulturfaktor dar; ihre historische Relevanz betrifft daher fast alle politisch-ideologischen wie sozialökonomischen Gegenstandsbereiche der Weimarer Republik. Einerseits trug die Sozialdemokratie maßgeblich zum tiefgreifenden politisch-gesellschaftlichen Wandel bei, den Deutschland nach 1918 erfuhr, und suchte den Staat zu ihrem Instrument zu formen. Zeugnis hiervon legen die sozialdemokratische Beamtenpolitik und die überaus hohe Zahl öffentlich Bediensteter unter den SPD-Mitgliedern ab [171: K. SÜHL, SPD und öffentlicher Dienst, v. a. 69–78 u. 195–231]. Andererseits aber unterlag die SPD einem steten, von Beginn an existenten, strukturellen Dilemma zwischen dem Willen zur Regierungsverantwortung und einem „machtscheuem", oppositionellem Habitus [146: A. KASTNING, Sozialdemokratie].

Dilemma der SPD zwischen Regierungsverantwortung und oppositionellem Verhalten

Hierin lag ein häufig diagnostiziertes Kernproblem der Weimarer Parteienentwicklung, das für die Funktions- und Überlebensfähigkeit der Weimarer Demokratie von zentraler Bedeutung war und in der Forschung unterschiedlich beurteilt wird. Verweisen die einen auf die Problematik orthodox-marxistischer Überhänge, die sich nur schlecht mit dem Bekenntnis zur parlamentarischen Demokratie vertrugen [133: R. BREITMAN, German Social Democracy 126 f.; 159: W. PYTA, Gegen Hitler, v. a. 140–145, 430–437; 164: H. SCHULZE, Otto Braun, 361], bemängeln die anderen eine zu starke Fixierung auf reine Parlamentspolitik sowie eine Tendenz zu bürokratischem Immobilismus und „Organisationsfetischismus" [D. GEARY, The Failure of German Labor in the Weimar Republic, in 393: Towards the Holocaust, 177–196]. In der weiter unten zu behandelnden Diskussion um die sozialdemokratische Tolerierungspolitik 1930–32 kulminiert diese Kontroverse (s. u. S. 114).

Konzentriert auf die politische Geschichte, hat H. A. WINKLER in seiner monumentalen Gesamtdarstellung über „Arbeiter und Arbeiterbewegung in der Weimarer Republik" die Summe der Forschung gezogen. Innerhalb seines weitgesteckten Rahmens zeichnet WINKLER ein differenziertes Bild der sozialdemokratischen Dilemmata: Solange die SPD politische Verantwortung trug, mußte sie unausweichlich politisch-gesellschaftliche Kompromisse eingehen. Eine Folge davon war, daß sie sich stets mit der kommunistischen Konkurrenz konfrontiert sah, gleichsam „links überholt" zu werden drohte, was wiederum die Neigung vieler Mitglieder zur Opposition verstärkte. Zwischen „prinzipientreuer" Fraktion und eher gouvernementalen Spitzenpolitikern wie Hermann Müller, Philipp Scheidemann, Otto Braun, Carl Severing u. a. tat sich dabei mehr als einmal ein Graben auf. So scheiterten etwa im Winter 1925/26 die Verhandlungen um eine Große Koalition am Veto der SPD-Reichstagsfraktion. Doch betont WINKLER zugleich auch die grundsätzliche, interessenpolitisch und ideologisch begründete Reserve, die der Sozialdemokratie aus den Reihen der DVP entgegenschlug. Wenn er daher resümiert, die Große Koalition habe im Dezember 1925/Januar 1926 „eine reale Chance ... nicht gehabt" [54: H. A. WINKLER, Schein der Normalität, 262], so zahlte die SPD doch dafür langfristig den höheren Preis: Indem sie fast zwangsläufig die zum klassenparteilichen Doktrinarismus neigende Rolle spielte, die ihr ihre Gegner zugedacht hatten, erschütterte sie ihre eigene Glaubwürdigkeit wie die des parlamentarischen Systems insgesamt [54: 263; 170: M. STÜRMER, Koalition, 137–140; 153: W. H. MAEHL, German Socialist Party, 112 f.].

H. A. WINKLERS „Arbeiter und Arbeiterbewegung in der Weimarer Republik"

Differenzen zwischen Kabinettsmitgliedern und Fraktion

Indes spiegelte die auf Reichsebene dominante Ambivalenz der sozialdemokratischen Politik zwischen Koalition und Opposition die Unsicherheit über ihre theoretischen und ideologischen Grundlagen wider. Über die ganze Weimarer Republik hinweg dauerte die innersozialdemokratische Theoriediskussion fort, die an die großen Fragen der Revisionismusdebatte anknüpfte. Wie sich Marxismus und Sozialismus in der gewandelten Welt des 20. Jahrhunderts und unter den – auch von der Parteilinken akzeptierten – Bedingungen der parlamentarischen Demokratie neu formulieren ließen, war eine stets umstrittene Frage [148: D. KLENKE, SPD-Linke; 149: G. KÖNKE, Organisierter Kapitalismus]. B. FISCHER hat diese „Theoriediskussion" der Weimarer SPD nachgezeichnet, ihren relativen „Traditionalismus" hervorgehoben, zugleich aber auf das beträchtliche Innovationspotential hingewiesen, das von den staats- und demokratietheoretischen Schriften Hermann Hellers, Rudolf Hilferdings, Ernst Fraenkels und anderen

Innersozialdemokratische Theoriediskussion

ausging [137: Theoriediskussion; auch 108: W. LUTHARDT, Sozialdemokratische Verfassungstheorie].

Sind also die Parteien der Weimarer Koalition im allgemeinen und die SPD im besonderen verhältnismäßig gut erforscht, gilt gleiches nicht für die bürgerlichen Parteien der Rechten. So harrt die DVP einer über die o.g. Arbeiten hinausgehenden Gesamtanalyse, die allerdings demnächst von L. RICHTER zu erwarten steht. Vor allem aber wissen wir zuwenig über die Geschichte der DNVP, über die lediglich Einzelstudien vorliegen, und dies z.T. auf schmaler Quellenbasis. In ihrer Anfangsphase fungierte die DNVP als Sammelbecken aller monarchistischen und republikfeindlichen Kräfte der Rechten [152: W. LIEBE, Deutschnationale Volkspartei], welche die inneren wie die äußeren Ereignisse vom November 1918 kategorisch und ideologisch überhöht ablehnte [172: A. THIMME, Mythos].

<small>DNVP</small>

Von dringendem Interesse wäre es nun, eingehend und auf breiter Quellenbasis die gemäßigt-gouvernementale Periode der Deutschnationalen zu untersuchen, d.h. die Phase zwischen der Abspaltung des radikal-völkischen Flügels von der DNVP [dazu 169: J. STRIESOW, Deutschnationale Volkspartei, 402–420] und der erneuten Radikalisierung der Partei durch ihren Vorsitzenden Alfred Hugenberg, dessen Aufstiegsphase von H. HOLZBACH eingehend untersucht worden ist [143: „System Hugenberg", v.a. 192–253]. Entsprechende erste Ansätze liegen vor [beachtlich bereits: 136: M. DÖRR, Deutschnationale Volkspartei, v.a. 466–488]. Die frühe Verfassungspolitik der DNVP in den Ländern und das Profil der Partei in Bayern offenbaren durchaus realpolitische Elemente [173: C. F. TRIPPE, Verfassungspolitik, 173–178; 147: M. KITTEL, Fundamentalismus]. Dahinter steht aber die weitergehende Frage, ob die Funktionsschwäche des Weimarer Parlamentarismus nicht zumindest ebenso wie an der mangelnden Kooperationsbereitschaft der Mittelparteien daran litt, daß er einer systemkonformen Integration der politischen Rechten entbehrte. Die dauerhafte Existenz einer systemloyalen Rechtsopposition, die gegebenenfalls bereitstand, auf der Basis des demokratischen Verfassungsstaates Regierungsverantwortung zu übernehmen, hätte der Weimarer Republik die Möglichkeit eines regelmäßigen „Pendelschlages" und damit der Kanalisierung politischer Trendwenden eröffnen und einen Weg aus der „Krise des Parteienstaates" [134: W. CONZE, Krise] weisen können. Während der vergleichsweise ruhigen Mittelphase gab es in der DNVP unter ihrem Partei- und Fraktionsvorsitzenden Kuno Graf von Westarp durchaus Ansätze zu einer solchen Politik [170: M. STÜRMER, Koalition, v.a. 213 ff. u. 249 ff.]. Erst Hugenbergs Spaltungskurs machte ihre – durch

<small>Fehlende Integration der Rechtsparteien</small>

die Forschung freilich noch näher zu spezifizierenden – Chancen und Entwicklungspotentiale zunichte. Am Ende stand die Zersplitterung des gemäßigten Flügels der DNVP in mehrere kleine konservative Parteien [144: E. JONAS, Volkskonservative 1928–1933; 158: G. OPITZ, Der Christlich-soziale Volksdienst] und die Überrundung Hugenbergs durch die NSDAP.

4. Wirtschaftliche Entwicklung, gesellschaftliche Konfliktherde und staatliche Intervention

Anders als es einer lange Zeit gängigen Auffassung entsprach, ist selbst die Mittelphase der Weimarer Republik wirtschaftlich keine prosperierende Periode gewesen [Überblick bei: 219: D. PETZINA, Zwischenkriegszeit, 11–15 u. 92–96; 401: J. FRHR. V. KRUEDENER, Economic Crisis]. Schon zeitgenössische Ökonomen wie etwa Rolf Wagenführ wiesen auf die „strukturelle Verlangsamung" des Industriewachstums Mitte der zwanziger Jahre hin und interpretierten sie als stationären Endzustand einer generellen Strukturkrise, welche die „alten" Industrieländer wie vor allem Großbritannien und Deutschland erfaßt hatte. Hinzu kam die Desintegration des Welthandels, der den exportorientierten Wirtschaftsnationen die Rekonstruktion ihrer Weltmarktstellung erschwerte [D. PETZINA/W. ABELSHAUSER, Zum Problem der relativen Stagnation der deutschen Wirtschaft in den zwanziger Jahren, in 214: Industrielles System, 57–76]. Die langfristig-strukturellen, z.T. im internationalen System begründeten Ursachen der „relativen Stagnation" werden auch von anderen Autoren hervorgehoben [398: H. JAMES, Weltwirtschaftskrise 1924–1936, 117–165], während TH. BALDERSTON die Stagnationsthese an Hand einer konkreten, auf Kohlebergbau und Schwerindustrie konzentrierten Vergleichsanalyse relativert: Während hier die Produktivität der deutschen Industrie im internationalen Maßstab keineswegs abfiel, bestand ein deutlicher Rückstand in der modernen Automobilindustrie [387: Origins, 61–73].

Am pointiertesten schließlich, wenn auch mit anderer, auf die Brüningsche Deflationspolitik fokussierter Problemstellung hat K. BORCHARDT die Wirtschaftsentwicklung der zwanziger Jahre beurteilt [390: Zwangslagen]. Ohne andere strukturelle Krisenfaktoren auszuschließen, betonte Borchardt vor allem ein Mißverhältnis zwischen der gesamtwirtschaftlichen Arbeitsproduktivität und der Entwicklung der Reallöhne während der zwanziger Jahre. Gemessen an der wirt-

Verlangsamung des Industriewachstum

K. BORCHARDT

schaftlichen Entwicklung seien die Löhne überhöht gewesen, was wiederum eine zu geringe Kapitalausstattung der Unternehmen bewirkt habe. Beides habe schon längst vor 1929 eine die Weimarer Wirtschaft kennzeichnende Investitionsschwäche sowie eine hohe Arbeitslosigkeit verursacht. Es habe sich um eine „unnormale, ja ‚kranke' Wirtschaft" gehandelt [390: 179]. An Hand zweier Fallstudien hat C. ZAHN, ein Schüler BORCHARDTs, kürzlich die These „zu hoher Löhne" in den zwanziger Jahren empirisch zu erhärten gesucht. So hätten sich etwa die Lohnforderungen der Schuhindustriearbeiter „fast durchweg weit außerhalb realistischer Größenordnungen" bewegt und „in der Regel eher die Züge einer Kriegserklärung als einer Gesprächsgrundlage" besessen. Und während die staatlichen Schlichter dazu neigten, Lohnzuwächse annähernd in Höhe der Zuwachsforderungen der Arbeitnehmer zu gewähren, wähnten sich beide Tarifpartner als Verlierer [245: C. ZAHN, Arbeitskosten und Lebenslagen, 164 f.]. Zwar hat BORCHARDTs Interpretation der „Zwangslagen", mit denen er Brünings Deflationspolitik erklärt, auch starken Widerspruch erfahren [v. a. 203: C.-L. HOLTFRERICH, Zu hohe Löhne in der Weimarer Republik?; neueste Diskussion von 179: ST. N. BROADBERRY/A. RITSCHL, The Iron Twenties]; doch bleibt unbestritten, daß die mittleren zwanziger Jahre tatsächlich eher eine wirtschaftliche „Scheinblüte" (STEITZ) darstellten.

Freilich hebt sich die Mittelphase der Weimarer Republik von der davor wie danach liegenden Periode klar ab: Vor dem Hintergrund der katastrophalen Erfahrungen von Hyperinflation einerseits und Weltwirtschaftskrise andererseits wurde sie naheliegenderweise als relativ stabile Episode gesehen. Entsprechend intensiv hat sich auch die Forschung mit der exzeptionellen Erfahrung der deutschen Inflation beschäftigt. Insbesondere das langjährige, von G. D. FELDMAN und der Berliner Historischen Kommission gemeinsam durchgeführte internationale Forschungsprojekt über „Inflation und Wiederaufbau in Deutschland und Europa 1914–1924" hat reichen Ertrag eingebracht, so daß Ursachen und Wirkungen der deutschen Inflation heute zu den mittlerweile am besten erforschten Bereichen der Weimarer Wirtschafts- und Sozialgeschichte gehören [zur Diskussion vgl. 43: KOLB, Weimarer Republik, 187–193]. So entstand im Kontext des genannten Forschungsprojektes die erste umfassende Gesamtanalyse der Inflation: C.-L. HOLTFRERICH analysierte aus der makro-ökonomischen Perspektive eingehend Indikatoren, Faktoren und Wirkungen der Geldentwertung. Anders als die Vorgängerliteratur bezog er sich dabei nicht primär auf eine spezifische Finanztheorie, sondern ging von einer multifaktoriellen

4. Wirtschaftliche Entwicklung, Konfliktherde und Intervention 71

Entstehungsgeschichte der Inflation aus [202: Inflation 1914–1923, 190 f.]. Hinzu kommen insgesamt fünf gehaltvolle Sammelbände, in denen die Ursachenfaktoren, Verteilungskonflikte und Wirkungen der Inflationszeit z. T. sehr detailliert abgehandelt werden [181: O. BÜSCH/ G. D. FELDMAN (Hrsg.), Historische Prozesse; 187: G. D. FELDMAN/ C.-L. HOLTFRERICH/G. A. RITTER/P.-CHR. WITT (Hrsg.), Die deutsche Inflation; 186: DIES., Erfahrung der Inflation; 185: DIES. (Hrsg.), Anpassung an die Inflation; 188: DIES. (Hrsg.), Konsequenzen der Inflation; 184: G. D. FELDMAN (Hrsg.), Nachwirkungen der Inflation]. Des weiteren hat das Projekt mehrere Monographien zu Spezialthemen hervorgebracht [insbesondere: 210: A. KUNZ, Civil Servants; 216: M. NIEHUSS, Arbeiterschaft in Krieg; 212: R. G. MOELLER, German Peasants; 205: M. L. HUGHES, German Inflation]. Darüber hinaus hat kürzlich B. BUSCHMANN eine eingehende unternehmensgeschichtliche Studie über die Daimler-Motoren-Gesellschaft vorgelegt [182: Unternehmenspolitik], während M. H. GEYER in seiner Arbeit über München die Inflationszeit in den weiteren Kontext der „klassischen Moderne" stellt und die widersprüchlichen Erfahrungen, Wahrnehmungsmuster und Reaktionen analysiert [197: Verkehrte Welt]. Schließlich hat G. D. FELDMAN in einem monumentalen Werk die Summe langjähriger Forschungen gezogen und die politischen, wirtschaftlichen und gesellschaftlichen Dimensionen der Inflationszeit eingehend analysiert und dargestellt [183: Great Disorder].

Multifaktorielle Entstehungsgeschichte

G. D. FELDMAN

Unbestritten ist, daß die Inflation ihre zentralen Ursachen bereits in der Kriegsfinanzierung hatte; sie ist daher nur als komplexer Prozeß zu begreifen und darf nicht in isolierter Weise auf das Katastrophenjahr 1923 reduziert werden. Damit verbindet sich ein übergreifender Perspektivenwechsel: Wurde die Inflation früher ausschließlich als schwere Belastung für die Geschichte der Weimarer Republik betrachtet, hat die wirtschaftshistorische Forschung zunehmend ihre zumindest partiell positive Wirkung hervorgehoben. Am weitesten ging in diese Richtung C.-L. HOLTFRERICH: Er betonte erstens das wirtschaftliche Wachstum und die Vollbeschäftigung, die 1920–1922 in Deutschland bestanden. Verglichen mit den anderen Industriestaaten, die, an einer raschen Stabilisierung orientiert, mit einer weltweit schweren Rezession zu kämpfen hatten, habe die deutsche Inflation gleichsam als konjunkturelles „Schmiermittel" fungiert und Deutschland geradezu die Rolle einer „Lokomotive" für die Weltwirtschaft übernommen [202: Inflation 1914–1923, 193–202 u. 329]. Darüber hinaus sei zweitens ein großer Teil der Gläubigerverluste von ausländischen Anlegern getragen worden, die auf diese Weise indirekt an der Finanzierung

Partiell positive Folgen der Inflation

deutscher Staatsausgaben beiteiligt wurden. Außenpolitisch bildete daher die inflationäre Politik „eine durchaus rationale wirtschaftspolitische Strategie" und diente dem „nationalen Interesse" [202: 296 u. 331]. Drittens verweist Holtfrerich auf eine durchgehende Erhöhung der Reallöhne, welche die meisten Arbeitnehmer von 1919 bis Mitte 1922, nicht aber Beamte und höhere Angestellte verbuchen konnten, während die Vermögensbesitzer die Hauptverluste der Inflation trugen. Die Inflation bewirkte demzufolge eine tendenzielle Egalisierung in der Verteilung der Einkommen und der Vermögen [202: 228–246]. Alles in allem – so der Tenor von Holtfrerichs Arbeit – waren diese Wirkungen der Inflation den Folgen einer harten Steuer- und Finanzpolitik zweifellos vorzuziehen: „Arbeitslosigkeit, Wachstumsstörungen, Konsumverzicht breiter Bevölkerungsschichten", jenen Erscheinungen also, „die die Depression der Jahre 1920–22 in Großbritannien und den USA kennzeichneten" [202: 297].

C. L. HOLTFERICH

Während HOLTFRERICHs Ursachen- und Faktorenanalyse weitgehend akzeptiert wurde, hat seine Beurteilung der Inflationswirkungen Widerspruch erfahren. Zwar sind frühere pauschale Urteile über die „Vernichtung des Mittelstandes" oder die marxistische Orthodoxie von der „Verelendung der Arbeiter" inzwischen definitiv ad acta gelegt. Dagegen sind z. B. Realität und Ausmaß der auch von anderen Autoren vermuteten Reallohnsteigerungen der Arbeitereinkommen umstritten [W. ABELSHAUSER, Verelendung der Handarbeiter? Zur sozialen Lage der deutschen Arbeiter in der großen Inflation der frühen zwanziger Jahre, in: H. Mommsen/W. Schulze (Hrsg.), Vom Elend der Handarbeit. Probleme der Unterschichtenforschung, Stuttgart 1981, 445–476; dagegen die Kritik bei: 216: NIEHUSS, Arbeiterschaft, 119–122; R. SCHOLZ, Lohn und Beschäftigung als Indikatoren für die soziale Lage der Arbeiterschaft in der Inflation, in: 185: Anpassung, 278–322]. Und der konkrete, chronologisch differenzierte Blick auf die Verteilungskämpfe zwischen Unternehmern und Arbeiterorganisationen [z. B. 183: FELDMAN, Disorder, 406–417] läßt allgemeine, auf makroökonomischer Basis getroffene Aussagen ohnehin problematisch erscheinen. Die sich seit Ende 1922 schockartig verschlechternden Lebensbedingungen geraten dadurch ebenso aus dem Blickfeld wie die gravierenden sozialpsychologischen Auswirkungen der Inflation [209: v. KRUEDENER, Entstehung des Inflationstraumas].

Reallohnsteigerungen durch die Inflation?

Die prekäre ökonomische Entwicklung der Weimarer Republik fiel mit einer Vielzahl langfristiger sozialer Problemlagen zusammen. Eine umfassende Gesellschaftsgeschichte der Weimarer Republik, die bisher noch nicht vorliegt [vorläufig: 46: PEUKERT, Weimarer Republik], hätte daher die soziale Krisenhaftigkeit der Epoche vor einem doppelten Hintergrund zu analysieren: In der Konvergenz struktureller Probleme von langer Dauer und vielfältigen aktuell-kurzfristigen Krisenschüben liegt ein Gutteil der gesellschaftlichen und mentalen Instabilität der Zeit begründet. Sie war Voraussetzung und Abbild der politischen Labilität zugleich.

Beispielhaft hierfür ist die Stellung der Landwirtschaft in der Weimarer Republik. Seit dem Übergang Deutschlands zum Industriestaat und der Verkehrsrevolution am Ende des 19. Jahrhunderts befand sich der Agrarsektor in einer langfristigen ökonomischen Strukturkrise. Nach 1914 kamen die kurzfristigen Einwirkungen des Weltkrieges mit der staatlichen Reglementierung des Marktes, der Inflation, der Währungsstabilisierung und der Agrarkrise seit 1927/28 hinzu. Absatzkrisen und Preisverfall, Schulden- und Steuerlast, schließlich auch kontingente Faktoren wie Witterungsprobleme und Mißernten bescherten Bauern wie Gutsherren z. T. massive ökonomische Schwierigkeiten. In mehr oder minder allen agrarischen Regionen herrschte daher während der Weimarer Republik, v. a. nach 1924 und infolge der Agrarkrise 1927/1928 eine zur Militanz neigende Proteststimmung. Auf der Basis einer systematischen Presseauswertung haben J. BERGMANN u. K. ME-GERLE eine gründliche, regional und zeitlich differenzierte Phänomenologie dieses agrarischen Protestverhaltens vorgelegt [176: Protest und Aufruhr]. Daß der agrarische Protest im Sinne von Antimodernismus, Antiliberalismus und auch Antisemitismus besonders leicht zur Ideologisierung neigte, der freilich eine Vielzahl (bildungs-)bürgerlicher Autoren ihre Feder lieh, ist von der Forschung klar herausgearbeitet worden [264: K. BERGMANN, Agrarromantik und Großstadtfeindschaft; 243: A. WIRSCHING, Bäuerliches Arbeitsethos; H. REIF, Antisemitismus in den Agrarverbänden Ostelbiens während der Weimarer Republik, in 226: Ostelbische Agrargesellschaft, 379–411].

Stellung der Landwirtschaft

Agrarisches Protestverhalten

Über die agrarische Interessenpolitik und die Versuche der direkten politischen Einflußnahme durch die organisierte Landwirtschaft liegen gewichtige Arbeiten vor [191: J. FLEMMING, Landwirtschaftliche Interessen; 195: D. GESSNER, Agrardepression; 196: DERS., Agrarverbände; 211: S. MERKENICH, Grüne Front]. Keineswegs hatte die Revolution von 1918/19 „die Bastionen agrarischer Machtpolitik" geschleift; die vom sozialdemokratischen Programm eigentlich vorgesehene Bodenreform besaß keine politische Chance auf Verwirklichung [234: M. SCHUMACHER, Land und Politik, 509 u. 189–215]. In der Folgezeit fungierte der ostelbische Adel erfolgreich als Pressure Group. Vermittelt durch ihren hauptsächlichen Interessenverband, den Reichs-

Landbund, sowie den agrarischen Flügel der DNVP, gelang es, die hochprotektionistischen und subventionsorientierten Ziele der Landwirtschaft zumindest teilweise durchzusetzen [201: D. HERTZ-EICHENRODE, Politik und Landwirtschaft, v. a. 217–230 u. 188–201; 195: GESSNER, Agrardepression; 196: DERS., Agrarverbände, v. a. 219–258; 199: M. GRÜBLER, Spitzenverbände, 250–290; 211: MERKENICH, Grüne Front].

Allerdings ist die Reichweite agrarischer Interessenpolitik insbesondere während der Mittelphase der Weimarer Republik unterschiedlich beurteilt worden: Während z. B. M. STÜRMER den starken parlamentarischen und koalitionspolitischen Einfluß der Agrarier hervorhob [170: Koalition, 49–52, 101–104, 279], betonte A. PANZER die schwierige Situation, in der sich die von Überschuldung bedrohten Agrarier angesichts einer nach 1924 „besonderen Intensivierung der säkularen Entwicklungstendenz vom Agrar- zum Industriestaat" befunden hätten [217: Währungsstabilisierung, 156]. Demgegenüber verweist H. BEKKER kritisch auf die „wirtschaftspolitische Sonderrolle" der Landwirtschaft, entstanden aus einer Einkommenspolitik für selbständige Landwirte, die sich aus dem höheren allgemeinpolitischen Ziel legitimierte, die Autarkie der Nahrungsmittelversorgung und die „Stabilisierung der Landwirtschaft als gesellschaftlichen Faktor" zu gewährleisten [175: Handlungsspielräume, 305]. Die neueste Untersuchung zum Thema macht schließlich deutlich, in welchem hohen Maße der ostelbische Großgrundbesitz in der zweiten Hälfte der zwanziger Jahre z. B. bei den Umschuldungsprogrammen bevorzugt wurde; offenkundig manifestierte sich hier eine Anspruchshaltung gegenüber dem Staat, die dann Anfang der dreißiger Jahre, unter der Regierung Brüning, nur allzu oft in Enttäuschung umschlug [211: S. MERKENICH, Grüne Front, 244 f., 270–280]. Am Ende, als die agrarischen Interessenverbände die politischen Alternativen als definitiv verbraucht betrachteten, steuerten sie daher zielstrebig antidemokratische Lösungen an und spielten eine nicht unerhebliche Rolle bei der Ernennung Hitlers zum Reichskanzler [BERT HOPPE, Von Schleicher zu Hitler, in: VfZ 45 (1997), 629–657, hier v. a. 629–641].

Ein weiterer zentraler gesellschaftlicher Konfliktherd der Weimarer Republik betraf Status, Selbstverständnis und politisches Verhalten der gewerblichen und angestellten Mittelschichten. Dominiert wurde dieses Thema lange Zeit durch die Analyse der sozialprotektionistisch orientierten mittelständischen Interessenpolitik, ihres Rückgriffs auf ständisch-korporative, „vorindustrielle" Leitbilder sowie der damit korrespondierenden Affinität zu Illiberalismus und Nationalsozialis-

4. Wirtschaftliche Entwicklung, Konfliktherde und Intervention

mus [v. a. 242: H. A. WINKLER, Mittelstand, v. a. 111–120 u. 172–182; 165: M. SCHUMACHER, Mittelstandsfront]. In der Argumentation teilweise an die Arbeiten von TH. GEIGER („Panik im Mittelstand") und S. LIPSET („Extremismus der Mitte") anknüpfend, betonen diese Arbeiten die Diskrepanz zwischen kleinbürgerlichem Statusbewußtsein und sozialökonomischer Entwicklung sowie die daraus resultierende Anfälligkeit für Radikalisierung nach rechts. „Extremismus der Mitte"?

Aus historischen Defiziten an bürgerlicher Liberalität und sich hieraus ergebenden „vorindustriellen" Überhängen wird auch die in der Weimarer Republik mehrheitlich sozialprotektionistische, quasi-ständische ideologische Ausrichtung der Angestellten erklärt. Dem entspricht es, wenn schon die zeitgenössische Soziologie im „neuen Mittelstand" ein bevorzugtes Studienobjekt und einen Faktor gesellschaftlicher Instabilität erkannte [zusammenfassend die 1932 fertiggestellte Studie von 236: H. SPEIER, Die Angestellten]. Verglichen mit anderen Ländern kam dem gesellschaftlichen Statusunterschied zwischen Arbeitern und Angestellten im Bewußtsein letzterer eine weitaus größere Bedeutung zu, als dies z. B. in den USA der Fall war [207: J. KOCKA, Angestellte, v. a. 296–316; auch die Beiträge in: 206: DERS. (Hrsg.), Angestellte]. Interessenpolitisch auf Bewahrung und Ausbau ihrer versicherungsrechtlichen Statusprivilegien konzentriert [225: M. PRINZ, Vom neuen Mittelstand zum Volksgenossen, 25–44], zielten die Angestellten und ihre Verbände auch dann auf korporative Abgrenzung von den Arbeitern, wenn sich die tatsächliche ökonomische Lage beider Schichten zunehmend einander anglich [200: I. HAMEL, Völkischer Verband; 224: H.-J. PRIAMUS, Angestellte und Demokratie, 138–144]. Dementsprechend hat die Forschung die Angestellten lange Zeit als besonders anfällig für die Volksgemeinschaftspropaganda der Nationalsozialisten betrachtet [206: KOCKA, Angestellte, 54–57; 236: SPEIER, Die Angestellten, 140–146]. „Neuer Mittelstand" als Faktor gesellschaftlicher Instabilität

Zwar bleibt unbestritten, daß Kleinbürgertum und angestellte Mittelschichten zur politisch-gesellschaftlichen Instabilität der Weimarer Republik beitrugen; doch ist das bis in die achtziger Jahre dominierende Bild vom Mittelstand als dem hauptsächlichen sozialen Reservoir des Nationalsozialismus in mehrfacher Hinsicht modifiziert worden. Zum einen ist die empirische Grundlage der skizzierten „herrschenden Meinung" erschüttert worden. So ist eine früher unterstellte, durchgehend positive Korrelation zwischen mittelständischen Schichten und NS-Wählerschaft nicht nachweisbar (vgl. dazu unten S. 102 ff.). Zum anderen ist die These von den „vorindustriellen" Überhängen, die zumindest implizit auf ein Defizit an revolutionären Tradi- Modifizierungen durch die neuere Forschung tionen und einen daraus resultierenden deutschen „Sonderweg" hinweisen, grundsätzlich in Frage gestellt worden. Die überproportionale, ja „aggressive" Betonung der „vorindustriellen Traditionen" sei letztlich arbiträr: Sie folge zu schematisch dem a priori eingeführten Modell einer linearen Entwicklung wirtschaftlichen und gesellschaftlichen Fortschritts und reiche nicht hin, die Erfolge von Faschismus und Nationalsozialismus adäquat zu erklären. Hierzu müßten vielmehr die Krise des bereits ausgereiften kapitalistischen Wirtschaftssystems berücksichtigt werden ebenso wie die gegenrevolutionäre Dynamik der faschistischen Bewegungen, die auch nicht wenige Segmente der Arbeiterschaft an sich zu binden gewußt habe. Schließlich gelte es auch die konkreten Umstände faschistischer Machtergreifungen stärker zu berücksichtigen [G. ELEY, What Produces Fascism: Preindustrial Traditions or a Crisis of a Capitalist State, in: Politics & Society 12 (1983), 53–82].

Schließlich haben neuere Forschungen den beträchtlichen Anteil an republiktreuen und zur SPD hinneigenden Segmenten innerhalb der Angestellten im öffentlichen Dienst betont [171: K. SÜHL, SPD und öffentlicher Dienst, 69–78 u. 195–231]. In ähnlicher Weise muß auch Beamte das politische Verhalten der Beamten, ebenfalls Teil des „neuen Mittelstandes", differenziert werden: Zwar existierte ein berufsständisch orientiertes, politisch scheinbar „neutrales" Lager, das die Sonderrolle des Berufsbeamtentums betonte und gegen Ende der Weimarer Republik auch für den Nationalsozialismus anfällig war. Auf der anderen Seite aber verband nicht nur die Mitglieder des freigewerkschaftlichen Allgemeinen Deutschen Beamtenbundes, sondern auch eine signifikante Minderheit im Deutschen Beamtenbund die Treue zur Republik. In jedem Fall sind hier wie anderswo „kollektive Pauschalurteile fehl am Platze" [235: D. SCHÜTZ, Standesbewußtsein, v. a. 270–288, das Zitat 353].

Als ein sich quer zu den sozialen Lagerungen entfaltender Krisenherd durchzog der Generationenkonflikt die Weimarer Republik [213: H. MOMMSEN, Generationskonflikt und Jugendrevolte; 46: D. PEUKERT, Weimarer Republik, 94–100; P. D. STACHURA, The German Youth Probleme des Gene- Movement 1900–1945, London 1981, 38–117]. Lebensreformerische, rationenkonfliktes erzieherische und bündische Elemente miteinander verknüpfend, hatte sich schon die Jugendbewegung der Vorkriegszeit ihren eigenen Mythos geschaffen, der seinerseits den politischen Diskurs der Weimarer Republik lagerübergreifend beeinflußte [237: B. STAMBOLIS, Mythos]. Andererseits ließ der Erste Weltkrieg den Gegensatz aufbrechen zwischen der „älteren" Jugendbewegung, die den Krieg an der Front erlebt hatte, und der nachfolgenden Generation [190: G. FIEDLER, Jugend im

Krieg, 175–182; 228: D. SCHENK, Freideutsche Jugend, 163–205]. Wenn sich diese „jüngere" Jugendbewegung kaum mehr in den politisch-sozialen Gründungskonsens der Weimarer Republik einfügen ließ und auch die Parteien an der Integration der Jugend überwiegend scheiterten [150: W. R. KRABBE, Zukunft; 208: DERS. (Hrsg.), Politische Jugend; 198: I. G. v. OLENHUSEN, Jugendreich], so lag das auch an den sozialen Realitäten des Generationenkonflikts. Die Massenerwerbslosigkeit einer „überflüssigen Generation" (Peukert) betraf die Arbeiter- wie die akademische Jugend gleichermaßen, prägte Sozialisationsmechanismen und Wertemuster [220: PEUKERT, Jugend; 251: M. GRÄSER, Wohlfahrtsstaat, 191–205] und beförderte eine strukturelle Verweigerungshaltung der Jugend gegenüber dem Staat von Weimar [M. KATER, Generationskonflikt als Entwicklungsfaktor in der NS-Bewegung vor 1933, in: GG 11 (1985), 217–243; E. ROSENHAFT, Organising the „Lumpenproletariat": Cliques and Communists in Berlin during the Weimar Republic, in: R. W. Evans (Hrsg.), The German Working Class 1888–1933. The Politics of Everyday Life, London 1982, 174–219].

Krise der „überflüssigen Generation"

Den wohl zentralen gesellschaftlichen Konfliktherd bildeten schließlich die industriellen Arbeitsbeziehungen, wo die lohn- und tarifpolitischen Konflikte vor dem Hintergrund einer tiefgreifenden Rationalisierungswelle ausgetragen wurden [dazu: v. a. 193: TH. v. FREYBERG, Rationalisierung; 204: H. HOMBURG, Rationalisierung].

Die Debatte um die Rationalisierung [238: G. STOLLBERG, Rationalisierungsdebatte] symbolisiert Entwicklungspotentiale und Blockaden der industriellen Arbeitsbeziehungen zugleich, die sich auf die Dauer sehr viel spannungsvoller gestalteten, als der „sozialpartnerschaftliche" Auftakt vom November 1918 hätte vermuten lassen können. Die Zentralarbeitsgemeinschaft überlebte die Inflationszeit ebensowenig wie der Achtstundentag, als die Unternehmer die Gunst der Stunde nutzten, um die sozialpolitischen „Errungenschaften" der Revolutionszeit zurückzuschrauben [189: G. D. FELDMAN/J. STEINISCH, Industrie und Gewerkschaften; zur Gesetzgebung: 178: S. BISCHOFF, Arbeitszeitrecht]. Auch die durch das Betriebsrätegesetz gesicherte betriebliche Mitbestimmung der Arbeiter, deren Praxis jüngst erstmals an Hand von Fallstudien konkret untersucht worden ist, war häufig von Konflikten gekennzeichnet [221: W. PLUMPE, Mitbestimmung, v. a. 410–440].

Industrielle Arbeitsbeziehungen als zentraler Konfliktherd

Einschränkung der sozialpolitischen Errungenschaften der Revolutionszeit

Innerhalb des zum Korporatismus neigenden Systems verfügte vor allem die deutsche Schwerindustrie über eine besonders starke Stellung. Sie befand sich auch nicht – dies hat eine neuere Studie schlüssig dargelegt – in einer besonderen Kreditabhängigkeit vom „Finanzkapital" der Banken, wie dies etwa Hilferding vermutet hatte. Vielmehr gehörte es zu den wesentlichen Geschäftsprinzipien der schwerindustriellen Unternehmen, eine größere Aktienbeteiligung der Banken am Unternehmenskapital zu verhindern, um sich so die eigene Handlungsautonomie zu bewahren [244: H. WIXFORTH, Banken, 499–505]. In besonderem Maße galt dies für diejenigen Unternehmen, die ihren Charakter als Familienunternehmen weitgehend bewahren konnten (Thyssen, Krupp, Gutehoffnungshütte, Hoesch) oder deren Kapital sich in der Hand weniger Großaktionäre befand (z. B. Vereinigte Stahlwerke). Offensichtlich begünstigte eine solche relative Unabhängigkeit von den Banken die Ausprägung eines führungsstarken Unternehmertypus mit „charismatischer" Ausstrahlung [244: 505]. Möglicherweise ist es kein Zufall, daß aus eben diesen Firmen jene schwerindustriellen Unternehmer kamen, die – wie F. Thyssen, G. Krupp von Bohlen und Halbach, P. Reusch, F. Springorum, A. Vögler – eine besonders aktive (interessen-) politische Rolle spielten und z. T. maßgeblichen Einfluß auf die Gestaltung der Wirtschafts- und Sozialpolitik der Weimarer Republik gewannen [240: B. WEISBROD, Schwerindustrie; 215: R. NEEBE, Großindustrie].

Gewerkschaften   Verhältnismäßig gut erforscht ist die Geschichte der Gewerkschaften, zumindest was die Zentralverbandsebene betrifft. So liegen etwa für die christlichen Gewerkschaften mehrere fundierte und materialreiche Untersuchungen vor [229: M. SCHNEIDER, Christliche Gewerkschaften, 447–762; 227: H. RODER, Deutscher Gewerkschaftsbund; 218: W. L. PATCH JR., Christian Trade Unions; auch: 302: D. H. MÜLLER, Arbeiter], und auch die mehr politisch-lobbyistisch als numerisch zu definierende Bedeutung der liberalen Hirsch-Dunckerschen Gewerkschaften ist jüngst hervorgehoben worden [R.W. BRANTZ, The Hirsch-Duncker Unions in the Weimar Republic, 1918–1933, in: IWK 31 (1995), 151–167].

Freie Gewerkschaften   Im Mittelpunkt des Forschungsinteresses stehen freilich gemäß ihrer Bedeutung die Freien Gewerkschaften. Kompetente Überblicksdarstellungen innerhalb einer Gesamtgeschichte der deutschen Gewerkschaften bieten M. SCHNEIDER und K. SCHÖNHOVEN [230: SCHNEIDER, Geschichte der Gewerkschaften, 136–214; 233: K. SCHÖNHOVEN, Die deutschen Gewerkschaften, 116–176]. Und über den ADGB der Weimarer Zeit liegen mit den Untersuchungen von H. POTTHOFF und D. BRUNNER zwei solide, überwiegend strukturanalytisch und problemorientiert verfahrende Gesamtdarstellungen vor, die in komplementärer Weise über Mitgliederbewegungen, Organisationsstrukturen und Problemfelder der Freien Gewerkschaften informieren [222: H. POTTHOFF, Freie Gewerkschaften; 180: D. BRUNNER, Bürokratie].

Allerdings bleibt umstritten, wie weit die Integration der Gewerkschaften in das politische System der Weimarer Republik reichte. Bestand etwa für G. D. FELDMAN „das relativ dauerhafte Resultat des Krieges" in der „Integration der Arbeiterschaft in die sozio-ökonomische Struktur" [249: Organisierter Kapitalismus, 166; s.a. 183: DERS., Disorder, 55], sehen andere Autoren diesen Integrationsprozeß kritischer: So hat M. SCHNEIDER die Grenzen dargelegt, auf welche die gewerkschaftliche Mitbestimmung bei den Unternehmern selbst zu Zeiten der politischen und wirtschaftlichen Konsolidierung stieß [231: Unternehmer, 57–61]. Und H.-J. BIEBER betont ebenfalls die seit dem Weltkrieg fortbestehenden starken Widerstände innerhalb der Unternehmerschaft gegen eine paritätische Anerkennung der Gewerkschaften sowie die Reaktivierung „gelber", wirtschaftsfriedlicher Organisationen [177: Gewerkschaften I, 132–140]. Entsprechend begrenzt sei demzufolge auch die Machtposition der Gewerkschaften nach 1918/19 gewesen. Subjektiv zwar nachvollziehbar, in den Wirkungen jedoch problematisch, hätten sich die reformistischen Gewerkschaftsführer auf ein traditionelles Rollenverständnis zurückgezogen und damit – trotz aller sozialen Errungenschaften der Novemberrevolution – die Chance vertan, zu einer tiefwirkenden Umgestaltung der gesellschaftlichen Machtverhältnisse beizutragen [177: II, 808–816]. Eine ambivalente Bilanz der gewerkschaftlichen Mehrheitspolitik in der Weltkriegs- und Inflationsperiode zieht auch H. POTTHOFF: Zwar habe der neue Staat den Gewerkschaften insgesamt günstige rechtlich-institutionelle Rahmenbedingungen geboten, zu deren Etablierung sie im übrigen ja selbst maßgeblich beigetragen hatten. Doch sei es den Gewerkschaften nicht möglich gewesen, ihre neue Rolle, die über die traditionelle Interessenvertretung hinausging und eine Art allgemeinpolitisches Mandat umfaßte, auch wirklich auszufüllen [223: Gewerkschaften und Politik, 358, 445–456].

Debatte um die Integration der Gewerkschaften in das politische System

Die vorstehend nur knapp skizzierten gesellschaftlichen Konflikte zeigen, daß sich ihr Austrag je länger desto problematischer gestaltete. Die allmähliche Erosion und der schließliche Zusammenbruch des parlamentarischen Systems erschwerten die Vermittlung sozialökonomischer Interessen und die Lösung der Probleme durch Reichstag und Parteien. Interessenverbände und Exekutive standen sich zunehmend unvermittelt gegenüber, was einerseits die Spirale der Staatsintervention vorantrieb, zugleich aber auch die Unzufriedenheit aller Enttäuschten mit dem bestehenden Staatswesen beförderte.

So hat die Forschung eindringlich herausgearbeitet, daß die konfliktträchtigen industriellen Arbeitsbeziehungen ihre eminente politische Brisanz aus der überaus hohen lohnpolitischen Interventionstätigkeit des Staates bezogen und damit selbst eine Krisenerscheinung des Weimarer Interventionismus markierten. Insbesondere das Instrument der staatlichen Zwangsschlichtung, das im Ersten Weltkrieg seine Wurzeln hatte und 1923 im Zuge der Hyperinflation institutionalisiert wurde, unterminierte die Tarifautonomie. Indem sie Elemente des Obrigkeitsstaates fortführte und sie mit einem sozialinterventionistischen Impetus verknüpfte, bürdete die Zwangsschlichtung dem Weimarer Staat eine Schiedsrichterfunktion auf, die seine ohnehin bestehende Legitimationsschwäche noch beschleunigte [252: H. H. HARTWICH, Arbeitsmarkt; 239: R. TSCHIRBS, Tarifpolitik im Ruhrbergbau, 338 f. u. 355 f.; 247: J. BÄHR, Schlichtung]. Im niederschlesischen Steinkohlebergbau trafen Arbeitgeber und Arbeitnehmer in den Jahren zwischen Inflation und Wirtschaftskrise kein einziges Mal eine eigenverantwortliche Entscheidung. Und allzu häufig dominierte bei beiden Tarifparteien der Eindruck, zu kurz gekommen zu sein und der Verliererseite anzugehören [245: C. ZAHN, Arbeitskosten, 292 u. 165]. Insbesondere die Schwerindustrie an Rhein und Ruhr verknüpfte den kollektiven Angriff auf die staatliche Zwangsschlichtung damit, daß sie sich mehrheitlich vom Weimarer Sozial- und Interventionsstaat abkehrte [240: B. WEISBROD, Schwerindustrie, 397–413]. Zum Symbol hierfür wurde die Machtprobe des Ruhreisenstreits 1928, der das gesellschaftliche Fundament der Großen Koalition gleich nach ihrer Bildung bereits brüchig werden ließ [247: J. BÄHR, Schlichtung, 250–274; 192: E. FRAENKEL, Ruhreisenstreit 1928–29; 240: WEISBROD, Schwerindustrie, 415–456; 54: WINKLER, Schein der Normalität, 557–572].

Neben der Aufgabe, den Konflikt der kollektivierten Interessen zum Kompromiß zu bringen, sah sich die neue Demokratie um der Daseinsfürsorge ihrer Bürger willen zum Eingreifen herausgefordert. Zwar nicht mehr wie zu Beginn des Jahrhunderts an der europäischen Spitze stehend, aber doch auch noch in der Weimarer Zeit im internationalen Vergleich weit überdurchschnittlich, stellte Deutschland tatsächlich einen „Wohlfahrtsstaat" dar [246: W. ABELSHAUSER (Hrsg.), Weimarer Republik]. Sie setzte damit zum einen die auf Bismarck zurückgehende Tradition der Sozialversicherung fort, zum anderen aber auch die im Ersten Weltkrieg neu übernommene Verantwortung für den Ausgleich der Interessen zwischen den gesellschaftlichen Gruppen. Auch im Falle der Sozialpolitik ist es daher nicht leicht zu entscheiden, in welchem Verhältnis Kontinuität und Diskontinuität zueinander standen. Während z. B. F. VÖLTZER in der Weimarer Sozialpolitik eine bloße „Fortsetzung der alten Sozialpolitik" des Kaiserreiches sieht [261: Sozialstaatsgedanke, 344], betont G. A. RITTER die innovativen Elemente, v. a. die „in der Verfassung ausgedrückte Verbindung der Idee des Sozialstaates mit dem Konzept einer modernen pluralistischen, auf der Interessenwahrung organisierter sozialer und ökonomischer Kräfte beruhenden Gesellschaft" [258: Sozialstaat, 116]. In jedem Fall aber stellt die Weimarer Republik eine bedeutsame Station auf dem säkularen Weg des deutschen Sozialstaates dar, der seinerseits determiniert zu sein scheint durch eine irreversible, an staatlich organisierter Wohlfahrt orientierte und sich selbst verstärkende „Pfadabhängigkeit" [C. CONRAD, Alterssicherung, in: H. G. Hockerts (Hrsg.), „Pfadabhängigkeit" Drei Wege deutscher Sozialstaatlichkeit, München 1998, 101–116, hier 114–116].

Die Forschung hat die damit zusammenhängenden Problemstellungen erst in jüngerer Zeit aufgenommen und ihre zentrale Bedeutung für die politisch-soziale Verfaßtheit der Weimarer Republik unterstrichen. Lange Zeit blieb die 1949 erschienene, weitausgreifende Darstellung von L. PRELLER – als ehem. Regierungsrat im Reichsarbeitsministerium ein ebenso kompetenter wie reflektierter „Zeitzeuge" – die einzige fundierte Analyse der Weimarer Sozialstaatlichkeit [256: Sozialpolitik]. Zwar beruht PRELLERs Arbeit ausschließlich auf gedruckten L. PRELLER Quellen sowie auf eigenem Erleben und basiert auf einem aus heutiger Sicht eher engen Begriff von „Sozialpolitik"; unter ihm verstand PRELLER v. a. „jenen Teil der Gesellschaftspolitik", der „auf eine bestmögliche Ordnung des Sozialgefüges im Hinblick auf das Arbeitsleben der menschlichen Gesellschaft" zielte [256: XVIII], während er den Bereich der sozialen Fürsorge weitgehend ausklammerte. Aber gemessen an den Bedingungen und Fragehorizonten ihrer Entstehungszeit stellt die Studie einen Markstein der Weimarer Sozialgeschichtsschreibung dar. Und indem er als einer der ersten die Sozialpolitik als integralen Bestandteil und Wirkungsfaktor auch der politischen Geschichte begriff, vermochte PRELLER bereits eine Vielzahl von Wechselwirkungen zwischen der Krise des Weimarer Sozialstaates und der Krise der De- Krise des Sozialmokratie herauszuarbeiten [v. a. 256: 496–528]. staates und Krise der Demokratie

Vor allem seit den 1980er Jahren hat die historische Forschung die Fragestellungen PRELLERs aufgenommen, bzw. sie erweitert und neue Ergebnisse präsentiert. So orientieren die einschlägigen Kapitel des mehrbändigen Werkes von SACHSSE/TENNSTEDT zuverlässig und gründlich über die Entwicklung der Fürsorge in der Weimarer Republik, die eine kriegs- und inflationsbedingt fortschreitende Differenzierung der

Fürsorgeleistungen prägte [259: CH. SACHSSE/F. TENNSTEDT, Fürsorge, 68–217; 260: Dies., Wohlfahrtsstaat]. Die rechtlichen Grundlagen, die Aufgabenstellung und die Finanzierung der Fürsorge in den Ländern und Kommunen analysiert ausführlich U. REDDER [257: Entwicklung]. Und während der von W. ABELSHAUSER herausgegebene Sammelband die verschiedenen Facetten Weimarer Sozialstaatlichkeit bilanziert [246: ABELSHAUSER (Hrsg.), Weimarer Republik], stellt G. A. RITTERs prägnante Studie die Geschichte des Weimarer Sozialstaats in eine international vergleichende Perspektive [258: Sozialstaat, 114–131].

Darüber hinaus sind einzelne Aspekte des Weimarer Sozialstaates in jüngerer Zeit z. T. sehr genau ausgeleuchtet worden. Im besonderen gilt dies für den Strukturwandel der Fürsorge unter dem Einfluß des Weltkrieges und der Inflation. Das Ergebnis ist dabei zwiespältig: Einerseits ist unverkennbar, daß der Weimarer Staat in vormals unbekannter Weise seine Verantwortung für die unverschuldet in Not geratenen Opfer der Zeitläufte übernahm. Zum Teil an die Regelungen während des Ersten Weltkrieges anknüpfend, erhielten die „neuen Armutsgruppen" der Kriegsversehrten, der Sozial- und Kleinrentner, neue zusätzliche Unterstützungssysteme, die aus der klassischen Fürsorge ausgegliedert wurden. Andererseits war deren finanzielle Ausstattung viel zu gering, um die Betroffenen mit ihrem eigenen Schicksal zu versöhnen, und gegenüber dem Staat, dem sie Niederlage und Inflation anrechneten, eine loyale Haltung zu entwickeln [241: R. W. WHALEN, Bitter Wounds; 232: R. SCHOLZ, „Heraus aus der unwürdigen Fürsorge"; 194: K. CH. FÜHRER, Wirtschaftsleben].

Wandlungen staatlicher Fürsorge

In diesem Spannungsfeld steht auch die unbestritten wichtigste sozialpolitische Errungenschaft der Weimarer Republik, die Arbeitslosenversicherung. Ihre komplizierte und langwierige Entstehungsgeschichte ist durch zwei neuere Arbeiten eingehend erforscht worden. Unabhängig voneinander entstanden, ergänzen sie sich auf komplementäre Weise: In seiner vorwiegend strukturanalytisch verfahrenden Arbeit untersucht K. CH. FÜHRER systematisch die zentralen Problemfelder der Materie wie die Frage der institutionellen Organisation, das Für und Wider des Solidaritätsprinzips, schließlich die konkrete Ausgestaltung der Versicherungs- und Hilfeleistungen [250: Arbeitslosigkeit]. Stärker historisch-genetisch verfährt die Studie von P. LEWEK, der gegenüber FÜHRER die Vorreiterrolle der Erwerbslosenfürsorge im Ersten Weltkrieg und während der Demobilisierungsphase betont und die Rolle des Bürgerblocks als „Schöpfer der Arbeitslosenversicherung" deutlich herausarbeitet [254: Arbeitslosigkeit, 27–82, 238–255, 287–367]. Finanzpolitische Zwänge, der Versuch des Staates, „sich

Arbeitslosenversicherung

4. Wirtschaftliche Entwicklung, Konfliktherde und Intervention

schrittweise der finanziellen Verantwortung für die Arbeitslosenpolitik zu entledigen", hätten dabei im Vordergrund gestanden [254: 400]. Deutlicher noch als zuvor offenbarte der Weimarer Sozialstaat im Zusammenhang von Wirtschaftskrise und Massenarbeitslosigkeit die ihm inhärenten disziplinierenden und autoritären Züge. D. F. CREW hat dies mittels eines erfahrungsgeschichtlichen Ansatzes aus der Perspektive der Fürsorgeempfänger eingehend dargelegt [248: Germans]. Und am Beispiel der Wohlfahrtserwerbslosen ist schlüssig gezeigt worden, wie fließend etwa die Übergänge zwischen kommunaler Fürsorge, Freiwilligem Arbeitsdienst und Zwangsarbeit schon vor 1933 sein konnten [253: H. HOMBURG, Vom Arbeitslosen]. Im besonderen galt dies für die staatliche Jugendfürsorge, die in der Wirtschaftskrise mehr oder minder „im Chaos" endete und „in einer Spirale fortwährenden Einflußverlustes zu einer residualen Einrichtung wurde" [251: M. GRÄSER, Wohlfahrtsstaat, 207; vgl. 255: D. PEUKERT, Grenzen der Sozialdisziplinierung]. Abgelöst wurde sie von einer neuen „Jugendpolitik", die ihr Augenmerk auf Arbeitsdienst und „Staatsjugend"-Pläne legte und den Übergang zur obligatorischen Hitlerjugend ebnete [251: M. GRÄSER, Wohlfahrtsstaat, 208–215]. Zwar mangelt es noch an weiteren Spezialuntersuchungen, welche die Frage nach Kontinuität und Diskontinuität im einzelnen und präzise zu beantworten vermögen. Doch läßt sich in der autoritären Wendung des Weimarer Sozialstaates unter dem Druck der Wirtschaftskrise mit guten Gründen ein wichtiges Bindeglied zur Gesellschafts- und Volksgemeinschaftspolitik der NS-Diktatur erkennen [so v. a. 260: SACHSSE/TENNSTEDT, Wohlfahrtsstaat, 45–97].

Autoritäre Züge des Sozialstaates

Staatliche Jugendfürsorge

Symptom und Verstärker zugleich für die tiefreichenden gesellschaftlichen Spannungen, symbolisierte die Weimarer Republik die doppelte Möglichkeit des Interventions- und Sozialstaates: Stabilisierung durch sozialen Ausgleich oder Delegitimierung infolge Überlastung. Im Ergebnis überwog letzteres, und es war tatsächlich eine „verhängnisvolle Verstrickung, ja die Tragik dieses Staates ..., daß er als Sozialstaat objektiv überfordert war" [J. FRHR. V. KRUEDENER, Die Überforderung der Weimarer Republik als Sozialstaat, in: GG 11 (1985), 358–376, hier 376]. In diesem von der Forschung mehrheitlich geteilten Urteil [246: W. ABELSHAUSER, Weimarer Republik, 31; 258: G. A. RITTER, Sozialstaat, 131] wird überdies paradigmatisch offenbar, wie eng in der modernen industriellen Massengesellschaft politische Verfassung und Sozialstaatlichkeit miteinander verknüpft sind.

„Überforderung" des Sozialstaates

5. Politische Kultur und „sozialmoralische Milieus"

Problematische wirtschaftliche Entwicklung und prekäre soziale Verhältnisse allein vermögen die Instabilität der Weimarer Republik nicht zu erklären. Erst ihr Zusammentreffen mit spezifischen, über längere Zeiträume hinweg tradierten Vorprägungen und kulturellen Deutungsmustern machte aus der ersten deutschen Demokratie eine „Republik ohne Republikaner", entzog ihr die inneren Lebenskräfte, die letztlich nur in der Identifizierung der Bürger mit ihrem Gemeinwesen liegen können. Im größeren Zusammenhang einer allgemeinen Wende der Geschichtswissenschaft seit den achtziger Jahren, die statt der „großen" Ereignisse und Strukturen zunehmend auch die „kleinen" Räume und die „subjektiven" Wahrnehmungen zum Gegenstand macht, hat die jüngere Historiographie der Weimarer Republik in dieser Hinsicht bereits einigen Ertrag eingefahren. Verglichen mit dem Forschungsstand der 1970er Jahre wissen wir heute trotz fortbestehender Desiderata weitaus mehr über Mentalitäten und „politische Kultur", über „sozialmoralische" Milieus, deren Werte und Ressentiments.

Politische Kultur und „sozialmoralische Milieus" als Forschungsgegenstände

Unbestritten ist, daß der Erste Weltkrieg für die politische Kultur von Weimar eine entscheidende Rolle spielte, wenn auch P. GAYS Auffassung umstritten ist, die Republik habe in kultureller Hinsicht „wenig geschaffen", sondern „lediglich bereits Vorhandenes befreit" [273: Republik der Außenseiter, 23]. In jedem Fall ging vom Ersten Weltkrieg eine gewaltige katalytische Wirkung aus. Bereits bestehende Denkweisen und Interpretationsmuster wurden durch ihn verstärkt oder in charakteristischer Weise umgeprägt; die durch ihn beförderte, ebenso spezifische wie widersprüchliche Verbindung von Archaismus und Modernität beeinflußte maßgeblich die kulturellen Ausformungen der Weimarer Republik.

Erster Weltkrieg als Katalysator

Aus dieser Perspektive ergeben sich zentrale Fragen an die kulturelle Signatur der zwanziger Jahre. Die in den letzten Jahren vorgelegten Forschungen decken überwiegend die fundamentale Zweideutigkeit der Epoche auf. Ältere Positionen, die von einer normativen Modernisierungstheorie ausgehen, werden damit nachdrücklich in Frage gestellt. Nicht die bekannten Antithesen von Modernismus und Antimodernismus, von Tradition und Moderne dominieren gegenwärtig den interpretatorischen Zugriff, sondern die immanente Widersprüchlichkeit der Moderne selbst sowie die Tatsache, daß auch die Gegenbewegungen nur in ihr selbst und mit den ihr adäquaten Mitteln zu agieren vermochten. In diesen undurchbrechbaren Rahmen war denn auch die

Tradition und Moderne

ambivalente Kultur der Weimarer Republik hineingestellt: Auf der einen Seite näherte sich die politische und kulturelle Identität der Weimarer Republik unzweifelhaft den universal-demokratischen Werten und dem Lebensstil des „Westens" an. In der Ausgestaltung der Städte und ihrer sich allmählich herausbildenden „Massenkultur" hielt in den zwanziger Jahren die „Moderne" in Deutschland Einzug [U. a.: A. DOERING-MANTEUFFEL, Dimensionen von Amerikanisierung in der deutschen Gesellschaft, in: AfS 35 (1995), 1–34, hier v. a. 2–10; 296: A. LÜDTKE u. a. (Hrsg.), Amerikanisierung; 310: A. v. SALDERN (Hrsg.), Stadt und Moderne; 311: TH. J. SAUNDERS, Hollywood; kritisch: K. CH. FÜHRER, Auf dem Weg zur „Massenkultur"?, in: HZ 262 (1996), 739–781]. Auf der anderen Seite stand dieser Entwicklung das Beharren auf einem spezifisch „deutschen" Weg in die Moderne entgegen, verbunden mit Antiuniversalismus, Antiamerikanismus, Antiparlamentarismus und dem Bewußtsein eines national oder gar völkisch definierten kulturellen „Sonderwegs" [A. v. SALDERN, Überfremdungsängste, in 296: Amerikanisierung, 213–244, hier: 232–240]. Im politischen Bereich entsprach solcher „Ideologie des deutschen Weges" die Ablehnung des westlichen Demokratiemodells und seiner historisch-kulturellen Vermittlung [315: K. SONTHEIMER, Antidemokratisches Denken; 271: B. FAULENBACH, Ideologie].

Ein „deutscher Weg" in die Moderne?

In diesem ideengeschichtlichen Kontext entfaltete sich auch die Diskussion um die „Konservative Revolution" in Deutschland. In seiner klassischen Analyse hat A. MOHLER diese Strömung einerseits vom Nationalsozialismus scharf unterschieden, ihr andererseits einen im Grund antimodernistischen – gegen die Prinzipien der Französischen Revolution gerichteten – Gehalt zugewiesen [300: Konservative Revolution I, 10 f.]. In Anknüpfung an die Konservatismusstudien von P. KONDYLIS hat demgegenüber St. BREUER betont, daß die „Konservative Revolution" ein „Ensemble von Orientierungsversuchen und Suchbewegungen *in* der Moderne" selbst gewesen sei. Zwar hätte sie gegen deren von Aufklärung und Liberalismus geprägten Hauptstrom opponiert, sei dabei aber „so tief von dem für die Moderne typischen Voluntarismus und Ästhetizismus durchdrungen" worden, daß von einem Konservatismus „im historisch-spezifischen Sinn" keine Rede sein könne [266: Anatomie, 5]. BREUER plädiert daher dafür, den Begriff überhaupt fallenzulassen und durch die auf W. GURIAN zurückgehende Wortschöpfung des „neuen Nationalismus" zu ersetzen [266: 182].

Konservative Revolution

Zwar ist die Auffassung, bei den konservativ-revolutionären Tendenzen handle es sich um ein ausschließlich deutsches, mit der Sonderwegsideologie verknüpftes Phänomen, von BREUER selbst stark angezweifelt worden [266: 182]. Gleichwohl aber deuten die Ergebnisse der neueren Forschung auf eine für die Kultur der Weimarer Republik spezifische Annäherung an die Moderne hin. Vielleicht am prägnantesten bringt dies der Neologismus des „reaktionären Modernismus" auf den Begriff, mit dem J. HERF die „Aufladung" des deutschen Nationalismus durch die Welt, Symbolik und Zweck-Mittel-Relation der modernen Technik und Wissenschaft charakterisiert hat [281: Reactionary Modernism, v. a. 1–17]. Eine solche Indienstnahme und zugleich völkische Engführung moderner Wissenschaft und Technik für die Zwecke der Nation oder auch der „Rasse" läßt sich in den zwanziger Jahren durchgängig und in den unterschiedlichsten Disziplinen nachweisen.

„Reaktionärer Modernismus"

So bildete sich nach 1918 auch unter Naturwissenschaftlern ein teilweise neues Selbstverständnis heraus, das nicht nur auf die Neuorientierung der eigenen gesellschaftlichen Position zielte, sondern auch die wissenschaftlichen Grundlagen des Faches selbst betraf. Im besonderen galt dies für die (theoretische) Physik, deren „scientific community" sich zunehmend in Anhänger und Gegner des rationalistischen Kausalitätsprinzips spaltete [G. SCHIEMANN, Wer beeinflußte wen? Die Kausalitätskritik der Physik im Kontext der Weimarer Kultur, in 265: Intellektuelle, 351–370]. Erstere waren – wie Einstein – international zwar hochgeachtet, in Deutschland selbst aber stark angefeindet; letztere huldigten zunehmend einem Trend zum Irrationalismus und zur Akausalität und bereiteten damit der Auffassung von einer „deutschen Physik" den Weg [G. METZLER, „Welch ein deutscher Sieg!" Die Nobelpreise von 1919 im Spannungsfeld von Wissenschaft, Politik und Gesellschaft, in: VfZ 44 (1996), 173–200, hier 190–200].

Naturwissenschaften

In besonderem Maße erfuhren die Geistes- und Rechtswissenschaften während der zwanziger Jahre eine solche nationalistische Verengung ihres Referenzrahmens, worin sich ältere, v. a. im Ersten Weltkrieg aktualisierte Deutungsmuster fortsetzten. Mehrheitlich erkannten evangelische Theologen und Staatsrechtslehrer im „Volkstum" eine überpositive Ordnung, die jenseits der liberalen Verfassung bestand und ihr gegenüber Priorität besaß. In der Konsequenz mündete dies in eine fundamentale Delegitimierung der Weimarer Republik und ihrer Verfassung durch führende Vertreter der Theologie und der Staatsrechtslehre [316: K. TANNER, Verstaatlichung, v. a. 68–100, 205–220].

Theologie

Staatsrechtslehre

In vergleichbarer Weise erfolgte in den zwanziger Jahren die völkische Ideologisierung von Teilen der Geschichtswissenschaft, insbesondere der ethnisch orientierten Landesgeschichte. Dieser neuen Form von „Volksgeschichte" ist zwar aufgrund ihrer gesellschaftsgeschichtlichen Dimension ein methodisch innovatives Potential zugestanden worden;

Geschichtswissenschaft

doch fügte sie sich nahtlos in die völkisch-nationalistische Hybris ein, die einen Großteil der deutschen Wissenschaften erfaßte und sie für den „nationalen Aufbruch" von 1933 empfänglich machte [305: W. OBERKROME, Volksgeschichte, v. a. 22–101]. Nur beiläufig sei auf analoge Bestrebungen in der Kunst verwiesen wie etwa die Bestrebungen, eine „deutsche Musik" zu schaffen und sie gegen „musikbolschewistische" Trends abzugrenzen [285: E. JOHN, Musikbolschewismus, v. a. 172–178]. „Musikbolschewismus"

Mit Händen zu greifen ist der Prozeß der nationalistischen Verengung im Bereich der Geographie und der Geopolitik. Allzu lange hat sich die historiographische Beschäftigung mit der Entwicklung geopolitischen Denkens und „Lebensraum"-Plänen auf den Nationalsozialismus und Hitler selbst fokussiert. Die eigenständige Bedeutung und Wirkung, die der entsprechende Diskurs bereits in der politischen Kultur und der akademischen Welt der Weimarer Republik besaß, blieb demgegenüber weitgehend im Dunkeln. Zwei amerikanische Arbeiten haben jüngst schlüssig dargelegt, daß es vielmehr der Erste Weltkrieg war, der die entscheidenden Anstöße zur Entwicklung geopolitischen Denkens gab [280: G. H. HERB, Map, 13–33; 303: D. T. MURPHY, Heroic Earth, 14–17]. Das geopolitische Denken während der Weimarer Republik läßt sich denn auch keineswegs auf ein bestimmtes politisches Lager festlegen, seine Elemente finden sich nicht nur in völkischen und nationalistischen, sondern auch in sozialdemokratischen und republiktreuen Milieus. Entwicklung geopolitischen Denkens

Rassenbiologisch aufgeladen waren schließlich die Diskurse über Eugenik und Euthanasie, an der sich Ärzte und Naturwissenschaftler in besonderer Weise beteiligten [als biographisches Einzelbeispiel (Ottmar Frhr. v. Verschuer): N. LÖSCH, Zur Biologisierung rechtsintellektuellen Denkens in der Weimarer Republik, in 265: Intellektuelle, 333–350]. Bereits seit dem späten 19. Jahrhundert und während der Weimarer Republik waren sie in Wissenschaft und Öffentlichkeit präsent. So ist gezeigt worden, daß schon Ende der zwanziger Jahre die Diskussion eugenischer Themen wie z.B. die (Zwangs-)Sterilisation geistig Behinderter „aus dem Ghetto der Spezialisten in Medizin und Gesundheits- bzw. Bevölkerungspolitik ausbrach und in breiteren Schichten der Gesellschaft auf zunehmendes Interesse stieß" [J.-CH. KAISER/K. NOWAK/M. SCHWARTZ, Politische Biologie in Deutschland, Berlin 1992, XX]. Ähnliches galt für das Thema der „Euthanasie", das schon lange vor 1933 in wissenschaftlichen, medizinischen und kirchlichen Kreisen intensiv diskutiert wurde [M. SCHWARTZ, „Euthanasie"-Debatten in Deutschland (1895–1945), in: VfZ 46 (1998), S. 617–665]. Wie für den Diskurse über Eugenik und Euthanasie

Antisemitismus und die geopolitisch fundierten „Lebensraum"-Planungen gilt auch hier: Keine der vor 1933 formulierten Ideen und in Gang gesetzten Diskurse barg die Notwendigkeit ihrer Realisierung in sich, wenn auch das NS-Regime an bestehende Potentiale anknüpfen und sie für seine eigenen Zwecke in Anspruch nehmen konnte. Zugleich aber konstituierte die Etablierung der nationalsozialistischen Diktatur einen entscheidenden Bruch, den man weder monokausal erklären kann noch grundsätzlich relativieren sollte. Erst sie bildete die notwendige Bedingung dafür, daß Ideen, die bislang in der deutschen politischen Kultur zwar vorhanden, aber insgesamt noch deutlich minoritär waren, aufgenommen, radikalisiert und schließlich in die verbrecherische Tat umgesetzt werden konnten. Gleichwohl bestand hier ein enger Konnex mit dem Trend zur nationalistischen oder völkischen Engführung von Wissenschaft und Kunst, die als ein die Weimarer Kultur teilweise kennzeichnendes Spezifikum betrachtet werden muß.

Anknüpfung des NS-Regimes an bestehende Potentiale

Eine wichtige Voraussetzung hierfür bestand freilich darin, daß die Weimarer Republik aus der Niederlage geboren worden war. Anders als in den westeuropäischen Staaten verknüpfte sich in Deutschland die allgegenwärtige Kommemoration des Weltkrieges in unheilvoller Weise mit dem traumatischen Empfinden der nationalen Demütigung und der Ablehnung der als alliiertes Unrecht verurteilten Nachkriegsordnung. Tatsächlich ist es schwer vorstellbar, auf welchem Fundament der Weimarer Diskurs über den Ersten Weltkrieg hätte beruhen sollen, wenn nicht auf einer „verdrängten Niederlage". Die kategorische, alle politischen Lager der Weimarer Republik einende Zurückweisung des Art. 231 des Versailler Friedens beeinflußte die politische Kultur der Weimarer Republik zutiefst. Der Kampf gegen die sog. „Kriegsschuldlüge" belastete nicht nur die Gründungsphase der Weimarer Republik, sondern wurde auch in der Folgezeit, wie U. HEINEMANN und W. JÄGER gezeigt haben, auf allen Ebenen geführt: als parlamentarische „Haupt- und Staatsangelegenheit", als gesellschaftliche Initiative auf privater Vereinsbasis [279: HEINEMANN, Niederlage] sowie als wissenschaftlicher oder auch nur wissenschaftlich verbrämter Revisionsdiskurs [284: JÄGER, Historische Forschung]. Radikalpazifistische Stimmen, die von einer tatsächlichen (Haupt-)Schuld der Reichsleitung im Jahre 1914 ausgingen, stellten demgegenüber eine winzige Minderheit dar [270: H. DONAT, Friedensgesellschaft, v. a. 30–34].

Auseinandersetzung um die sog. „Kriegsschuldlüge"

Allerdings vermochten weder die Erfahrung des Krieges selbst noch die geschlossene Ablehnung seiner Ergebnisse die tiefe und langfristig wirkende Zerklüftung zu überwinden, welche die politische

Kultur in Deutschland schon seit dem 19. Jahrhundert kennzeichnete. Ein sprechendes Indiz hierfür war die politisch-soziale Sprache. Insbesondere die Gegner der Republik operierten mit einer Sprache, die Politik grundsätzlich in ein Freund-Feind-Muster zwängte [297: S. MARQUARDT, Polis, v. a. 274] Dem entsprach es, wenn die bürgerlichen Parteien ihre Anhängerschaft zu mobilisieren suchten, indem sie sich ganz überwiegend an die einzelnen „Berufsstände", vom Bauern bis zum Beamten, richteten [TH. CHILDERS, The Social Language of Politics in Germany: The Sociology of Political Discourse in the Weimar Republic, in: AHR 95 (1990), 331–358.]. In zumindest partieller Kontinuität zum Kaiserreich wies die politische Kultur der Weimarer Republik mithin eine fortbestehende Fragmentierung auf: „unterschiedlich strukturierte und im politisch-kulturellen Habitus divergierende politische Teilkulturen", die in einem von 1986 bis 1989 durchgeführten Berliner Forschungsprojekt identifiziert und analysiert wurden [291: D. LEHNERT/K. MEGERLE, Identitäts- und Konsensprobleme, hier 89]. Die Besonderheit der Weimarer politischen Kultur erblicken die Autoren dabei nicht in der bloßen Existenz solcher Teilkulturen, sondern darin, daß es zwischen ihnen weder zu einer bestandsfähigen Bündnisformation noch zu einer dichotomischen Lagerstruktur gekommen sei. Während z. B. im Kaiserreich „das dominante Machtkartell in Preußen-Deutschland eine relative Stabilität des politischen Systems" ermöglicht hätte, sei die politische Kultur der Weimarer Republik von ihrer durchgehend fragmentierten Struktur gekennzeichnet gewesen [291: 84; 292: DIES. (Hrsg.), Identität, die Einleitung der Herausgeber, 14–22; DIES. (Hrsg.), Teilkulturen, die Einleitung der Herausgeber, 10–13].

Fragmentierung der politischen Kultur

Zweifellos besitzt das Konzept der fragmentierten Teilkulturen ein erhebliches Erklärungspotential für den Mangel an politischem Konsens, der die Weimarer Republik in so schwerwiegender Weise beeinträchtigt hat. Ergänzen läßt es sich durch das von K. ROHE vertretene Modell eines „Dreilagersystems", das sich im Kaiserreich aus Sozialdemokratie, Katholizismus und nationalem Lager etabliert und in der Weimarer Republik fortgesetzt habe [309: Wahlen, 121–140]. Beide Konzepte bauen indes auf der schon älteren, in den sechziger Jahren v. a. von R. M. LEPSIUS getroffenen Feststellung auf, daß die „sozialmoralischen" Milieus und politischen Lager seit ihrer Ausprägung im Kaiserreich bis zum Ende der Weimarer Republik sich durch eine überaus hohe Stabilität, ja nachgerade durch eine „Versäulung" (DAHRENDORF) auszeichneten [294: LEPSIUS, Parteisystem; R. DAHRENDORF, Gesellschaft und Demokratie in Deutschland, München 1965, 134–

ROHE: Modell eines „Dreilagersystems"

144]. Daß zwischen dem Rekurs auf „sozialmoralische Milieus" und der Erforschung der „politischen Kultur" ein enger Zusammenhang besteht, wird spätestens dann deutlich, wenn sich letztere den konkreten historischen Ausformungen ihres Gegenstandes annähert. In dem Maße, wie es um die historische Erforschung konkreter, z. T. regionaler politischer Kulturen geht, ist denn auch die Kategorie des Milieus seit den achtziger Jahren mehr und mehr aufgenommen worden [Überblick von F. WALTER/H. MATTHIESEN, Milieus in der modernen deutschen Gesellschaftsgeschichte. Ergebnisse und Perspektiven der Forschung, in 312: Anpassung, 46–75, hier v. a. 46–60].

Bereits LEPSIUS strich die besondere, wahlstatistisch nachzuweisende Stabilität des katholischen und des sozialistischen Milieus heraus [294: Parteiensystem, 34 f.]. Dem entspricht es, wenn sich die neuere Forschung eingehend mit den sozialdemokratischen und katholischen Vereinen und Vorfeldorganisationen als den herausragenden und milieuspezifischen Trägern politischer Kultur befaßt hat. Mit besonderer Intensität ist die sozialdemokratische Arbeiterkulturbewegung in ihren verschiedenen Facetten eingehend untersucht worden [zusammenfassend: 290: D. LANGEWIESCHE, Politik]. Insgesamt dominierte in diesen Studien die Auffassung, die sozialdemokratischen Vorfeldorganisationen hätten ihren Höhepunkt während der „negativen Integration" (D. GROH) im Kaiserreich besessen; in der Weimarer Republik, nach dem Ende der kulturellen Ausgrenzung und unter dem Trend zur klassenübergreifenden Massenkultur, sei dagegen ihre allmähliche Erosion erfolgt. Diese Sicht der Dinge ist jüngst auf der Basis eines großangelegten Göttinger Forschungsprojektes über „Solidargemeinschaft und Milieu: Sozialistische Kultur- und Freizeitorganisationen in der Weimarer Republik" nachhaltig bestritten worden: Entgegen der herkömmlichen Meinung sei es in der Weimarer Republik keineswegs zum Zerfall der sozialdemokratischen Milieuorganisationen gekommen, sondern im Gegenteil zu einem neuen, zumindest quantitativen Höhepunkt einer klassenorientierten, in der Tradition der „negativen Integration" verharrenden Solidargemeinschaft [295: P. LÖSCHE/F. WALTER, Organisationskultur]. Empirisch untermauert wird diese These durch umfangreiche Studien zu den sozialistischen Akademiker-, Gesundheits- und Freidenkerorganisationen sowie zur Arbeitersänger- und Volksbühnenbewegung [318: F. WALTER, Sozialistische Akademiker- und Intellektuellenorganisationen; 319: DERS./V. DENECKE/C. REGIN, Gesundheits- und Lebensreformverbände; 288: D. KLENKE/P. LILJE/ F. WALTER, Arbeitersänger und Volksbühnen; 278: S. HEIMANN/F. WALTER, Religiöse Sozialisten].

5. Politische Kultur und „sozialmoralische Milieus" 91

Ähnliches gilt für das andere „klassische" sozialmoralische Milieu, den Katholizismus. Die Forschung dokumentiert die feste Verankerung der katholischen Soziallehre sowie das damit korrespondierende pragmatische Verhältnis des Weimarer Katholizismus zur neuen Republik. Zumindest gilt dies bis Ende der zwanziger Jahre, als der allgemein zu verzeichnende Rechtsruck unter den nichtsozialistischen Parteien und Teilkulturen auch vor dem Katholizismus nicht Halt machte und hier z. B. eine deutliche Aufwertung des Reichsgedankens bewirkte [267: K. BREUNING, Vision des Reiches, 16, 67–131]. Inwieweit sich damit möglicherweise eine Vorstufe zur überraschend schnellen Anpassung der katholischen Amtskirche in Deutschland nach dem 30. Januar 1933 abzeichnete, ist eine umstrittene Frage. Bereits Anfang der 1960er Jahre entstand sie im Kontext der großen und überaus polemisch geführten Auseinandersetzung um E.-W. BÖCKENFÖRDES „kritische Betrachtung" über den „deutschen Katholizismus im Jahre 1933" [in: Hochland 53 (1960/61), 215–239]. Im Grunde ist diese Debatte bis heute nicht verstummt [C. RAUH-KÜHNE, Anpassung und Widerstand? Kritische Bemerkungen zur Erforschung des katholischen Milieus, in 312: Anpassung, 145–163, hier 150 f.]. Auch wenn es weiterer Forschungen bedarf, so steht doch außer Zweifel, daß sich die republiktreuen, links- und sozialkatholischen Tendenzen am Ende der Weimarer Republik innerhalb ihrer Teilkultur in der Minderheit befanden [314: TH. SEITERICH-KREUZKAMP, Walter Dirks, 336–351; 262: A. BAUMGARTNER, Sehnsucht]. Krisenhaft verlief auch die Entwicklung des katholischen „Volksvereins", der in der Weimarer Republik nicht mehr an die breitflächigen Erfolge der Vorkriegszeit anknüpfen konnte. Über seine Organisationsstruktur, Mitgliederschaft, seine staatspolitische Schulungsarbeit, die sich gegen politischen Radikalismus von links wie von rechts wandte, aber auch um seinen durchaus umstrittenen Ort innerhalb des organisierten Katholizismus sind wir durch neuere Studien auf breiter Quellengrundlage gut informiert [287: G. KLEIN, Volksverein; 275: D. GROTHMANN, „Verein"; 302: D. H. MÜLLER, Arbeiter].

Andere Arbeiten haben sich vor allem darum bemüht, die sozialen, organisatorischen und kulturellen „Strukturdimensionen" der jeweiligen Milieus konkret, d. h. „am Ort", zu erforschen. Tatsächlich erfordert eine solche Gesellschafts- und Erfahrungsgeschichte „von unten" mehr oder minder zwingend die Analyse der Milieus in Form von verdichteten Regional- und Lokalstudien [307: C. RAUH-KÜHNE, Milieu; 289: CHR. KÖSTERS, Katholische Verbände, v. a. 69–150; 276: C. HAFFERT, Arbeitervereine; 283: W. JÄGER, Bergarbeitermilieus]. Die

Katholisches Milieu

Pragmatische Haltung des Katholizismus zur Weimarer Republik

Republiktreue Kräfte als Minderheit

Regional- und Lokalstudien

Schwierigkeit solcher Arbeiten liegt in der Regel darin, eine eher additive Aneinanderreihung einzelner analytisch herausgearbeiteter Elemente zu vermeiden und den Hiatus zwischen sozialökonomischen Strukturen und erfahrungsgeschichtlich faßbaren Bewußtseinsformen hermeneutisch zu schließen.

Deutlich ist allerdings gezeigt worden, daß die Ablehnung des Nationalsozialismus keinesfalls immer auf einer Zustimmung zu Demokratie und Pluralismus beruhte. So erschwerte die grundsätzlich antibolschewistische und antisozialistische Stoßrichtung der katholischen Milieuorganisationen im westdeutschen Raum nach 1930 die klare Kennung des Nationalsozialismus als Hauptgefahr [276: C. HAFFERT, Arbeitervereine, 146–154; 283: W. JÄGER, Bergarbeitermilieus, 200–203; 302: D. H. MÜLLER, Arbeiter, 264–274]. Insgesamt ist eine doppelte politische Wirkung des katholischen Milieus festzustellen: Die starke Tendenz zur inneren Abschließung konnte einerseits dem hegemonialen Anspruch des Nationalsozialismus trotzen, tendierte aber andererseits zur Ablehnung der liberalen Demokratie und des pluralistischen Parlamentarismus [320: S. WEICHLEIN, Sozialmilieus, 316f.].

Es ist eine weitgehend akzeptierte Auffassung, daß die übrigen politischen Teilkulturen der Weimarer Republik, was Kohärenz und Organisationsdichte betrifft, keine der Sozialdemokratie und dem Katholizismus vergleichbare milieuhafte Vernetzung aufwiesen. Im wesentlichen werden zwei historische Gründe dafür verantwortlich gemacht: Erstens hatten protestantisches Bürgertum und Aristokratie im Kaiserreich eine „kulturelle Hegemonie" ausgeübt. Als „nationales Lager" (ROHE) hatten sie am Establishment partizipiert und waren infolgedessen nicht auf kompensatorische, „negative" Milieuintegration angewiesen, die in die Weimarer Republik hätte fortwirken können. Zweitens aber bestand innerhalb dieser kulturell dominierenden Schichten die traditionelle politisch-ideologische Dichotomie zwischen Konservativismus und Liberalismus fort, dadurch wurde die milieuspezifische kulturelle Integration erschwert.

Erschwerte milieuspezifische Integration von Konservativismus und Liberalismus

Der sozial- und kulturgeschichtlichen Unschärfe des Gegenstandes entspricht es, wenn auch der Forschungsstand nicht die gleiche Dichte aufweist, wie dies in bezug auf die sozialdemokratischen und katholischen Teilkulturen der Fall ist. Bereits die Erforschung der evangelischen Kirche(n) weist Defizite auf. Allzu sehr als Vorgeschichte des Jahres 1933 konzipiert ist der erste Band von SCHOLDERS unvollendet gebliebenem Werk zur Lage der Kirchen unter dem Nationalsozialismus, der überdies von einem explizit barthianischen und

Evangelische Kirche

damit zur Einseitigkeit tendierenden Standpunkt aus geschrieben ist [313: K. SCHOLDER, Kirchen I]. Zwar hat K. NOWAK mit seiner ausgewogenen Synthese ein unentbehrliches Standardwerk geliefert [304: Evangelische Kirche]; und auch für die revolutionäre Umbruchszeit [66: J. JACKE, Kirche], die politische Haltung der evangelischen Kirchenführer [321: J. WRIGHT, „Über den Parteien"] sowie für die Hauptströmungen in der evangelischen Pfarrerschaft [269: K.-W. DAHM, Pfarrer] liegen gründliche Studien vor. Indes nehmen alle diese Arbeiten eine Makroperspektive ein und behandeln die Probleme der evangelischen Kirche lediglich an ihrer Spitze. Viel zu wenig wissen wir dagegen von der mittleren und der parochialen Ebene, der Entwicklung in den einzelnen Landeskirchen und der protestantischen „Mentalität" in der Weimarer Republik. Auch moderne Aktenpublikationen liegen aus dem Bereich der evangelischen Kirche kaum vor. Und es gibt bislang so gut wie keine Lokal- und Regionalstudien, die – in Analogie zu den genannten Arbeiten – die protestantischen Milieuorganisationen und ihre politische Kultur ins Visier nähmen. Am nächsten kommt diesem Postulat noch die Arbeit von W. PYTA über die Interdependenz zwischen ländlich-protestantischem Milieu und Parteiensystem [306: Dorfgemeinschaft; auch 112: H. MÖLLER, Parlamentarismus, 298–301]. Allerdings liefert PYTA ganz bewußt keine Regionalstudie. Indem er Befunde aus ländlich-protestantischen Gemeinden bis 2000 Einwohner in ganz Deutschland synthetisiert, konstruiert er vielmehr den Idealtyp eines nationalen Milieus. Und er kann zeigen, wie es der NSDAP Anfang der dreißiger Jahre auf dem Land gelang, dadurch zur protestantischen „Milieupartei" zu werden, daß sie gezielt und erfolgreich die ländlichen Eliten und dörflichen „Meinungsführer" umwarb [306: Dorfgemeinschaft, 324–432].

Defizite in der Erforschung der protestantischen politischen Kultur

NSDAP als protestantische „Milieupartei" auf dem Land

Diese wenigen Ergebnisse können indes nicht verdecken, daß wir insgesamt noch viel zu wenig wissen über das protestantische Milieu und seine politische Kultur. Desiderata betreffen etwa die bürgerlich dominierte Kommunalpolitik während der Weimarer Republik, bürgerliches Vereinsleben, bürgerliche Lokal- und Verbandspresse sowie ganz allgemein über die Mechanismen politischer Willensbildung innerhalb des (protestantischen) Bürgertums [vorläufig: 272: P. FRITZSCHE, Rehearsals (Niedersachsen); 298: H. MATTHIESEN, Bürgertum]. Möglicherweise legen weitere Detailforschungen ein vergleichbar dichtes Netz von bürgerlichen Vereinen und Kulturorganisationen frei wie in den anderen Milieus auch, hier freilich unterhalb der Ebene einer Milieupartei und ohne deren exklusiven politischen Vertretungsanspruch [F. WALTER/ H. MATTHIESEN, Milieus, in 312: Anpassung, 58 f.]

Der Zugriff dürfte allerdings dadurch erschwert sein, daß sich das Bürgertum mit Beginn des 20. Jahrhunderts sozialgeschichtlich allmählich aufzulösen begann [301: H. MOMMSEN, Auflösung], was u. a. zur Folge hatte, daß die „sozialmoralische" Bindekraft (protestantisch-) bürgerlicher Milieus in der Weimarer Republik zurückging. Zwar wird diese bislang eher pauschal akzeptierte These künftig noch eingehender empirisch zu überprüfen sein, zumal es offenkundig auch gegenläufige Trends gab [308: D. v. REEKEN, Ostfriesland]. Tatsache bleibt jedoch, daß sich das Bürgertum als soziale Schicht seit der Jahrhundertwende zunehmend ausdifferenzierte und daher als sozial-, aber auch kulturgeschichtlicher Forschungsgegenstand schwer zu fassen ist [Forschungsüberblick bei: 299: H. MÖLLER, Bürgertum].

„Auflösung" des Bürgertums als soziale Schicht

Auch auf andere gesellschaftliche und kulturelle Gruppen in der Weimarer Republik treffen die Merkmale milieuspezifischer Vernetzung zumindest teilweise zu. Dies gilt z. B. für das deutsche Judentum, dessen Geschichte in der Weimarer Republik in einem eigenen Band dieser Reihe abgehandelt wird [322: M. ZIMMERMANN, Juden 1914–1945, 9–46, 89–118; zuletzt: 263: W. BENZ/A. PAUCKER/P. PULZER (Hrsg.), Jüdisches Leben]. Ein zunehmend wichtiger Gegenstand der neueren Weimar-Historiographie ist darüber hinaus die Geschichte der Frauen, die freilich weder eine soziale Gruppe noch ein geschlossenes „Milieu" bildeten. Aber mit ihren rund 230 Einzelorganisationen ist etwa die bürgerliche „Frauenbewegung" [274: B. GREVEN-ASCHOFF, Frauenbewegung; 282: K. HÖNIG, Bund Deutscher Frauenvereine] ein wichtiger Faktor der inneren Entwicklung der Weimarer Republik gewesen. Nun kann an dieser Stelle nicht grundsätzlich auf Für und Wider einer Perspektive eingegangen werden, die das Geschlecht zum hauptsächlichen oder gar ausschließlichen Ausgangspunkt historischen Fragens und damit die „Frauengeschichte" zur Integrationswissenschaft zu machen beansprucht. Daneben aber erhebt die historische Frauenforschung eine Reihe zentraler Aspekte zum historischen Gegenstand, die für nicht wenige Fragen der Sozial- und Mentalitätsgeschichte der Weimarer Republik von Bedeutung sind.

Deutsches Judentum

Geschichte der Frauen

Bedeutung der Frauenforschung für die Sozial- und Mentalitätsgeschichte

Trotz im einzelnen sehr heterogener Untersuchungsgegenstände und methodischer Zugriffsweisen arbeiten alle diese Forschungen [stellvertretend: 317: C. USBORNE, Frauenkörper; 268: R. BRIDENTHAL/ A. GROSSMANN/M. KAPLAN (Hrsg.), Women in Weimar; 277: K. HAGEMANN, Frauenalltag; 79: S. ROUETTE, Sozialpolitik] die durchgehende Ambivalenz heraus, welche die soziale und kulturelle Stellung der Frauen während der Weimarer Republik bestimmte: Reformierte rechtliche Rahmenbedingungen, ein tiefgreifender kultureller Wandel und

Ambivalenz der Stellung der Frauen in der Weimarer Republik

Umbruch der Mentalitäten sowie eine Vielzahl neuer Chancen trafen auf starke traditionalistische Vorbehalte und neue Gegenbewegungen. Entsprechend schwankte die Stellung der Frauen zwischen Privilegierung und Diskriminierung, zwischen Emanzipation und neuer Unterordnung. In eher unspektakulärer Weise wird die Geschichte der Frauen damit zur abhängigen Variablen jener schon mehrfach konstatierten fundamentalen Zweideutigkeit, welche die Zwischenkriegszeit und die Weimarer Republik im allgemeinen als „Krisenzeit der klassischen Moderne" ausweisen.

Zweifellos hat die Erforschung der Weimarer politischen Kultur, der „sozialmoralischen" Milieus, ihrer sozialen Fundierung und ihrer Deutungsmuster in den letzten zwei Jahrzehnten bemerkenswerte Fortschritte gemacht. Über die gesellschaftsgeschichtliche und politisch-kulturelle Dimension der Krise wissen wir daher heute mehr denn je. Zwar werden künftige Forschungen zu Recht weiterhin daran arbeiten, die nach wie vor bestehenden weißen Flecken auf der gesellschaftsgeschichtlichen Landkarte der Weimarer Zeit zu kolorieren. Zugleich aber stellt sich die Frage, ob dies nicht auch eine gewisse Gefahr des Additiven, des unverbundenen Nebeneinanderstehens offenbart. Demgegenüber besteht eine wichtige Aufgabe darin, die Vielzahl der z.T. disparaten Einzelergebnisse zu inventarisieren und zu neuen Synthesen vorzustoßen. Darüber hinaus gilt es aber auch, die analytisch-interpretatorische Verbindung zwischen der zunehmend präzise rekonstruierten politischen Kultur und dem Handeln der politischen Akteure selbst herzustellen. Die historische Analyse der Parteien, Fraktionen und Koalitionen ist überwiegend eine Frucht der sechziger und siebziger Jahre gewesen. Sie stand unter der bohrenden Frage nach den Gründen für das Scheitern der Weimarer Republik. Wenn diese Analyse heute wieder aufgenommen und fortgeführt wird, so sollte sie das Verhaftetsein der politischen Akteure in ihre jeweiligen überindividuellen Milieus, Mentalitäten und kulturellen Deutungsmuster herausarbeiten.

6. Die Republik und ihre Feinde: politischer Extremismus und Verfassungsschutz

In der Geschichte der Weimarer Republik gehört es zu den Grundtatsachen, daß sich die Demokratie von Beginn an ihrer Gegner zu erwehren hatte und daß die grundsätzliche und unversöhnliche Feindschaft gegenüber der Republik, einer Zangenbewegung gleich, von der extremen Linken wie der extremen Rechten kam. Innerhalb des Parteiensystems gab es mit der KPD und der DAP (seit 1920 NSDAP) zwei echte Neugründungen, Parteien „neuen Typs", die jeweils eine parteigewordene Kampfansage gegen die Republik verkörperten. Es ist daher leicht einzusehen, daß ihre Erforschung lange Zeit deutlich politische Implikationen besaß, je nach dem, wo eine größere oder geringere „Schuld" am Zusammenbruch der Weimarer Republik und an der Installation des Hitler-Regimes diagnostiziert bzw. vermutet wurde. Im besonderen gilt dies für die Geschichtsschreibung über den Kommunismus, die bis 1989 durch das Gegenüber zwischen SED-offizieller und unabhängiger Forschung geprägt war. Dabei steht außer Frage, daß die Arbeiten von

Arbeiten der DDR-Wissenschaft

Autoren der früheren DDR aufgrund ihres bis 1989 privilegierten Quellenzugangs häufig interessante und wichtige Einzelbeobachtungen zu Tage gefördert haben. Aber ihr Informationswert wurde durch die ideologisch-legitimatorische Funktion der DDR-Geschichtswissenschaft beeinträchtigt oder gar völlig zunichte gemacht. Die Rolle der KPD wurde meist in weit überproportionaler Weise hervorgehoben, heroisiert und als einzig legitimer und wahrhaftiger Gegenpol zu „Faschismus" und Nationalsozialismus ideologisiert. Nicht in die „Linie" passende Ereignisse und Personen wurden dagegen aus der Geschichte „wegretuschiert". Im Ergebnis bewirkte dies eine einseitige Auswahl bzw. Interpretation der Quellen sowie die fragwürdige Herauslösung des Gegenstandes aus seinem zeitbedingten politisch-sozialen Umfeld und seinem konkreten historischen Zusammenhang [379: H. WEBER, Kommunismus, 6–18].

Geschichte der KPD

Die bedeutendste Gesamtdarstellung der Geschichte der KPD in der Weimarer Republik, die bereits 1948 veröffentlicht wurde, stammt von O. K. FLECHTHEIM [337: KPD]. Sie hat bis heute ihre Aktualität nicht eingebüßt, wenn auch jetzt mit den entsprechenden Abschnitten von H. A. WINKLERs Geschichte der Arbeiterbewegung in der Weimarer Republik eine materialreiche und ausgewogene, die Einzelforschung souverän verarbeitende Synthese vorliegt [v. a. 53: Revolution, 114–133, 502–549; 54: Schein, 417–465, 661–697; 55: Weg, 595–604]. Darüber hinaus hat E. D. WEITZ in seiner weitausholenden Geschichte des deutschen Kommunismus die KPD der Weimarer Republik in eine längerfristige Perspektive gestellt [382: German Communism].

Die Einzelforschung hat sich im wesentlichen an den klar unterscheidbaren Phasen der KPD-Geschichte orientiert. So hat H. WEBER in seiner Edition und Einleitung zum Gründungsparteitag dokumentiert, aus welch heterogenen Kräften sich die KPD in ihrer Frühphase

6. Politischer Extremismus und Verfassungsschutz 97

zusammensetzte [31: H. WEBER (Hrsg.), Gründungsparteitag der KPD, v. a. 34–48]. Und H.-M. BOCK erforschte in seiner gründlichen, 1969 erstmals erschienenen Studie die syndikalistischen und linkskommunistischen Strömungen, die auf der äußersten Linken mit dem Spartakismus und dem moskau-orientierten Kommunismus konkurrierten. Da sie sich der Unterordnung unter einen straff organisierten und zentralisierten Parteiapparat verweigerten, wurden sie im Oktober 1919 auf dem Heidelberger Parteitag der KPD von der Zentrale um Paul Levi aus der Partei gedrängt [330: Syndikalismus, 139–144]. Zur Massenpartei wurde die KPD freilich erst infolge der Spaltung der USPD, für welche die Anerkennung der 21 Bedingungen der Kommunistischen Internationale zur Zerreißprobe wurde [383: R. F. WHEELER, USPD, v. a. 213–258]. Mit dem Beitritt des linken USPD-Flügels zur KPD, in dem nicht zuletzt die Enttäuschung über die „revolution manquée" des Jahres 1919 zum Ausdruck kam [386: A. WIRSCHING, Weltkrieg, 107–111], wurde der Kommunismus zu einem bedeutsamen innenpolitischen Faktor. Heterogenität der KPD in der Frühphase

KPD als Massenpartei

Die darauffolgende Phase kennzeichnete die in Berlin wie in Moskau vertretene Auffassung, Deutschland befinde sich in einer akut revolutionären Situation. Diese „Kampfzeit" der KPD, mit ihren „Höhepunkten" der „Märzaktion" von 1921 und dem Oktoberaufstand von 1923 ist durch W. T. ANGRESS und S. KOCH-BAUMGARTEN eingehend analysiert worden [326: W. T. ANGRESS, Kampfzeit der KPD; 352: S. KOCH-BAUMGARTEN, Aufstand der Avantgarde]. Die spannungsvolle, z. T. auch selbstzerstörerische Dialektik zwischen Kommunistischer Internationale, nationaler Parteiführung und Parteibasis, der bereits die frühe KPD ausgesetzt war, kommt in diesen Arbeiten ebenso deutlich zum Ausdruck wie in L. PETERSONs umfassender Untersuchung über die Praxis der kommunistischen Einheitsfronttaktik im westdeutschen Raum [369: German Communism]. „Kampfzeit" der KPD

Nach dem Scheitern des „deutschen Oktober" von 1923 trat die KPD in eine neue Phase ein. In seinem Opus magnum von 1969 hat H. WEBER, der Nestor der westdeutschen Kommunismus-Historiographie, den Prozeß der „Stalinisierung" von 1924 bis 1928 präzise analysiert und seine Mechanismen sowohl auf prosopographischer als auch parteiorganisatorischer Ebene gültig dargestellt [379: H. WEBER, Wandlung]. Demgegenüber bleibt die These H. WEBERS umstritten, wonach erst die „Stalinisierung" der KPD seit 1924 eine „demokratische" Variante des deutschen Kommunismus verschüttet habe, die ansonsten „erhebliche Chancen" besessen hätte [379: Wandlung I, 13; zur Kritik: 385: WIRSCHING, „Stalinisierung", 462–465]. Prozeß der „Stalinisierung" 1924 bis 1928

Nach wie vor besteht ein sozialgeschichtliches Defizit in der Historiographie über die KPD, ein Memento, das u. a. an der Wurzel der sozialgeschichtlichen Synthese von K.-M. MALLMANN liegt [361: Kommunisten]. Zwar enthält MALLMANNs Arbeit eine Fülle wichtiger Details über die Sozialgeschichte der Weimarer KPD. Problematisch bleibt aber seine vor allem gegen H. WEBER gerichtete These, im „Milieu", an der Basis der KPD hätte die Disziplinierung durch die Komintern und den Funktionärsapparat der Partei keine wirklich relevante Rolle gespielt; vielmehr habe die Parteibasis über eine „relative Autonomie" verfügt und sei in vielfältiger Weise mit der Sozialdemokratie verbunden geblieben [vgl. zur Kritik: 385: A. WIRSCHING, „Stalinisierung", 453–461]

Sozialgeschichte der Kommunisten

Noch weitaus mehr, als dies für die Frühzeit des deutschen Kommunismus gilt, war auch die extreme Rechte nach 1918 zunächst in eine Vielzahl kleinerer und untereinander konkurrierender Gruppierungen und Strömungen zersplittert. In der Erforschung der quellenmäßig meist nur schwer zu fassenden Geheimbünde der frühen Weimarer Republik ist v. a. M. SABROW ein entscheidender Fortschritt gelungen. Auf der Basis der im Moskauer „Sonderarchiv" aufgefundenen Akten des Oberreichsanwaltes im Mordfall Rathenau hat SABROW die berüchtigtste der Geheimorganisationen, die „Organisation Consul", historiographisch gleichsam „seziert", deren Mordkomplott gegen Walther Rathenau auch in Details offengelegt und darüber hinaus die Existenz einer weitverzweigten Verschwörung gegen die Weimarer Republik nachgewiesen [373: Rathenaumord].

Extreme Rechte

Geheimbünde

Organisation Consul

Sowohl die Analyse der Organisation Consul als auch anderer Vereinigungen der extremen Rechten offenbart die starke Verbreitung antisemitischen Gedankengutes in den Kreisen der Putschisten [373: Rathenaumord, 114–117; 354: B. KRUPPA, Rechtsradikalismus, 99–112]. Gleichwohl sollte zwischen Putschismus und Wehrverbandsgedanken einerseits und völkisch-antisemitischer Ideologie andererseits analytisch unterschieden werden, womit bereits die Vorgeschichte des Nationalsozialismus tangiert ist. Zunächst unabhängig vom gegenrevolutionären Impetus hatte der völkische Antisemitismus bereits seit 1912 und dann vor allem gegen Ende des Ersten Weltkriegs einen enormen Aufschwung erfahren [347: W. JOCHMANN, Ausbreitung]. Und noch vor Waffenstillstand und Revolution rief der Alldeutsche Verband den Antisemitismus gleichsam als nationale Sammlungsideologie aus [347: 120]. Sie konnte in der Folgezeit, so argumentiert JOCHMANN, nicht nur im Klein-, sondern auch im Besitz- und Bildungsbürgertum ihre soziale Basis verbreitern und zum politischen Faktor in der frühen Weimarer

Verbreiteter Antisemitismus

Republik werden [347: 106]. Bestätigt wird diese These durch die Geschichte des Deutschvölkischen Schutz- und Trutzbundes (DSTB), des 1919 gegründeten Dachverbandes der Völkischen, die dank der Studie von U. LOHALM gründlich erforscht ist [359: Völkischer Radikalismus]. LOHALMs Ergebnisse deuten darauf hin, daß der nationalsozialistische Rassenantisemitismus keineswegs ein isoliertes Phänomen war und sich sein Aufstieg nicht allein auf die Krisensituation seit 1929/30 zurückführen läßt. Vielmehr sieht LOHALM im DSTB, der auf seinem Höhepunkt 200 000 Mitglieder zählte [359: 90], den ersten Versuch, den Antisemitismus in Deutschland in großem Stil zu organisieren. Innerhalb eines antisemitischen Kontinuitätsbogens, der sich von der „Ideologisierung" am Ende des 19. Jahrhunderts, über die „Organisierung" bis hin zur „Realisierung" durch das NS-Regime spannte, spielte so der DSTB laut LOHALM eine entscheidende Rolle: Seine Funktionäre und Mitglieder waren „Schrittmacher des Dritten Reiches" [359: 330–333]. Dies entspricht der älteren, von einer längerfristigen Perspektive aus argumentierenden Auffassung, die G. L. MOSSE bereits 1964 in seinem seitdem mehrfach neu aufgelegten Buch über die „Crisis of the German Ideology" vertreten hat. Auch MOSSE erkennt in der völkisch-antisemitischen Ideologie seit dem späten 19. Jahrhundert eine Kontinuität der Ideen und Vorurteile. Nach dem verlorenen Weltkrieg wurde sie besonders virulent und lud sich mit einer revolutionären Mystik auf: Nur in Deutschland habe das völkische Denken den „Mystizismus" der Revolution „mit einem ganz bestimmten Inhalt gefüllt, der es Hitler ermöglichte, seine Revolution in Szene zu setzen"; Hitlers „deutsche Revolution" verkörperte demzufolge „genau jenen Idealismus der Tat, den die völkischen Denker immer propagiert hatten" [365: G. L. MOSSE, Völkische Revolution, 308].

Nun gehört die Diskussion über Kontinuität und Diskontinuität im deutschen Antisemitismus zu den schwierigsten und auch umstrittensten Problemen der deutschen Zeitgeschichte. Vor allem mangelt es noch an empirischen Studien zum Antisemitismus in der Weimarer Republik, insbesondere während ihrer Mittelphase, die seine gesellschaftliche Fundierung, seine Relevanz und Repräsentativität innerhalb der politischen Kultur im allgemeinen präziser zu beschreiben hätten, als dies bisher möglich ist. Darüber hinaus ist auch nach wie vor unklar, welche Rolle der Antisemitismus und die antijüdische Propaganda für den Aufstieg der NSDAP seit 1929/30 spielten. Die meisten Autoren, die dieser Frage auf regionaler Ebene nachgegangen sind, kommen zu der Erkenntnis, die nationalsozialistische Propaganda habe in der Durchbruchsphase seit 1930 das antisemitische Thema, häufig aus taktischen Gründen, eher zurückgestellt [O. HEILBRONNER, Where Did Nazi Anti-Semitism Disappear to? Anti-Semitic Propaganda and Ideologiy of the Nazi Party, 1929–1933, in: Yad Vashem Studies 21 (1991), 263–286]. Doch ergibt sich bei näherem Hinsehen gelegentlich ein anderes Bild wie z. B. in Berlin, wo das antisemitische Motiv in der nationalsozialistischen Propaganda auch nach 1930 deutlich nachweisbar ist [386: WIRSCHING, Weltkrieg, 462–467]. Und die neueste Studie zum Thema konstatiert ein durchgehend hohes Maß an Judenfeindschaft, sowohl von „unten" als auch – während der Regierung Papen – auf höchster Regierungsebene [378: D. WALTER, Antisemitische Kriminalität]. Insgesamt ist M. ZIMMERMANN zuzustimmen, der nach kritischer Abwägung der kontroversen Standpunkte die Auffassung vertritt: „Kontinuität im Antisemitismus war vorhanden, eine zur physischen Vernichtung der deutschen Juden führende Prädestination jedoch nicht" [322: Juden, 106].

In jedem Fall aber muß – dies hat der Abschnitt über die politische Kultur der Weimarer Republik deutlich gemacht – die Entstehungs- und Aufstiegsgeschichte des Nationalsozialismus eingebettet werden in den weiteren Kontext der deutschen Ideen-, Ideologie- und Gesellschaftsgeschichte [dazu schon 331: BRACHER, Deutsche Diktatur]. Für die Geschichte der Weimarer Republik bildet sie einen wichtigen und eigenständigen Untersuchungsgegenstand. Zur Organisationsgeschichte sind nach wie vor die Arbeiten von D. ORLOW [367: Nazi Party I] und W. HORN [343: Führerideologie], zum sozialen Profil dagegen die Strukturanalysen von M. KATER und D. MÜHLBERGER [348: KATER, Nazi Party; 366: MÜHLBERGER, Hitler's Followers. Den Forschungsstand zusammenfassend: 362: P. MANSTEIN, Wähler der NSDAP] unentbehrlich. Die Arbeiten von G. SCHULZ [374: Aufstieg des Nationalsozialismus] und M. BROSZAT [332: Machtergreifung] stellen den Aufstieg des Nationalsozialismus in den weiteren Kontext der Krisengeschichte der Weimarer Republik. G. PAUL analysiert die Propaganda der NSDAP vor 1933, wobei deutlich wird, daß deren Effizienz und Durchschlagskraft rückblickend häufig überschätzt werden [368: Aufstand].

Eingehend hat sich die Forschung natürlich mit der Frühgeschichte der NSDAP in München befaßt, ein Thema, das teilweise identisch ist mit der hier nicht näher zu behandelnden Biographie Hitlers zu dieser Zeit. Deutlich wird dabei zum einen die zunächst eher unspektakuläre Verwurzelung der frühen NSDAP im Münchner völkisch-antisemitischen Milieu [dazu zusammenfassend: H. AUERBACH, Hitlers politische Lehrjahre und die Münchener Gesellschaft 1919–1923, in: VfZ 25 (1977), 1–45; 357: D.C. LARGE, Hitlers München], zum anderen aber die von Beginn an herausgehobene Rolle Hitlers: Zum Teil gegen den Willen ihrer Mitglieder schmiedete Hitler die junge Partei zu einem Agitationsinstrument „neuen Typs" und steigerte ihren „Bekanntheitsgrad", indem er ebenso systematisch wie rücksichtslos zu den Methoden der Gewalt, des Terrors und des „Radaus" griff [377: A. TYRELL, „Trommler", v. a. 25–33; 343: W. HORN, Führerideologie, 88–98].

Diese erste Phase der Parteigeschichte kulminierte in dem gescheiterten Hitlerputsch vom 9. November 1923. Er markiert zugleich das Ende der Frühgeschichte der NSDAP, und auch wenn wichtige Quellenbestände vernichtet worden sind, gehört er doch zu den am besten dokumentierten und erforschten Episoden in der Geschichte Hitlers und der NSDAP [zuletzt: 10: Hitler-Prozeß 1924, Teil I, Einleitung v. L. GRUCHMANN; zur öffentlichen Reaktion: 327: B. ASMUSS, Republik ohne Chance?, 463–551]. Anders als es die spätere Parteimythologie wollte, handelte es sich bei dem Putschversuch keineswegs um einen souverän-vorausschauenden, kalkulierten Griff zur Macht. Vielmehr hat die Forschung gezeigt, daß der Putschversuch im Grunde jener immanenten und zugleich selbstzerstörerischen Logik entsprang, die der Propaganda grundsätzlich den Vorzug vor dem Programm gab und stets darauf zielte, die Leidenschaften auf Kosten politischer Rationalität aufzupeitschen [377: TYRELL, „Trommler", 150–165]. Der damit implizierte Zwang, die anderen politischen Kräfte und insbesondere die bayerische Rechtsregierung unter v. Kahr propagandistisch stets zu überbieten, setzte den Mechanismus in Gang, der zum 9. November führte.

Hitlerputsch als Zäsur

Über die frühe und die Organisationsgeschichte der NSDAP hinaus hat sich die Forschung naheliegenderweise für die sozialen Antriebskräfte des Nationalsozialismus als Massenbewegung interessiert, verspricht doch die Antwort auf diese Frage auch wichtige Einsichten in die gesellschaftliche Verfaßtheit der Weimarer Republik. Aus diesem Interesse resultieren im wesentlichen drei Zugriffsweisen und Forschungsschwerpunkte, die heute – komplementär aufeinander bezogen – ein recht differenziertes Gesamtbild über den Aufstieg der NSDAP ergeben: Erstens hat schon die Zeitgenossen interessiert, aus welchem Wählerreservoir die NSDAP ihre Zustimmung schöpfte (1); damit zusammenhängend, ist zweitens danach gefragt worden, welche sozialen Gruppen aus welchen Gründen für die nationalsozialistische Propaganda besonders empfänglich waren (2). Beide Aspekte lassen sich schließlich drittens in verdichteter Form durch Lokal- oder Regionalstudien verknüpfen, von denen mittlerweile eine Vielzahl vorliegt (3).

Soziale Antriebskräfte des Nationalsozialismus

(1) Die seit 1930 beispiellosen Erfolge der NSDAP bei Reichstags-, Landtags- und Kommunalwahlen stellen eine notwendige Voraussetzung für die Zerstörung der Weimarer Republik und für Hitlers „Machtergreifung" dar. Der aktuelle Forschungsstand hierzu beruht im wesentlichen auf drei großen, in den siebziger und achtziger Jahren entstandenen Studien, die allesamt die älteren Thesen deutlich modifizieren und korrigieren [333: TH. CHILDERS, Nazi Voter; 341: R. F. HAMILTON, Who Voted for Hitler; 336: J. FALTER, Hitlers Wähler]. Als Ergebnis steht fest, daß die NSDAP von allen Schichten der Bevölkerung gewählt wurde. In weitaus höherem Maße, als man gemeinhin angenommen hatte, gilt dies auch für Angehörige der wohlhabenden Oberschichten [341: HAMILTON, Who Voted for Hitler, 82–90, 110–119, 220–228]. Tatsächlich aber erzielte die NSDAP 1930–1932 auch unter den Arbeitern erhebliche numerische Zustimmung, in überdurchschnittlicher Weise unter den Landarbeitern, weniger dagegen unter Industriearbeitern [333: CHILDERS, Nazi Voter, 265]. Insgesamt schätzt FALTER den Arbeiteranteil an der NSDAP-Wählerschaft auf 30–40% [336: Wähler, 225]. Ebenfalls unterdurchschnittlich wählten aber auch die angestellten Mittelschichten nationalsozialistisch, womit eine lange Zeit behauptete besondere Affinität der Angestellten zur NSDAP definitiv falsifiziert sein dürfte [333: CHILDERS, Nazi Voter, 264; 336: FALTER, Wähler, 238–242]. Überdurchschnittlich stark wählten dagegen die gewerblichen Mittelschichten die Nationalsozialisten, wobei in sozialstruktureller Hinsicht der Anteil der Selbständigen im Agrarsektor und ihrer mithelfenden Familienangehörigen besonders ausgeprägt war. Die deutlich höchste Affinität zur NSDAP wies indes der *protestantische* selbständige Mittelstand auf [336: FALTER, Wähler, 251–266].

Dieser aktuelle Forschungsstand zur Wählerschaft der NSDAP läßt zwei empirisch gesicherte Schlüsse zu. Erstens kann der Nationalsozialismus nicht mehr als ausgesprochene Mittelstandsbewegung bezeichnet werden. Entscheidend war vielmehr, daß es der NSDAP unter der Wirkung der Wirtschaftskrise als bis dahin einziger Partei gelang, die traditionellen politischen Lagergrenzen zu transzendieren und in allen Bevölkerungsschichten Wähler an sich zu ziehen. In diesem begrenzten Sinne kann die NSDAP als „soziale Integrationspartei" [112: H. MÖLLER, Parlamentarismus, 299] oder auch als „Volkspartei" begriffen werden [333: CHILDERS, Nazi Voter, 265]. FALTER favorisiert den Begriff „Volkspartei des Protests", wobei er der früher dominierenden Mittelstandsthese einen „Mittelstandsbauch" konzediert, den die nationalsozialistische Wählerschaft tatsächlich besaß

[336: Wähler, 13 u. 364–374]. Damit ist zweitens bereits angedeutet, daß sich der Aufstieg des Nationalsozialismus nicht oder zumindest nicht allein mit einem schichten- oder klassentheoretischen Modell erklären läßt. Vielmehr definiert sich die auffälligste und tatsächlich einzig „harte" Variable, welche eine deutlich überdurchschnittliche Affinität zum Nationalsozialismus begründete, nicht sozio-strukturell, sondern kulturell: Maßgeblich über die Wahlentscheidung entschied nämlich die Konfession, d. h. Protestanten wählten weit über-, Katholiken dagegen weit unterdurchschnittlich NSDAP [336: 169–193]. Damit ist zugleich die Vermutung bestätigt, daß es zum Verständnis des nationalsozialistischen Aufstiegs neben sozialgeschichtlichen Analysen einer vertieften Einsicht in die politische Kultur der Weimarer Republik bedarf.

NSDAP als „Volkspartei des Protests"

Konfession als entscheidende Variable

(2) Die soziale Zusammensetzung der NSDAP-Mitgliederschaft bestätigt im wesentlichen die Ergebnisse der Wahlforschung. Auch in der Partei selbst waren Vertreter der Eliten sowie der unteren Mittelschichten über-, Arbeiter dagegen unterrepräsentiert [348: M. KATER, Nazi Party, 51–71]. Angesichts dieses Befundes bleibt es letztlich eine Sache der Interpretation, ob man in der NSDAP weiterhin eine „Mittelstandsbewegung" sehen will, wie dies M. KATER Anfang der achtziger Jahre unter Berufung auf S. M. LIPSET tat [348: 236]. In keinem Fall aber reichen die Proteststimmen der Mittelschichten aus, um den quantitativen Erfolg der NSDAP zu erklären. Vielmehr suchte die NSDAP eben in dem Maße, wie sie sich seit 1929/30 als „Volkspartei des Protest" etablierte, die Ressentiments aller sozialen Schichten für die eigenen Zwecke zu mobilisieren, und konnte dabei durchaus Erfolge erzielen.

Zusammensetzung der NSDAP-Mitgliedschaft

Erheblich schwerer tat sich die NSDAP in der Arbeiterschaft, obwohl sie auf deren Gewinnung besondere Anstrengungen richtete. Die Unterwanderung der bestehenden Verbände kam hier nicht in Frage, während die Erfolge der nationalsozialistischen Konkurrenzorganisation, der NSBO, eher begrenzt blieben [350: M. H. KELE, Nazis and Workers, 168–211; G. MAI, Die Nationalsozialistische Betriebszellen-Organisation, in: VfZ 31 (1983), 573–613; 353: V. KRATZENBERG, Nationalsozialistische Betriebszellen-Organisation]. Neben den Landarbeitern fanden die Nationalsozialisten wohl vor allem bei jenen Arbeitern Gehör, die in der organisierten Arbeiterschaft nicht integriert und meist in kleineren Betrieben beschäftigt waren. Allerdings hat D. MÜHLBERGER einen höheren Arbeiteranteil als bisher angenommen plausibel gemacht: Demzufolge sei in der Durchbruchsphase der NSDAP Anfang der dreißiger Jahre der Arbeiteranteil deutlich höher

NSDAP und Arbeiterschaft

gewesen, als ihn die meist herangezogene „Partei-Statistik" aus dem Jahre 1935 verzeichnet. Denn ein signifikanter Anteil der während der „Kampfzeit" für die NSDAP gewonnenen Arbeiter habe die Partei bald wieder verlassen, so daß sie 1935 nicht mehr erfaßt werden konnten [366: Hitler's Followers, 7 u. 202–209]. Einen vergleichsweise noch höheren Arbeiteranteil vermutet die Forschung für die SA. Seine Größe hing allerdings entscheidend von dem jeweiligen regionalen sozialen Kontext ab und läßt sich aufgrund der problematischen Quellenlage auch nur sehr fragmentarisch eruieren [vgl. 360: P. LONGERICH, Bataillone, 81–84].

Arbeiteranteil der SA

Lange Zeit umstritten und aufgrund der marxistischen Faschismustheorien auch politisch brisant war schließlich die Frage, inwieweit der Aufstieg der NSDAP durch die Großindustrie unterstützt oder gar finanziert wurde. Sie kann inzwischen als mehr oder minder abschließend geklärt gelten: Auf der Basis aller bekannten Quellen hat H. A. TURNER den empirischen Nachweis erbracht, daß eine direkte, überdurchschnittliche Finanzierung oder gar ein „Kauf" Hitlers durch die Industrie nicht erfolgte [zusammenfassend: 376: Großunternehmer]. Vielmehr gelang es der NSDAP über weite Strecken, sich durch Mitgliedsbeiträge, Parteipresse und Eintrittsgelder selbst zu finanzieren [H. MATZERATH/H. A. TURNER, Die Selbstfinanzierung der NSDAP 1930–1932, in: GG 3 (1977), 59–92]. Welchen eigenständigen Anteil die Großindustrie und einzelne Industrielle an der Zerstörung der Weimarer Republik hatten, ist demgegenüber eine andere und vom Aufstieg des Nationalsozialismus analytisch zu trennende Frage. Entsprechend müssen auch die älteren Gegenpositionen zu TURNER interpretiert werden [v. a. D. STEGMANN, Zum Verhältnis von Großindustrie und Nationalsozialismus 1930–1933, in: AfS 13 (1973), 399–482; zur Diskussion vgl. 43: KOLB, Weimarer Republik, 226–230].

NSDAP und Großindustrie

Weitgehende Selbstfinanzierung der NSDAP

Das evangelische Land, der selbständige protestantische Mittelstand und Teile des protestantischen Bürgertums, insbesondere in der akademischen Jugend [349: M. KATER, Studentenschaft, passim u. v. a. 125–144], erscheinen also als die hauptsächlichen sozialen Triebfedern für den Aufstieg des Nationalsozialismus. Hinzu kommt die eher diffuse und quellenmäßig schwer greifbare Rolle der nicht in der organisierten Arbeiterschaft integrierten Arbeiter. Ein wie auch immer geartetes sozialrevolutionäres, „sozialistisches" Profil war angesichts dieser Klientel für die NSDAP jedenfalls schwerlich möglich. Dem entsprach es, wenn die Rolle der sogenannten „nationalsozialistischen Linken" mit der Durchbruchsphase seit Ende 1930 definitiv ausgespielt war. Das Ausscheiden der Gebrüder Straßer 1930 bzw. Ende 1932 symbolisiert dies auch in personeller Hinsicht [355. R. KÜHNL, Die nationalsozialistische Linke; 364: P. MOREAU, Nationalsozialisten; 351: U. KISSENKOETTER, Gregor Straßer].

(3) Alle genannten Faktoren, die den Aufstieg des Nationalsozialismus bewirkten bzw. begünstigten, lassen sich empirisch verdichten auf der Basis von Regional- und Lokalstudien. Bereits zeitgenössisch entstand die vielzitierte Arbeit von R. HEBERLE über den Aufstieg des Nationalsozialismus in Schleswig-Holstein, in dem die besondere Disposition der evangelischen Landbevölkerung für den Nationalsozialismus nachgewiesen wurde. Dabei konnte R. HEBERLE bereits durch Befragungen die Methoden der empirischen Sozialwissenschaft anwenden, die dem heutigen Historiker für die Weimarer Zeit nicht mehr zur Verfügung stehen [342: Landbevölkerung]. 1965 legte W. S. ALLEN mit seiner Untersuchung der nationalsozialistischen Machteroberung im niedersächsischen Northeim („Thalheim") eine weitere Modellstudie vor [325: Nazi Seizure of Power]. Indem ALLEN das lokalspezifische „setting", das kleinstädtische Milieu, erforschte, in dem der Nationalsozialismus gedeihen konnte, suchte er im kleinen Raum neue Antworten auf „große" Fragen: wie es nämlich geschehen konnte, daß eine „zivilisierte Demokratie" einer „nihilistischen Diktatur" verfiel. Für Northeim diagnostizierte ALLEN eine bereits vor 1933 etablierte tiefe Verankerung der NSDAP, die eine lokale Machtergreifung „von unten" erlaubte.

Auf die weitere Forschung wirkte ALLENS Studie überaus anregend und provozierte viele neue Fragestellungen. Indessen hatten bereits die beiden frühen Studien von HEBERLE und ALLEN mit dem evangelisch-ländlichen Flächenstaat und der evangelischen Kleinstadt diejenigen regionalen bzw. lokalen Raumtypen benannt, in denen der Nationalsozialismus seine größten Erfolge verzeichnen konnte. Nachfolgende regional- und lokalgeschichtliche Arbeiten haben diesen Befund im wesentlichen bestätigt, durch die Untersuchung katholischer und städtischer Räume ergänzt und teilweise durch Aufnahme des Milieubegriffes methodisch erweitert [siehe den Forschungsüberblick bei: 384: A. WIRSCHING, Nationalsozialismus].

Unabhängig von den ideologischen Inhalten des Extremismus war die politische Auseinandersetzung in der Weimarer Republik über weite Strecken durch einen spezifischen Stil geprägt, der Propaganda an die Stelle von Diskurs und Dezisionismus an die Stelle von geregeltem Konfliktaustrag setzte. Besonders sinnfällig wurde dies im „Paramilitarismus", der einerseits eine spezifische Form der kämpferischen Propaganda darstellte, andererseits aber dazu neigte, politische Ausein-

II. Grundprobleme und Tendenzen der Forschung

Paramilitarismus

andersetzungen gewaltsam zu führen. Soziale Grundlagen und konkrete Erfahrungszusammenhänge, die zur Unterwerfung des zivilen und politischen Lebens unter die „eiserne" Disziplin quasi-militärischer Befehls- und Gefolgschaftsverhältnisse führten, haben die Forschung bereits seit langem interessiert. Besondere Aufmerksamkeit haben dabei naheliegenderweise die nationalistischen Kampf- und Wehrverbände der frühen Weimarer Republik auf sich gezogen [329: V. R. BERGHAHN, Stahlhelm; 334: J. M. DIEHL, Paramilitary Politics; 363: H.-J. MAUCH, Nationalistische Wehrorganisationen], aber auch

Paramilitärische Organisationen

das republikanische Reichsbanner ist eingehend erforscht worden [370: K. ROHE, Reichsbanner].

Als wichtiges Merkmal der sozialen Militarisierung hat die Forschung die entscheidende Rolle der jungen Generation herausgearbeitet, die während des Ersten Weltkrieges in der „vaterlosen Gesell-

Rolle der jungen Generation

schaft" der „Heimatfront" sozialisiert worden war. Diese Jugend, die den Krieg nicht mehr an der Front erlebt hatte und in die wirtschaftliche Strukturkrise der Weimarer Republik geriet, stellte das Gros aller paramilitärischen Verbände dar. Der Typus des jugendlichen, arbeitslosen und unverheirateten Aktivisten kennzeichnete sowohl den kommunistischen Straßenkämpfer als auch den SA-Mann [371: E. ROSENHAFT, Fascists, 167 ff.; 345: M. JAMIN, Klassen, 369; 360: P. LONGERICH, Bataillone, 86–91]. Ganz offensichtlich war diese vom Weltkrieg in spezifischer Weise geprägte Generation, in der sich während der Weimarer Republik entwurzelte Proletarier und vom sozialen Abstieg bedrohte „Proletarier wider Willen" [345: M. JAMIN, Klassen, 371] zusammenfanden, eine entscheidende soziale Triebkraft für den politischen Extremismus und die Bürgerkriegsatmosphäre Anfang der dreißiger Jahre.

Die jeweilige Parteidisziplin der extremistischen Flügelparteien stellte dies insofern auf eine harte Probe, als nicht nur die NSDAP, son-

Legalitätstaktik von NSDAP und KPD

dern auch die KPD eine spezifische Legalitätstaktik verfolgten. Beide Parteien suchten den Bewegungsspielraum, den der pluralistische Rechtsstaat der politischen Betätigung eröffnete, maximal zur Bekämpfung der Republik zu nutzen und ein Parteiverbot zu vermeiden. Zwischen der politischen Führung der NSDAP und der zur offenen Radikalisierung neigenden SA-Basis entstanden indes zahlreiche Konflikte, die für Hitlers Kurs der zur Schau gestellten „Legalität" eine offene Herausforderung darstellten [372: K. RÜFFLER, Landfriedensbruch]. Noch weniger aber war das zur „direkten Aktion" neigende jugendliche Segment an der Basis der KPD wirksam zu kontrollieren. Tatsächlich glich das von der KPD seit dem gescheiterten Oktoberaufstand verfolgte „Legalitäts"-Kalkül demjenigen der Nationalsozialisten in hohem Maße [386: A. WIRSCHING, Weltkrieg, 253–256 u. 580 f.; auch 375: K. SCHUSTER, Frontkämpferbund].

War also die Weimarer Republik eine „wehrlose Republik", die widerstandslos dem Ansturm ihrer Feinde unterlag? In dieser Pauschalität wäre diese Frage zweifellos zu verneinen. Mit dem Republikschutzgesetz von 1922 und dem Staatsgerichtshof entwickelte die Weimarer Republik durchaus ein normativ-justitielles Gerüst zu ihrer Verteidigung. Der Republikschutz richtete sich demzufolge nicht nur gegen politisch motivierte Gewalttäter, sondern umfaßte auch einen republikanischen „Ehrenschutz", der die zahlreichen Beschimpfungen der Republik und ihrer Verfassung presserechtlich beschränken sollte [346: G. JASPER, Schutz, 189–210; insgesamt 340: CH. GUSY, Weimar]. Auch könnte die Masse der auf der Basis des Republikschutzgesetzes durchgeführten Hochverratsverfahren durchaus den Anschein von Effizienz erwecken [346: G. JASPER, Schutz]. Und schließlich verfügte die Weimarer Republik über die Möglichkeit, verfassungsfeindliche Parteien zu verbieten. So wurden zwischen 1922 und 1929 in verschiedenen Ländern knapp 40 Parteienverbote ausgesprochen [339: M. GRÜNTHALER, Parteiverbote, 253–255 u. passim].

<small>Republikschutz</small>

Dafür jedoch, daß der Verfassungsschutz der Weimarer Republik dennoch gravierende Schwächen aufwies, liefert die Forschung eindeutige Erklärungen. Zum einen blieb das rechtliche Instrumentarium zum Republikschutz über weite Strecken im Normativen stehen, ohne daß dem eine wirksame und durchgreifende Rechtspraxis entsprochen hätte. Tatsächlich stellte der Verfassungsschutz „eine Querschnittsaufgabe von Gesetzgebung, Vollziehung und Rechtsprechung" dar, an dem alle drei Gewalten maßgeblich beteiligt waren [98: Ch. GUSY, Reichsverfassung, 190]. Ein effektiver Verfassungsschutz wäre wohl nur auf der Basis ihres konstruktiven Zusammenspiels möglich gewesen, das es aber zu keinem Zeitpunkt der Weimarer Republik gab. Schon der legislative Entstehungsprozeß des Republikschutzgesetzes gestaltete sich überaus kontrovers und mühsam [346: JASPER, Schutz, 69–91; 340: GUSY, Weimar, 139–149]. Am Ende war der Republikschutz zu einem überdies befristeten Gesetz abgeschwächt worden, das an der „Neutralität des Staatsgedankens" festhielt und damit den verfassungspolitischen Positivismus und Legalismus der Verfassungsväter (Art. 76 WRV) fortschrieb [346: Jasper, Schutz, 88]. Dementsprechend war diese „Dichotomisierung von Recht und Politik" [98: GUSY, Reichsverfassung, 212] auch im zuständigen Justizwesen ausgeprägt. Häufig ohnehin ein antirepublikanisches Ressentiment pflegend, standen die

<small>Mängel des Verfassungsschutzes</small>

<small>Verfassungspolitischer Positivismus</small>

Richter- und Justizkreise sowohl dem Republikschutzgesetz als auch dem Staatsgerichtshof mehrheitlich skeptisch gegenüber [346: JASPER, Schutz, 100–105; 344: I. J. HUECK, Staatsgerichtshof]. Auch wenn sich die innere Einstellung vieler Richter mit der Zeit zu einer Art „Vernunftrepublikanismus" wandelte, blieben die meisten von ihnen doch einer vordemokratischen Vorstellung von einem weltanschaulich neutralen und überparteilichen „Staat" verpflichtet, nicht aber der Verfassung. Zwar kann die Justiz schwerlich allein für den Untergang der Republik verantwortlich gemacht werden, aber die „unterschiedliche Beurteilung der politischen Gegner der Republik von links und rechts" blieb ein folgenschwerer Irrtum [98: GUSY, Reichsverfassung, 208 f.].

<small>Unterschiedliche Beurteilung der politischen Gegner durch die Justiz</small>

Doch auch im Bereich der vollziehenden Gewalt warf der effektive Schutz der Verfassung Probleme auf, zumal die entscheidenden Kompetenzen für die innere Sicherheit den Ländern vorbehalten waren. Konflikte mit der Reichsgewalt gab es in der Anfangsphase eher aufgrund des Widerstandes einzelner Länder, insbesondere Bayerns, gegen die Verfassungsschutzmaßnahmen der Reichsregierung. Am Ende der Republik jedoch verhielt es sich umgekehrt. Insbesondere die preußische Staatsregierung unter den Innenministern Severing und Grzesinski suchte nach Kräften den politischen Extremismus von links wie von rechts einzudämmen und antizipierte damit die Prinzipien der „wehrhaften" Demokratie und des „antitotalitären Grundkonsenses" [164: H. SCHULZE, Braun; 112: H. MÖLLER, Parlamentarismus; 324: T. ALEXANDER, Severing; 323: T. ALBRECHT, Wehrhafte Demokratie]. Im Prinzip bestand auch mit der preußischen Polizeigewalt, deren Spitzenämter durchweg überzeugte Republikaner bekleideten, ein wirksames Instrument zur Bekämpfung des Extremismus, auch wenn die neuere Forschung die Republiktreue des polizeilichen Personals nachdrücklich in Frage gestellt hat [338: CHR. GRAF, Politische Polizei; 358: P. LESSMANN, Schutzpolizei]. In jedem Fall aber drängte die preußische Regierung am Ende der Weimarer Republik auf wirksame Maßnahmen gegen den Nationalsozialismus, während die Reichsregierung sich eher zögerlich verhielt [116: D. ORLOW, Weimar Prussia II, 184–195]. Höhepunkt dieses sicherheitspolitischen Reich-Länder-Konfliktes war die Auseinandersetzung um das Verbot der SA Anfang 1932, die mittelbar zum Sturz des Reichskanzlers führte [50: G. SCHULZ, Zwischen Demokratie u. Diktatur III: Von Brüning zu Hitler, 887 ff.; 104: J. HÜRTER, Wilhelm Groener, 328–353]. Einmal mehr konnte die NSDAP damit von der in bezug auf den Republikschutz mangelnden „Gewaltenkooperation" der Weimarer Verfassungsorgane [98: GUSY, Reichsverfassung, 191] profitieren.

<small>„Wehrhafte" Demokratie in Preußen</small>

<small>Auseinandersetzung um SA-Verbot</small>

7. Das Ende der Weimarer Republik als Determinante der Forschung

Das bisher gezeichnete Bild der Forschung zeigt, wie viele Faktoren zur Schwächung der Weimarer Republik beitrugen. Tatsächlich wäre es vermessen, einen einzigen Faktor zu isolieren und auf ihn allein das Scheitern der Republik zurückzuführen. Vielmehr konvergierten und potenzierten sich in der Auflösungsphase der Weimarer Republik noch einmal all jene längerfristigen Faktoren, die schon zuvor ihre Labilität bewirkten und die in den voraufgegangenen Kapiteln diskutiert worden sind. Insofern steht die Forschung in besonderer Weise vor der Aufgabe, mit Blick auf die Auflösung der Weimarer Republik längerfristige Entwicklungen und kurzfristige Phänomene zu analysieren und gegeneinander abzuwägen. Das Scheitern der Weimarer Republik, die singuläre Konvergenz von Wirtschafts- und Staatskrise zwischen 1930 und 1933, bleibt eine dauerhafte Herausforderung an die Geschichtswissenschaft. In ihrer paradigmatischen Dramatik und ihren katastrophalen Folgen ist das Ende der ersten deutschen Demokratie stets eine Determinante der historischen Forschung gewesen, und sie wird es auf unabsehbare Zeit bleiben. *Scheitern der Weimarer Republik als dauerhafte Herausforderung der Geschichtswissenschaft*

Jede Forschung zur Endphase der Weimarer Republik muß die dramatischen Auswirkungen der Großen Wirtschaftskrise berücksichtigen. Denn vieles spricht dafür, daß die existenzielle Grenzerfahrung der Wirtschaftskrise in Deutschland und hier vor allem die zur massenhaften Verelendung führende Arbeitslosigkeit [55: H. A. WINKLER, Weg, 19–55; 410: P. STACHURA (Hrsg.), Unemployment; 396: R. J. EVANS/D. GEARY (Hrsg.), The German Unemployed] zur „Umwertung aller Werte" und zur Tiefenakzeptanz der NS-Diktatur entscheidend beitrug. *Auswirkungen der Weltwirtschaftskrise*

Bis in die siebziger Jahre bestand in Anknüpfung an die Forschungen CH. KINDLEBERGERS über die Ursachen der Weltwirtschaftskrise sowie ihrer besonderen Ausprägung in Deutschland weitgehend Einigkeit. Was die Krise von „normalen" Abschwüngen unterschied, resultierte demzufolge weniger aus Problemen im Handels- und Produktionssektor als aus den Störungen im monetären Bereich. Vor allem wurde in dem Umstand, daß sich die USA seit 1929/30 jener Rolle als „Weltbankier" verweigerten, die ihnen als hauptsächlichem Gläubigerland eigentlich zugekommen sei, ein entscheidender Grund für die besondere Schärfe der Krise gesehen [W. FISCHER, Die Weimarer Republik unter den weltwirtschaftlichen Bedingungen der Zwischenkriegs- *Ursachen der Weltwirtschaftskrise*

zeit, in 214: Industrielles System, 26–50, hier v. a. 45 f. u. 50]. Entsprechend klar stellten sich für die Forschung auch die ungenutzten weltwirtschaftlichen Instrumente dar, mit denen es möglich gewesen wäre, die Krise zu steuern: Im Rahmen einer konzertierten internationalen Finanzkooperation, wie sie sich in wesentlichen Zügen bereits unter dem Dawes-Plan entwickelt hatte, hätten die USA den Verbündeten ihre Kriegsschulden erlassen oder zumindest deutlich reduzieren, Frankreich sich mit realistischen Reparationen zufriedengeben müssen, die wiederum Deutschland, mit Hilfe langfristiger Kredite, hätte ehrlich akzeptieren müssen [EBD., 46].

Ungenutzte weltwirtschaftliche Instrumente

Innerhalb dieses allgemeinen Kontextes hat die wirtschaftshistorische Forschung indes eine ganze Reihe spezifischer Elemente herausgearbeitet, die der deutschen Entwicklung ihre besondere Dramatik verliehen. An erster Stelle steht dabei die chronische Kapitalknappheit, die sich längerfristig aus der Inflationserfahrung und der darauffolgenden Hochzinspolitik der Reichsbank erklärt. Die hieraus resultierende Überbeanspruchung kurzfristiger Anleihen an Stelle eines kontrahierten, auf längerfristige Anlagen hin orientierten Kapitalmarktes verursachte seit Mitte der zwanziger Jahre eine immense Auslandsverschuldung, deren Kehrseite sich nach dem Börsencrash in den USA offenbarte [389: K.E. BORN, Bankenkrise, 31–35]. Ob in diesem Zusammenhang tatsächlich eine expansive, auf öffentliche Investitionen und Nachfragestärkung zielende, gewissermaßen „keynesianische" Finanzpolitik möglich und erfolgreich gewesen wäre, wie sie auch einige Jüngere unter den deutschen Ökonomen empfahlen, bleibt eine offene Frage [vgl. 3: K. BORCHARDT/H. O. SCHÖTZ (Hrsg.), Wirtschaftspolitik, die Einleitung v. BORCHARDT, 17–50]. Ihre Beantwortung hängt mit der jeweiligen Position innerhalb der sog. „Borchardt-Kontroverse" zusammen. Wie bereits erwähnt, diagnostizierte Borchardt bereits für die zwanziger Jahre eine „kranke" Wirtschaft mit endemischer Investitionsschwäche sowie einer Lohn- und Sozialquote, die in zunehmendem Mißverhältnis zur Produktivität stand und welche die tatsächlichen finanz- und kreditpolitischen Handlungsspielräume der Regierung Brüning entscheidend beschränkten [390: BORCHARDT, Zwangslagen]. Weitgehend gefolgt ist dieser Auffassung H. J. JAMES, der in seiner Gesamtanalyse der deutschen Wirtschaftskrise die von Borchardt hervorgehobenen Elemente im wesentlichen bestätigt [398: Weltwirtschaftskrise 1924–1936, 136–151, 213–222]. In seiner Studie über den Verlauf der deutschen Wirtschaftskrise knüpft TH. BALDERSTON teilweise an die Argumentation von BORCHARDT und JAMES an, hebt zugleich aber stärker die politischen Faktoren hervor. Sowohl der seit Ende der zwanzi-

Besondere Dramatik der deutschen wirtschaftlichen Entwicklung

„Borchardt-Kontroverse"

7. Das Ende der Weimarer Republik als Determinante der Forschung 111

ger Jahre grassierende „Unternehmerpessimismus" als auch die zur gleichen Zeit um sich greifende „Währungsnervosität", in denen BALDERSTON die entscheidenden und quasi „hausgemachten" Elemente der deutschen Misere sieht, hatten demzufolge genuin politische Ursachen. Sei ersterer ein Reflex auf den Ausbau des parlamentarisch-republikanisch verfaßten Sozialstaats gewesen, so habe letztere aus der mangelnden steuer- und haushaltspolitischen Disziplin der Reichsregierungen seit 1927 resultiert [387: Origins, v. a. 400–413].

Entschiedenen Widerspruch erfuhr BORCHARDT dagegen insbesondere von C.-L. HOLTFRERICH und U. BÜTTNER. Demzufolge bestand seit 1931 in der Bevölkerung der Wunsch nach einem finanzpolitischen Kurswechsel, der teilweise auch in den Reihen der Regierung für durchführbar gehalten wurde. Auch eine flexiblere außenpolitische Haltung, vor allem gegenüber Frankreich, das ja bis 1932 noch über erhebliche finanzielle Reserven verfügte, hätte dem Deutschen Reich wohl die Möglichkeit einer größeren Auslandsanleihe zur Lösung seiner drängendsten Liquiditätsprobleme eröffnet [hierzu: PH. HEYDE, Das Ende der Reparationen. Deutschland, Frankreich und der Youngplan 1929–1932, Paderborn 1998]. Aufgrund des starren Festhaltens an seiner politischen Prioritätenskala habe Brüning jedoch durchaus bestehende Alternativen zur Deflationspolitik verworfen und damit eine durchaus vermeidbare Entwicklung beschleunigt [397: HOLTFRERICH, Alternativen; 392: U. BÜTTNER, Alternativen]. Ähnlich argumentiert R. MEISTER, der die zeitgenössisch vorgeschlagenen nachfrageorientierten Konjunkturprogramme „als realistische Alternative zu Brünings Deflationspolitik" gelten lassen will [404: Depression, 394]. Hätte er nicht seiner innenpolitisch fatal wirkenden Reparationspolitik absoluten Vorrang eingeräumt, hätte Brüning demzufolge „die historische Chance gehabt, die Führung in der Arbeitsbeschaffungsfrage selbst zu übernehmen" [404: 396]. Angesichts des fortbestehenden Dissenses unter den Wirtschaftshistorikern ist allerdings zum gegenwärtigen Zeitpunkt kaum ersichtlich, wie das Problem der „Zwangslagen und Handlungsspielräume" in der Wirtschaftskrise schlüssig gelöst werden könnte [zur Diskussion vgl. auch 43: KOLB, Weimarer Republik, 215–218]. Letztlich koinzidiert die wirtschaftshistorische Debatte denn auch unausweichlich mit der politischen Beurteilung der Brüningschen Politik.

Einwände gegen BORCHARDTS Thesen

Unbestritten ist, daß der Bruch der Großen Koalition, die nur vordergründig an der Auseinandersetzung über die Höhe des Beitrags zur Arbeitslosenversicherung scheiterte [411: H. TIMM, Sozialpolitik, 190–207; 403: I. MAURER, Reichsfinanzen], einen entscheidenden Wendepunkt in der Geschichte der Weimarer Republik bildete. Die Regierungszeit Brünings, die in jüngerer Zeit H. A. WINKLER und G. SCHULZ in monumentalen, aus jeweils unterschiedlichen Perspektiven verfaßten Studien überaus detailliert dargestellt haben [55: WINKLER, Weg; 50: SCHULZ, Zwischen Demokratie und Diktatur III: Von Brüning zu Hitler], ist von der Forschung seit jeher überaus kontrovers beurteilt worden. Maßgeblich für eine im Grundsatz kritische Sicht Brünings wurde K. D. BRACHERs 1955 erstmals erschienenes, bis heute aktuelles Standardwerk über die „Auflösung der Weimarer Republik". BRACHER verfolgte weniger die Rankesche Frage, „wie es eigentlich gewesen" sei; vielmehr begriff er die Weimarer Republik als „ein in bestimmten Grenzen ‚typisches' Modell für die Probleme der Erringung und Erhaltung, des Abbaus und Verlusts politischer Macht" [391: Auflösung, XXI]. Hiervon ausgehend und aufgrund einer detaillierten Strukturanalyse der Auflösungsphase gelangte BRACHER zu der These, daß die Hinwendung zum Präsidialsystem im Jahre 1930 weder erzwungen noch vom Schicksal bestimmt war, sondern – in Verbindung mit den Strukturschwächen der Weimarer Reichsverfassung (dazu oben S. 57 ff.) – durchaus von konkreten Machtinteressen abhing [v. a. 391: 271–275]. Der „verhängnisvolle Wendepunkt" war dann im Juli 1930 erreicht, als Brüning den Reichstag auflösen ließ und „mit dem bürokratischen Verordnungssystem ... die autoritäre Umwandlung der Demokratie in ihre erste Phase" trat [391: 302]. Entsprechend kritisch beurteilte BRACHER die Protagonisten des Präsidialregimes und nicht zuletzt die Person Brünings selbst. Nicht als die letzte Chance der Demokratie erschien der Reichskanzler aus dieser Perspektive; vielmehr gehöre die erste Stufe des Präsidialregimes schon „in durchaus präzisem Sinn" zur Vorgeschichte des Dritten Reiches.

Zwar provozierte BRACHERS These z. T. überaus scharfe Kritik. Besonders W. CONZE hielt daran fest, daß Brünings Regierung angesichts einer 1930 erreichten, ausweglosen „Krise des Parteienstaats" [134: Krise] die letzte und politisch völlig legitime Möglichkeit darstellte, die der deutschen Republik verblieben war. Brünings Notverordnungspolitik erschien in dieser Perspektive als ein positiv anzusehender Versuch, die deutsche Demokratie zu retten [W. CONZE, Brünings Politik unter dem Druck der großen Krise, in: HZ 199 (1964), 529–550; ähnlich noch 51: H. SCHULZE, Weimar, 422]. Doch in der Folgezeit setzte sich BRACHERS kritische Sicht weitgehend durch. Ähnlich wie BRACHER betonen heute die meisten neueren Darstellungen trotz fortbestehender Kritik an der Haltung der SPD zugleich den zielgerichteten Prozeß der Entparlamentarisierung, den Hindenburg, Schleicher,

Otto Meißner und andere, von agrarischen Interessen, der DNVP und Teilen der DVP unterstützt, spätestens seit 1929 vorantrieben [42: H. MOMMSEN, Freiheit, 289–293; 57: H. A. WINKLER, Weimar, 362–374]. Und mit der Reichstagsauflösung vom 18. Juli 1930 war dann der „Rubikon zum Präsidialregime" definitiv überschritten [42: MOMMSEN, Freiheit, 302], die Weichen „in Richtung eines autoritären Präsidialregimes" gestellt [399: JASPER, Zähmung, 41], der „Übergang von der verdeckten zur offenen Präsidialregierung" vollzogen [57: WINKLER, Weimar, 381]. Entparlamentarisierung als zielgerichteter Prozeß

Daß Brüning tatsächlich niemals daran gedacht hatte, zu normalen parlamentarisch-demokratischen Verhältnissen zurückzukehren, offenbarten seine 1970 postum erschienenen Memoiren [5: H. BRÜNING, Memoiren], im Gegenteil, mit seinem Bekenntnis, er habe die Restauration der Monarchie angestrebt, bestätigte Brüning all jene Historiker, die seine Rolle im Auflösungsprozeß der Weimarer Republik kritisch pointiert hatten. Dies gilt auch, wenn am Quellenwert der Brüningschen Memoiren gravierende Zweifel angebracht sind [405: R. MORSEY, Entstehung; 406: F. MÜLLER, „Brüning-Papers", 150–153] und darüber hinaus die gut begründete These aufgestellt worden ist, Brüning habe in seinen Memoiren „nicht nur innere Wahrnehmungen vorgegeben, sondern auch äußere Tatbestände erfunden" [407: A. RÖDDER, Dichtung, 109]. Insbesondere Brünings Pläne zu einer Restauration sind wohl eher als sekundäre Konstruktion zu werten denn als tatsächlich verfolgtes verfassungspolitisches Programm [405: R. MORSEY, Entstehung, 50; 406: F. MÜLLER, „Brüning-Papers", 72 f.; 407: A. RÖDDER, Dichtung, 91–96 u. 111 f.]. Im Lichte des erreichten Forschungsstandes läßt sich der Reichskanzler jedenfalls nicht mehr als der souverän vorausschauende und die Situation beherrschende Staatsmann begreifen, der „hundert Meter" vor dem Ziel gestürzt wurde; vielmehr erscheint er als ein von der Situation getriebener „Krisenmanager", dem das Heft des Handelns je länger desto mehr entglitt [407: 116; 57: WINKLER, Weimar, 376]. Auch sein Sturz, so beklagenswert er auch sein mag, erscheint weniger als gleichsam „tragischer" Wendepunkt der deutschen Geschichte denn als folgerichtiges Resultat einer von Brüning selbst verantworteten und vorangetriebenen Entparlamentarisierung, an deren Ende notwendigerweise die vollständige Abhängigkeit vom Reichspräsidenten und den ihn beeinflussenden Kräften stand. Memoiren Brünings

Wenn also Brünings Politik den Keim des Scheiterns in sich trug und den Auflösungsprozeß der Weimarer Republik beschleunigte, hätte demgegenüber nicht eine entschlossenere Opposition der demokratischen Kräfte das Schlimmste verhüten können? In erster Linie bezieht sich diese oft gestellte Frage auf die Haltung der Sozialdemokratie und ihre parlamentarische Tolerierung Brünings. Von der älteren Forschung ist sie überwiegend kritisch betrachtet worden: Mit der maßgeblich auf die z. T. überalterte Parteiführung zurückgehenden Tolerierungspolitik habe sich die SPD in eine durch Immobilismus und Legalismus gekennzeichnete Sackgasse hineinmanövriert; in der Folge habe sie die finanz- und sozialpolitischen Zumutungen der Regierung Brüning mittragen müssen, ohne irgendwelche substantiellen Alternativen präsentieren zu können [391: BRACHER, Auflösung, 336f.; E. MATTHIAS, Die Sozialdemokratische Partei Deutschlands, in 402: Ende der Parteien, 101–278, hier 108–112]. Demgegenüber betonen die neueren Studien zum Thema die tatsächlich extrem ungünstigen politischen Rahmenbedingungen, die den Handlungsspielraum der Sozialdemokraten gegen Null schrumpfen ließen [159: W. PYTA, Hitler, 203–220; 408: R. SCHAEFER, SPD; 139: D. HARSCH, German Social Democracy, 89–99; zusammenfassend 55: WINKLER, Weg, 207–286]. Aus heutiger Sicht ist also das frühere negative Verdikt über die Tolerierungspolitik der SPD einem neueren Forschungskonsens gewichen, der aufgrund einer differenzierten Betrachtung des Problems Möglichkeiten und Chancen einer „aktiveren" Oppositionspolitik der SPD in der Ära Brüning eher skeptisch beurteilt.

Gewissermaßen eine Unterdebatte des Vorstehenden bildete die teilweise ebenso leidenschaftlich geführte Auseinandersetzung darüber, ob gegen den Staatsstreich der Papen-Regierung gegen Preußen am 20. Juli 1932 Widerstand möglich gewesen wäre. Ähnlich wie bei der Frage der Tolerierung Brünings ergeben sich hier die historiographischen Fronten bereits aus der zeitgenössischen Auseinandersetzung [zusammenfassende und ausgewogene Darstellung: 55: WINKLER, Weg, 646–680]. Während Otto Braun, Carl Severing, Otto Wels und mit ihnen praktisch die gesamte Führung der SPD wie der Gewerkschaften aktiven Widerstand für aussichtslos, ja für gefährlich hielten und auf die vor der Tür stehenden Wahlen zum Reichstag vertrauten, hielten jüngere Parteiaktivisten wie Julius Leber aktive Widerstandshandlungen in Form eines Generalstreiks für notwendig, zumindest um ein politisches Zeichen zu setzen. Die ältere Forschung hat sich dieser Auffassung überwiegend angeschlossen und darauf hingewiesen, daß die offen deklarierte Bereitschaft, alle Mittel des Widerstandes auszuschöpfen, Reichsregierung und Reichswehr möglicherweise selbst vor dem Bürgerkrieg hätte zurückweichen lassen. Unabhängig von dem Ausgang einer möglichen Konfrontation sei aber mit dem Verzicht auf Widerstand in jedem Fall die letzte Gelegenheit verpaßt worden, die

7. Das Ende der Weimarer Republik als Determinante der Forschung 115

republikanischen Kräfte zur Verteidigung der Demokratie zu sammeln [391: BRACHER, Auflösung, 525; MATTHIAS, Sozialdemokratische Partei, in 402: Ende der Parteien,127–129 u. 143 f.; 395: H. P. EHNI, Bollwerk Preußen?, 265–268]. Ähnlich wie im Falle der Tolerierung Brünings durch die SPD ist auch mit Blick auf den „Preußenschlag" eine deutliche Wende in der neueren Forschung zu verzeichnen. Denn die meisten neueren Autoren halten die Gründe, welche die SPD- und Gewerkschaftsführung von dem Versuch eines aktiven Widerstands abhielten, für zwingend. Keineswegs sei die Situation im Jahre 1932 mit derjenigen von 1920 zu vergleichen, als der geschlossene Widerstand der Arbeiterbewegung die Kapp-Putschisten zum Aufgeben gezwungen hatte: Weder konnte der Generalstreik bei sechs Millionen Arbeitslosen mehr als eine stumpfe Waffe sein, noch waren Einsatzfähigkeit und Loyalität der preußischen Polizei und des Reichsbanners über jeden Zweifel erhaben. Hinzu kam, daß die preußische Staatsregierung bei den Landtagswahlen am 24. April 1932 ihre Mehrheit verloren hatte und seitdem nur noch geschäftsführend amtierte. Auch wenn aus späterer Sicht, in Kenntnis des Nachfolgenden, jedwede Aktion, die im Rückblick irgendwie geeignet erscheint, Hitlers Diktatur zu verhindern, Legitimität und Dignität erhält, so besteht in der Forschung doch weitgehende Übereinstimmung darüber, daß – gemessen am Erfahrungshorizont der Zeitgenossen – eine realistische Aussicht auf erfolgreichen Widerstand *nicht* bestand [370: K. ROHE, Reichsbanner, 437; 164: H. SCHULZE, Braun, 747–754; 112: H. MÖLLER, Parlamentarismus, 570–572; 159: W. PYTA, Gegen Hitler, 386–390; 408: R. SCHAEFER, SPD in der Ära Brüning, 421–428; 115: D. ORLOW, Weimar Prussia 1925–1933, 239–241].

Schließlich traf und trifft die Vorstellung, eine proletarische „Einheitsfront" aus SPD und KPD hätte Hitler möglicherweise stoppen können, auf Skepsis. Eine solche Perspektive wurde von der Parteihistorie der DDR nicht selten mit der Konstruktion einer demokratisch-republikanischen Legitimation der KPD verbunden. Auch A. DORPALEN hat die „hilflose Ohnmacht" beider Arbeiterparteien diagnostiziert, zugleich aber der SPD „die größere Verantwortlichkeit für den Zusammenbruch der Weimarer Republik" zugewiesen: Ihre legalistische Politik sei „konzeptions- und planlos", Funktionäre und Mitglieder seien zu wenig „aktivistisch gestimmt" gewesen [394: SPD und KPD, hier 100, 106 f.]. Zwar gibt es Beispiele für eine gelegentliche „antifaschistische" Annäherung zwischen Kommunisten und Sozialdemokraten an der Basis und auf lokaler Ebene insbesondere während der kurzen und von der KPD-Führung schon bald wieder abgebrochenen „Antifaschi-

Verzicht auf Widerstand als „verpaßte" Gelegenheit?

Aussichtslosigkeit aktiven Widerstands

Skeptische Beurteilung einer proletarischen „Einheitsfront"

stischen Aktion" im Sommer 1932 [361: K.-M. MALLMANN, Kommunisten, 372–380; J. PETZOLD, SPD und KPD in der Endphase der Weimarer Republik, in 414: Staatskrise, 77–98]. So sprach die Parole der „Einheitsfront" vielen Parteianhängern und Funktionären der Basis „aus dem Herzen". Aber, so resümiert der Autor der bislang detailliertesten Studie zum Verhältnis von SPD und KPD, „sobald diese ‚Einheitsfront' in eine politische Phase trat, in der sie in einer [sic!] konkreten Strategie hätte münden müssen", hatte sie nicht „den Hauch einer Chance zur Realisierung [...] Dazu waren die Abgründe zwischen den jeweiligen politischen Zielen der Parteien schlicht zu groß" [356: TH. KURZ, Feindliche Brüder, 399].

Tatsächlich ist nicht erkennbar, zu welchem Zeitpunkt die KPD ein positiv-affirmatives Verhältnis zum Weimarer Staat entwickelt haben sollte. Für die Zeit der „Dritten Periode" seit 1928, in der die Sozialdemokratie als „sozialfaschistischer" Hauptfeind definiert wurde, gilt dies im besonderen [328: S. BAHNE, „Sozialfaschismus"; 380: H. WEBER, Hauptfeind Sozialdemokratie]. In Wirklichkeit schlossen die kommunistische Forderung nach einem „antifaschistischen" Bündnis und das Festhalten an der „Sozialfaschismus"-These einander aus. In der Endphase der Weimarer Republik reproduzierte sich mithin das bekannte Dauerdilemma der KPD, das der Partei letztendlich jeglichen konstruktiven Politikansatz verbaute: Spaltung und Einheit zugleich zu fordern entsprach der Quadratur des Kreises und blockierte jede Annäherung zwischen den beiden Arbeiterparteien.

Diffamierung der Sozialdemokraten als „Sozialfaschisten"

Das unentrinnbare Dilemma der demokratischen Kräfte, daß sie nämlich „als verfassungstreue Politiker, die die Legalität beschworen und praktizierten, mit verfassungstreuen Mitteln gegen Reichspräsident und Reichsregierung vorgehen" mußten [112: H. MÖLLER, Parlamentarismus, 571], läßt es folgerichtig erscheinen, daß es seit Brünings Sturz nur noch die präsidialen Machthaber selbst in der Hand hatten, die nationalsozialistische Welle zu brechen. In dem Maße, wie sich ein weitgehender Konsens über die strukturelle Ausweglosigkeit der Sozialdemokratie im Jahre 1932 etabliert hat, hat sich die Forschung daher entsprechenden Plänen der Regierungen Papen und Schleicher zugewendet. Der Regierung Papen blieb nach dem Ausbleiben einer rechten Tolerierungsmehrheit bei den Reichstagswahlen vom 31. Juli 1932 und der Zurückweisung Hitlers durch Hindenburg am 13. August 1932 im Grunde nur noch die definitive Ausschaltung des Reichstages – das heißt seine Auflösung ohne Neuwahlen – und damit der offene Verfassungsbruch als letzter Ausweg. Neuere Forschungen haben gezeigt, daß Papen selbst dieses Ziel mit einiger Konsequenz ansteuerte [400:

Staatsnotstandpläne der Regierungen Papen und Schleicher

7. Das Ende der Weimarer Republik als Determinante der Forschung 117

E. KOLB/W. PYTA, Die Staatsnotstandsplanungen unter den Regierungen Papen und Schleicher; zur Haltung der Staatsrechtslehre: D. GRIMM, in 414: Staatskrise, 184–199]. Zwar erhielt Papen für die verfassungdurchbrechenden Staatsnotstandspläne das hierfür unabdingbare Plazet Hindenburgs, nach der denkwürdigen Abstimmungsniederlage vom 12. September 1932 geriet die Regierung jedoch in eine psychologisch überaus ungünstige Situation. Letztlich scheiterte Papen an der mangelnden Unterstützung der Reichswehr und ihres Ministers von Schleicher [KOLB/PYTA, Staatsnotstandsplanungen, 173 f.], was seine Demission erzwang. Indes war auch Schleicher sehr bald auf entsprechende verfassungdurchbrechende Staatsnotstandspläne angewiesen, wenn er sie auch im Gegensatz zu Papen nicht mit weitreichenden konservativ-reaktionären Verfassungsplänen zugunsten eines „Neuen Staates" verband. Eine andere, von namhaften Verfassungsrechtlern empfohlene, von Schleicher jedoch nicht energisch verfolgte Möglichkeit hätte darin bestanden, dem Reichstag eine Art „konstruktives Mißtrauensvotum" zu oktroyieren [412: H. A. TURNER, Hitlers Weg, 159–163]. In den gescheiterten Staatsnotstandsplänen erblicken E. KOLB und W. PYTA die letzte und möglicherweise am meisten versprechende Chance, Hitler in letzter Minute zu stoppen: Im Unterschied zum NS-Regime sei unter Schleicher und selbst unter Papen die Rechtsstaatlichkeit Deutschlands nicht grundsätzlich angetastet worden. Und insbesondere Schleichers Plan vom 16. Januar 1933 zur befristeten Ausschaltung des Reichstages habe immerhin einen schmalen Pfad offengehalten „zu *späterer* Retablierung demokratisch-parlamentarischer Verfassungsverhältnisse" [400: Staatsnotstandsplanungen, 181]. In gewisser Weise wird dadurch die Zäsur des Jahres 1930, d.h. der Übergang zum Präsidialkabinett, in ihrer Bedeutung relativiert und der 30. Januar 1933 als endgültiger „point of no return" betont [414: Staatskrise, 49, Diskussionsbeitrag KOLB], eine Auffassung, die freilich nicht ohne Widerspruch geblieben ist [414: 53–55, Diskussionsbeiträge KERSHAW u. MOMMSEN].

In jedem Fall macht die Diskussion um den Staatsnotstand das übermäßige Gewicht deutlich, das in der allerletzten Phase der Weimarer Republik dem Handeln einzelner Personen zukam, als die Verfassung bereits zerstört worden und ein Machtvakuum entstanden war. Nachdem Schleichers Konzeption einer „Querfront" an Hitlers Intransigenz und Gregor Straßers Schwäche gescheitert war, bevor sie überhaupt konkrete Umrisse annehmen konnte [409: A. SCHILDT, Militärdiktatur, 158–173; 351: U. KISSENKOETTER, Gregor Straßer], konzentrierte sich das Schicksal der Republik in dem Kräftedreieck zwischen

Gewicht einzelner Personen

Hindenburg, Papen und Schleicher. Zum Teil an frühere Forschungen anknüpfend, interpretiert die neueste und umfassendste Untersuchung über den Januar 1933 das Geschehen denn auch in den Kategorien einer Verschwörung: Von Papen, in seiner Eitelkeit durch Schleicher zutiefst gekränkt, suchte Hitler zu benutzen, um an die Macht zurückzukehren. Nachdem es ihm gelungen war, Oskar von Hindenburg und Otto Meißner auf seine Seite zu ziehen, ließ sich dem Reichspräsidenten schließlich die Kanzlerschaft eines „eingerahmten" Hitlers abringen [412: H. A. TURNER, Hitlers Weg, 47–73 u. 147–148]. Daß Papen dabei, wie TURNER vermutet, Hindenburg zum Schluß möglicherweise in dem beruhigenden Glauben ließ, es werde sich um ein parlamentarisches Koalitionskabinett unter Einschluß des Zentrums handeln [412: 199–201], verleiht dem definitiven Scheitern des Weimarer Parlamentarismus einen Hauch skurriler Ironie.

Ereignisse um die Ernennung Hitlers als „Verschwörung"

8. Entwicklung der Forschung seit 2000. Nachtrag 2008

8.1 Forschungstrends, Gesamtdarstellungen und Deutungen

Quantitativ hat sich die Forschung über die Weimarer Republik in den letzten zehn Jahren kaum vermindert; nachhaltig verändert haben sich dagegen ihre Gegenstände und Fragestellungen. Tatsächlich ist die Geschichtsschreibung über die erste deutsche Demokratie ein herausragendes Beispiel für den grundlegenden zeit- und generationenbedingten Perspektivenwechsel, dem jede historische Forschung unterliegt. Lange Zeit nämlich stand die wissenschaftliche Beschäftigung mit der Weimarer Republik unter der Frage nach den Gründen ihres Scheiterns. Das gilt für die politische Geschichte, die etwa nach den Schwächen der Verfassung und des Parteiensystems fragte, ebenso wie für die Sozialgeschichte. Auch die ältere sozialhistorische Forschung stand noch ganz im Banne des Scheiterns von Weimar. Maßgeblich beeinflusst von den Ansätzen der „Historischen Sozialwissenschaft", suchte sie die soziologischen Ursachen und Auswirkungen eines deutschen „Sonderweges" auszuleuchten und fand sie primär in der Rolle der Agrarier und Industrieverbände.

Perspektivenwechsel der Forschung

Einen letzten eindrücklichen Ausweis dieser Forschungstradition stellt der vierte Band von H.-U. WEHLERs „Deutscher Gesellschaftsgeschichte" dar. Die Weimarer Republik ist hier eingebettet in den Zeitraum von 1914 bis 1949; WEHLER folgt seiner in den 1970er Jahren im

Anschluss an Max Weber entwickelten Grundkonzeption. Einer bevölkerungsgeschichtlichen Bestandsaufnahme folgt die Strukturierung des Stoffes entlang der Fragen nach den „Strukturbedingungen und Entwicklungsprozessen" der Wirtschaft, der sozialen Ungleichheit, der Politik und der Kultur [456: H.-U. WEHLER, Deutsche Gesellschaftsgeschichte IV, 231–593]. Mit seiner Fülle an Informationen besitzt der Band Handbuchcharakter, in seiner Interpretation bleibt er den Kategorien einer politischen Sozialgeschichte verbunden, für die das politische Schicksal der Republik letztendlich der entscheidende Stachel bleibt.

Inzwischen freilich spielt die Weimarer Republik längst nicht mehr ihre früher dominante Rolle als politisches Lehrstück für Machtverlust und „Selbstpreisgabe" der Demokratie. Dies ist auch deswegen möglich, weil die entscheidenden Probleme und Ursachen für die politische Labilität und den schließlichen Zusammenbruch der Republik durch die bahnbrechenden Arbeiten der älteren Forschung in gültiger Weise aufgehellt wurden und ihre Ergebnisse nach wie vor Bestand haben [so z. B. u. a. 391: K. D. BRACHER, Auflösung; 71: E. KOLB, Arbeiterräte; 214: H. MOMMSEN u. a. (Hrsg.), Industrielles System; 112: H. MÖLLER, Parlamentarismus; 53–55: H. A. WINKLER, Arbeiter und Arbeiterbewegung; 183: G. D. FELDMAN, Great Disorder]. Dementsprechend braucht die Weimarer Republik heute nicht mehr primär als Negativfolie zur Bundesrepublik und damit zu deren politischer Legitimation bemüht zu werden. Angesichts gereifter bundesdeutscher Traditionen und gefestigter zivilgesellschaftlicher Fundamente hat sich die Bedeutung Weimars als historisch-politisches „Argument", wenn nicht verflüchtigt, so doch stark abgeschwächt [441: Ch. GUSY (Hrsg.), Weimars lange Schatten]. Hinzu tritt die spezifische Erfahrung der DDR. Elemente ihrer durch die SED-Herrschaft geprägten und grundsätzlich kapitalismuskritischen Sichtweise sind in die Weimar-Bilder des wiedervereinigten Deutschland eingeflossen [458: H. A. WINKLER (Hrsg.), Weimar im Widerstreit].

Gültige Ergebnisse der älteren Forschung

Zurücktreten Weimars als historisch-politisches Argument

Solche spezifischen Wechsellagen, die der deutschen Trias von Demokratie, Diktatur und demokratischer Neugründung entspringen, verbinden sich mit den übergeordneten Einflüssen internationaler Forschungstrends. Auch die Historiographie der Weimarer Republik hat sich dem „cultural turn" der letzten beiden Dekaden nicht verschlossen. Die Frage, wie die agierenden Subjekte ihre eigene Zeit und Umwelt wahrnahmen, sich aneigneten und deuteten, strukturiert einen großen Teil der gegenwärtigen Weimar-Forschung. Das Forschungsinteresse hat sich weg von den Ursachen des Scheiterns und hin zu den Erfahrun-

„Cultural turn" der Weimar-Forschung

gen der kulturellen Moderne verlagert. Unverkennbar spiegeln sich in dieser Verlagerung ganz gegenwärtige Erfahrungen mit einer beschleunigten Modernisierung, einer überbordenden Flut von Medien und Bildern und nicht zuletzt auch die Unsicherheit über den eigenen Ort in der Geschichte.

Erfahrung der kulturellen Moderne

Wenn also früher ein eher binäres Grundverständnis vorherrschte, das in den Kategorien „pro" und „contra", republikfreundlich und -feindlich, demokratisch und antidemokratisch usf. argumentierte, so ist dieses Muster inzwischen wenn nicht überwunden, so doch stark erweitert worden. Vielfältige Forschungen haben die dynamische Offenheit und Polyvalenz der Weimarer Kultur, Politik und Gesellschaft betont und die uneindeutige Reichhaltigkeit des intellektuellen Diskurses hervorgehoben. H. U. GUMBRECHTs kulturgeschichtliches Panorama des Jahres 1926 – „ein Jahr am Rand der Zeit" – ist zum Beispiel völlig entkoppelt von der Frage nach dem Scheitern der Republik und kommt weitgehend ohne Kontext und Bezug auf das Jahr 1933 aus [554: H. U. GUMBRECHT, 1926]. Darüber hinaus ist sogar ganz generell der Konstruktcharakter der Weimarer Krise in den Mittelpunkt gestellt worden. Krise und Krisenbewusstsein der Weimarer Republik erscheinen aus dieser Perspektive weniger als das Resultat „realer" politischer und sozialökonomischer Faktoren denn als die Folge eines übergreifenden und sich verselbständigenden Diskurses über die Krise [437: M. FÖLLMER/R. GRAF (Hrsg.): „Krise" der Weimarer Republik, hier v. a. DIES./P. LEO: Die Kultur der Krise in der Weimarer Republik, in: ebd., 9–41].

Offenheit und Polyvalenz der Weimarer Kultur

Krise der Weimarer Republik als Konstrukt?

Auch wenn über Möglichkeiten und Grenzen eines konstruktivistischen Ansatzes unterschiedliche Auffassungen bestehen mögen, so duldet es doch keinen Zweifel, dass die Weimar-Forschung durch entsprechende kulturgeschichtliche Fragestellungen und Methoden enorm an Tiefenschärfe gewonnen hat. Wir wissen heute weitaus mehr als noch vor zwei Jahrzehnten über Mentalitäten, langfristige Deutungsmuster, erfahrungsgeschichtlich gesättigte Orientierungen und intellektuelle Herausforderungen während der Zwischenkriegszeit.

Drei thematische Schwerpunkte können im Rahmen dieser neuen Kulturgeschichte der Weimarer Republik identifiziert werden. Erstens gilt die Aufmerksamkeit den durchaus widersprüchlichen Raum- und Zeiterfahrungen. Im Spannungsfeld von zeitlicher Beschleunigung und räumlicher Verdichtung wechselten Zukunftserwartungen, bestanden unterschiedliche „Eigenzeiten" individueller Gruppen und Organisationen und konkurrierten neue Ordnungskonzepte [M. H. GEYER, Die „Gleichzeitigkeit des Ungleichzeitigen". Zeitsemantik und die Suche nach Gegenwart in der Weimarer Republik, in: 443: W. HARDTWIG

Neue thematische Schwerpunkte

Widersprüchliche Raum- und Zeiterfahrungen

(Hrsg.), Ordnungen in der Krise, 165–187; 444: W. HARDTWIG (Hrsg.), Politische Kulturgeschichte der Zwischenkriegszeit]. Großes Interesse besteht zweitens an der zeitgenössischen Wahrnehmung des Körperlichen. Tatsächlich berührt die Thematisierung des Körpers einen wichtigen Schnittpunkt zwischen Weltkriegserfahrung und avantgardistischer Kultur. Auf der einen Seite rückte der geschundene und verstümmelte Körper der Veteranen in den Mittelpunkt [531: S. KIENITZ, Beschädigte Helden]; so sehr freilich die Betroffenen auch das öffentliche Mitgefühl und die staatliche Aufmerksamkeit einforderten, so wenig konnten sie auf der anderen Seite mit dem avantgardistischen Körperkult der Zeit konkurrieren, der den eleganten, sportgestählten, erotischen, in jedem Fall ästhetischen Körper zu einem erstrangigen Medium erhob [433: M. COWAN/K. M. SICKS (Hrsg.), Leibhaftige Moderne]. Damit verbindet sich drittens der Blick auf das sinnlich Erfahrbare und medial Vermittelte, das jenseits von Hochkultur, Ökonomie und Politik die massenkulturelle Alltagswelt der Weimarer Republik prägte, aber das auch in Form der auf Plaketen visualisierten Propaganda der politischen Parteien begegnete [TH. MERGEL, Propaganda in der Kultur des Schauens. Visuelle Politik in der Weimarer Republik, in: 443: W. HARDTWIG (Hrsg.), Ordnungen in der Krise, 531–559].

Wahrnehmung des Körperlichen

Massenkultur und Alltagswelt

Damit ist bereits angedeutet, dass trotz der Fülle an neu aufgeworfenen kulturgeschichtlichen Perspektiven die Geschichte Weimars keineswegs entpolitisiert ist. Zum einen hat die kulturgeschichtliche Erweiterung ein gesteigertes, fast überraschend neues Interesse an der Welt der politischen Ideen hervorgebracht: an den „gedachten" und diskursiv konstruierten Ordnungen, die in der Zwischenkriegszeit bekanntlich so reichhaltig strömten [424: K.-E. LÖNNE (Hrsg.), Quellen zum politischen Denken]. Zum anderen hat sich das klassische Interesse am politischen System, an den Parteien und Verbänden zu einer Art historischer Demokratieforschung gewandelt, die ihren Gegenstand kulturgeschichtlich erweitert und in eine vergleichende Untersuchungsperspektive stellt. Dazu gehört der internationale Vergleich ebenso wie diachrone Ansätze, welche die politischen Daten 1918 und 1933 überwölben und nach längerfristigen Kontinuitäten und Problemzusammenhängen fragen [449: H. MÖLLER, Diktatur- und Demokratieforschung, v. a. 43–49]. Welchen Ort die Weimarer Republik etwa in der langfristigen „Pfadabhängigkeit" deutscher Sozialpolitik einnahm oder welche Bedeutung die sich entfaltende Konsumgesellschaft hatte, sind Schlüsselfragen der deutschen Geschichte im 20. Jahrhundert geworden [A. WIRSCHING, Politische Generationen, Konsumgesellschaft, Sozialpolitik. Zur Erfahrung von Demokratie und Diktatur in Zwischen-

Keine „Entpolitisierung" Weimars

Internationaler Vergleich und diachrone Ansätze

kriegszeit und Nachkriegszeit, in: 434: A. DOERING-MANTEUFFEL (Hrsg.), Strukturmerkmale der deutschen Geschichte des 20. Jahrhunderts, 43–64]. Ihre Diskussion verleiht übergreifenden Überlegungen zu Deutschlands „langem Weg nach Westen" oder zum Trend der „Westernisierung" empirische Tiefenschärfe [459: H. A. WINKLER, Der lange Weg nach Westen; 435: A. DOERING-MANTEUFFEL, Wie westlich sind die Deutschen?]

Die Fülle der thematisch und methodisch ausdifferenzierten Einzelforschung ist selbst für den Fachmann kaum noch zu überblicken. Zusammen mit dem gesteigerten Interesse an diachronen Problemstellungen dürfte dies dafür verantwortlich sein, dass sich die insgesamt deutlich erweiterte Kenntnis der Weimarer Republik noch kaum in neuen, innovativ deutenden Gesamtdarstellungen niedergeschlagen hat. Bewährte ältere Darstellungen und Handbücher wurden freilich zum Teil substantiell erweitert [41: MÖLLER (7. Aufl. 2004); 43: KOLB (6. Aufl. 2002)] oder neu aufgelegt [57: H. A. WINKLER; 42: H. MOMMSEN]. Einige Studienbücher bzw. knappe zusammenfassende Darstellungen sind hinzugekommen [439: D. GESSNER, Weimarer Republik; 448: R. MARCOWITZ, Weimarer Republik; 452: W. PYTA, Die Weimarer Republik; 446: U. KLUGE, Weimarer Republik, 447: D. LEHNERT, Weimarer Republik; 440: L. GREVELHÖSTER, Kleine Geschichte].

Bedürfnis nach Synthese

In gewisser Weise ähnelt also die heutige Situation derjenigen der 1970er Jahre: Einer fruchtbaren und empirisch ertragreichen Einzelforschung steht das Bedürfnis nach der Synthese gegenüber. Aufgabe einer solchen Synthese wäre es vor allem, die Vielfalt der neuen Erkenntnisse über die kulturgeschichtliche Signatur der Weimarer Republik zu bündeln. Am nächsten kommt diesem Postulat gegenwärtig die neue Gesamtdarstellung von E. WEITZ, in deren Mittelpunkt die dynamische Mehrdeutigkeit der Weimarer Kultur, aber auch ihre „politischen Welten" und ihre „turbulente Ökonomie" stehen [457: E. WEITZ, Weimar Germany]. Anknüpfend an den Hauptstrom der gegenwärtigen Forschung wird Weimar somit zum Kaleidoskop der Moderne und zur besonderen Ausprägung ihrer unhintergehbaren Ambiguität.

Weimar als Kaleidoskop der Moderne

8.2 Die Weimarer Republik als Gegenstand historischer Demokratieforschung

Diesem allgemeinen Forschungstrend entspricht es, wenn die politische Geschichte der Weimarer Republik nicht mehr so eindeutig unter dem Diktum der „historischen Vorbelastungen des deutschen Parlamentarismus" [92: E. FRAENKEL] steht, wie das zum Teil noch bis in die

1980er Jahre der Fall war. Zwar hat die 80-jährige Wiederkehr der Weimarer Verfassungsschöpfung eine Reihe von Gesamtwürdigungen hervorgebracht [462: 80 JAHRE WEIMARER REICHSVERFASSUNG; 490: A. RÖDDER (Hrsg.) Weimar]; aber die früher kontroverse Diskussion um die Funktionsdefizite der Weimarer Reichsverfassung ist verblasst. Aktuell sind dagegen zum einen empirische Untersuchungen über die Entstehung einzelner Verfassungsartikel, so insbesondere der Grundrechtsartikel [475: F. KÖSTER, Entstehungsgeschichte] bzw. der Artikel zum Schutz von Ehe und Familie [527: R. HEINEMANN, Familie, 67–107]. Zum anderen gilt die Aufmerksamkeit der praktischen Funktionsweise des Weimarer Parlamentarismus. Jeweils unterschiedliche Akzente setzend, betonen TH. MERGEL und TH. RAITHEL die Vielschichtigkeit parlamentarischer Arbeit und relativieren damit die früher gängige Auffassung von der Passivität und Verantwortungsscheu des Reichstages. Während MERGEL im Sinne einer Kulturgeschichte des Politischen die kommunikative Praxis des Reichstages beschreibt, veranschaulicht RAITHEL das langwierige Ringen des Reichstags um eine politisch gestaltende Rolle in der Anfangsphase der Weimarer Republik. Beide Autoren betonen die Stabilisierungschancen des Weimarer Parlamentarismus, verhehlen aber auch nicht deren Grenzen. So erodierten um 1930 die über Sprache, Kommunikation und Symbolik vermittelten Integrationschancen des Reichstages [478: TH. MERGEL, Parlamentarische Kultur, 428–456], eines Reichstages, der sich schon von Beginn an schwer tat, die wichtigsten parlamentarischen Funktionen zu erfüllen, nämlich eine Regierung zu stützen und eine potentielle Regierungsalternative zu bieten. [487: TH. RAITHEL, Das schwierige Spiel 525–532, 536–537].

80 Jahre Weimarer Reichsverfassung

Praktische Funktionsweise des Weimarer Parlamentarismus

Ist mit diesen Arbeiten die lange Zeit bestehende Terra incognita des Reichstags ausgeleuchtet worden, so hat auch die traditionell starke Parteienforschung weitere Fortschritte gemacht. Eine wichtige Rolle spielt dabei nach wie vor die Frage, welche Parteienkoalitionen am ehesten parlamentarische Funktionalität verbürgten. Dass Sozialdemokratie und Katholizismus die stabilsten sozialmoralischen Milieus bildeten und ihre Zusammenarbeit für die Stabilität der Republik besonders bedeutsam war, bleibt unbestritten. In Bezug auf die SPD dominiert allerdings eine eher kleinteilige lokal- und verbandsgeschichtliche Spezialforschung [494: J. VOGEL, Der Sozialdemokratische Parteibezirk Leipzig]. Daneben erfahren sozialdemokratische Politiker zunehmend die gebührende biographische Aufmerksamkeit [479: J. MITTAG, Keil; 492: V. SCHOBER, Schumacher; 498: P. ZIMMERMANN, Haubach]. Auch sind die sozialdemokratischen Strategien, Erfolge und Grenzen in

Fortschritte der Parteienforschung

Spezialforschungen zur Sozialdemokratie

den symbolpolitischen Auseinandersetzungen der Republik erneut eingehend untersucht worden [547: B. BUCHNER, Um nationale und republikanische Identität]. Insgesamt aber ist das früher dominante Interesse an der Weimarer SPD deutlich zurückgegangen.

Mehr Aufmerksamkeit erfährt demgegenüber nach wie vor der politische Katholizismus, der überdies durch die jüngste Edition der Akten deutscher Bischöfe sehr gut dokumentiert ist [415: Akten deutscher Bischöfe]. Das fortbestehende Interesse hängt auch damit zusammen, dass das Paradigma von der grundsätzlich republikstabilisierenden Rolle der Zentrumspartei teilweise relativiert wird. Zwar blieben diejenigen Katholiken, die sich explizit zu einer deutsch-nationalen Haltung bekannten, eine kleine Minorität [467: L. E. JONES, Catholics on the Right]; und die von K. RUPPERT neu reflektierten christlich-weltanschaulichen Grundlagen der Zentrumspartei [491: K. RUPPERT, Weltanschaulich bedingte Politik] ermöglichten eine grundsätzliche Tendenz zur verfassungspolitischen Neutralität und zum „vernunftrepublikanischen" Pragmatismus [E. SEEFRIED, Verfassungspragmatismus und Gemeinschaftsideologie: „Vernunftrepublikanismus" in der deutschen Zentrumspartei, in: 461: A. WIRSCHING/J. EDER (Hrsg.), Vernunftrepublikanismus, 57–86]. Gegen Ende der Republik engten jedoch die ideologischen Gegensätze zwischen beiden Milieuparteien die Möglichkeiten ihrer pragmatischen Zusammenarbeit immer stärker ein. So gewannen im Zentrum die strikt antisozialdemokratischen Stimmen wieder an Gewicht, und in dem Maße, in dem eine Art „Äquidistanz" zwischen SPD und NSDAP gefordert wurde, verminderten sich die Chancen auf eine kompromisslose republikanische Front gegen den Nationalsozialismus [493: ST. UMMENHOFER, Wie Feuer und Wasser, 187 u. 272; auch 489: R. RICHTER, Nationales Denken, v. a. 236–253. Differenziert: 464: ST. GERBER, Verfassungsstreit].

Ebenfalls einen strikt antisozialdemokratischen Kurs schlug seit 1930 die DVP ein, für die L. RICHTER auf der Basis aller erreichbarer Materialien eine umfassende Gesamtdarstellung vorgelegt hat [488: L. RICHTER, Deutsche Volkspartei, v. a. 692–701; 426: Nationalliberalismus in der Weimarer Republik]. Die Norm, an der RICHTER die Politik der DVP misst, bleibt letztendlich die Bereitschaft zur Großen Koalition mit der Sozialdemokratie [488: RICHTER, Deutsche Volkspartei, 14; DERS., SPD, DVP und die Problematik der Großen Koalition, in: 450: H. MÖLLER/M. KITTEL (Hrsg.), Demokratie in Deutschland und Frankreich, 153–181]. Vor dem Hintergrund der Wahlergebnisse und der Mehrheitsverhältnisse im Reichstag scheint dies plausibel zu sein, wenngleich phasenweise Alternativen bestanden und auch ganz grundsätzlich nach der Adäquatheit und Funktionsfähigkeit des Modells einer Großen Koalition gefragt werden muss. Letztlich vereinigten sich in ihr kaum überwindbare Gegensätze, so dass es schwer fällt, sie zum Normalfall parlamentarischen Regierens zu erheben. Vielmehr muss diskutiert werden, ob die zeitgenössisch populäre Leitidee der Großen Koalition nicht allzu sehr eine Ersatzkonstruktion für die aus dem Kaiserreich vertraute Fiktion einer obrigkeitsstaatlichen Regierung „über den Parteien" darstellte [496: A. WIRSCHING, Koalition, 47 f.].

<small>Die Große Koalition als Norm?</small>

Besondere Aufmerksamkeit hat schließlich die Geschichte der DNVP auf sich gezogen, die seit 1928 bekanntlich ebenfalls einen scharfen Rechtsruck vollzog. Betont wird die verhängnisvolle Wendung durch Hugenberg, die hoffnungsvolle Ansätze zur Bildung eines systemimmanent agierenden, als Regierungsalternative wirkenden „Tory-Konservatismus" zunichte machte. Insbesondere TH. MERGEL hat diese Entwicklungspotentiale der DNVP vor Hugenberg hervorgehoben und geradezu von einer „stillen Republikanisierung" der Partei gesprochen [478: MERGEL, Parlamentarische Kultur, 323–331; 477: TH. MERGEL, Tory-Konservatismus; demnächst auch: 483: M. OHNEZEIT, Zwischen „schärfster Opposition" und dem „Willen zur Macht"], eine These, die allerdings nicht ohne Widerspruch geblieben ist [472: M. KITTEL, „Steigbügelhalter"]. In jedem Fall verbanden sich die gouvernementalen Ansätze der DNVP mit der Person des langjährigen Partei- und Fraktionsvorsitzenden Kuno Graf Westarp. Der erst vor kurzem zugänglich gemachte Nachlass Westarps hat weitere Forschungen ermöglicht und die „republikanischen" Potentiale seiner politischen Karriere weiter ausgeleuchtet [insbes.: 432: K. GR. V. WESTARP, Konservative Politik; L. E. JONES, Kuno Graf von Westarp und die Krise des deutschen Konservatismus, in: 468: L. E. JONES/W. PYTA (Hrsg.), Ich bin der letzte Preuße, 109–146].

<small>Forschungsschwerpunkt DNVP</small>

<small>Eine „stille Republikanisierung" der DNVP?</small>

Westarps Niederlage und Hugenbergs Spaltungspolitik schwächten die interessen- und verbandspolitische Position der DNVP und leisteten dem Eindringen der NSDAP in die traditionell der DNVP nahestehenden Milieus Vorschub. Während die Staats- und Wirtschaftskrise seit 1930 manche Verbände parteipolitisch weitgehend orientierungslos ließ [503: R. FATTMANN Bildungsbürger, 201–207], verlagerten andere ihre Loyalität allmählich auf die NSDAP. So entwickelte z.B. ein Großteil der Mitglieder des Deutschnationalen Handlungsgehilfenverbandes seit 1930 große Sympathien für den Nationalsozialismus [496: WIRSCHING, Koalition, 60–63]. Einen analogen Mechanismus zeigt A. MÜLLER am Beispiel der deutschnationalen Agrarpolitik auf [481: A. MÜLLER, „Fällt der Bauer"]. Besonders nachdrücklich spiegelt diesen

<small>Eindringen der NSDAP in die konservativen Milieus</small>

Prozess die Geschichte der Christlich-Nationalen Bauern- und Landvolkpartei wider. Zunächst konnte die 1928 gegründete Partei auf die Unterstützung des Reichslandbundes zählen. Als dieser sich aber dem Nationalsozialismus zuwandte, war es mit den Erfolgen des Landvolks rasch vorbei. Die Partei erwies sich somit als klassischer „Zwischenwirt" im Prozess des Übergangs protestantisch-ländlicher Loyalitäten von der DNVP zur NSDAP [482: M. MÜLLER, Bauern- und Landvolkpartei; 473: M. KITTEL, Provinz zwischen Reich und Republik, 583–586].

Christlich-Nationale Bauern- und Landvolkpartei

Darüber hinaus sind auch einzelne Ereigniskomplexe, vor allem in den Krisenjahren zu Beginn der Weimarer Republik, durch quellengestützte Studien neu beleuchtet worden. Hierzu gehören der Kapp-Lüttwitz-Putsch, den eine neuere Quellenpublikation maßgeblich durch Ludendorff initiiert sieht [422: E. KÖNNEMANN/G. SCHULZE (Hrsg.), Kapp-Lüttwitz-Ludendorff-Putsch], sowie die Ruhrkrise, die jüngst eingehend erforscht wurde [463: C. FISCHER, Ruhr Crisis]. Insbesondere die zeitgenössisch so umstrittene Frage, welches Ausmaß gewalttätige Übergriffe durch die französischen Besatzungstruppen annahmen, kann durch den Vergleich deutscher und französischer Quellen so detailliert wie möglich untersucht werden [476: G. KRUMEICH/J. SCHRÖDER (Hrsg.), Schatten des Weltkriegs]. Anknüpfend an frühere Forschungen ist auch die Inflationskrise unter wirtschafts- wie unter kulturgeschichtlichen Aspekten noch einmal zusammenfassend analysiert und dargestellt worden [511: H. KERSTINGJOHÄNNER, Inflation; 523: B. WIDDIG, Culture and Inflation].

Kapp-Lüttwitz-Putsch

Ruhrkrise

Inflationskrise

Über Einzelstudien hinaus hat der internationale Vergleich den Blick für die spezifischen Entwicklungen des Weimarer Parteienparlamentarismus geschärft. Einerseits erklären sich seine Funktionsschwächen zwar aus der für die Weimarer Republik typischen Konvergenz mehrerer politischer, ökonomischer und kultureller Belastungsfaktoren, die aber andererseits in den größeren Zusammenhang einer europäischen Krise des Parlamentarismus eingeordnet werden müssen. Die deutsche Krise erscheint mithin als die singuläre Zuspitzung einer gemeineuropäischen Entwicklung [450: Zuletzt H. MÖLLER/M. KITTEL (Hrsg.), Demokratie in Deutschland und Frankreich; 453: M.-L. RECKER (Hrsg.), Parlamentarismus in Europa; 460: A. WIRSCHING (Hrsg.), Herausforderungen der parlamentarischen Demokratie]. Als besonders ertragreich hat sich in dieser Hinsicht der deutsch-französische Vergleich erwiesen. Das große demokratievergleichende Projekt des Instituts für Zeitgeschichte hat vor allem kulturelle Belastungsfaktoren der Weimarer Demokratie herausgearbeitet. Dies gilt im Besonderen für

Internationaler Vergleich

Projekt des Instituts für Zeitgeschichte

die Themen des Parlamentarismus [487: RAITHEL, Das schwierige Spiel], der ländlichen politischen Mentalitäten und der konfessionellen Spaltung [473: M. KITTEL, Provinz zwischen Reich und Republik] sowie des politischen Extremismus [386: A. WIRSCHING, Vom Weltkrieg zum Bürgerkrieg?]. Aber auch das Demokratieverständnis des Weimarer Liberalismus unterschied sich nachhaltig von vergleichbaren französischen Strömungen durch seine fortdauernde Orientierung an einem überparteilichen und letztendlich antipluralistischen Politikbegriff [ST. GRÜNER, Zwischen Einheitssehnsucht und pluralistischer Massendemokratie. Zum Parteien- und Demokratieverständnis im deutschen und französischen Liberalismus der Zwischenkriegszeit, in: 450: H. MÖLLER/M. KITTEL (Hrsg.), Demokratie in Deutschland und Frankreich, 219–249; s.a. 299: H. MÖLLER, Bürgertum]. {Kulturelle Belastungsfaktoren der Weimarer Republik}

Eine veritable Renaissance hat in den letzten Jahren der biographische Zugriff auf die politische Geschichte der Weimarer Republik erfahren. Neben einigen Biographien von Politikern aus der zweiten Reihe [u.a. 420: A. GRZESINSKI, Kampf; 469: C.-A. KAUNE, Hellpach; weitaus kritischer: 466: CH. JANSEN, Antiliberalismus; 470: A. KELLMANN, Erkelenz; 479: MITTAG, Keil, 181–334; 471: M. KESSLER, Rosenberg; 425: H. MOLKENBUHR, Arbeiterführer; 438: M. FRÖHLICH (Hrsg.), Weimarer Republik] sind in den letzten Jahren auch gewichtige Studien zu den zentralen Figuren der Weimarer Republik erschienen. So wird Gustav Stresemann in mehreren Biographien eingehend gewürdigt [497: J. WRIGHT, Stresemann; 474: E. KOLB, Stresemann; 485: K. H. POHL (Hrsg.), Politiker und Bürger; 417: H. BERNHARD, Stresemann]. Insbesondere WRIGHT porträtiert Stresemann als überzeugten Verteidiger der Republik und als charismatischen Parlamentarier. Auch wenn die Urteile im Einzelnen differieren, so besteht doch weitgehend Einigkeit darüber, dass die Republik mit Stresemann einen ihrer bedeutendsten Vertreter zu früh verlor. {Renaissance der biographischen Forschung} {Gustav Stresemann}

Weitaus widersprüchlicher präsentiert sich dagegen nach wie vor das Bild Heinrich Brünings. Tatsächlich ist hier auch rund fünfzig Jahre nach der Bracher-Conze-Kontroverse [s.o., S. 112f.] noch kein Konsens abzusehen. Während W. L. PATCH und H. HÖMIG in ihren Biographien auf ältere Deutungsmuster zurückgreifen und in Brünings Kanzlerschaft eine Stabilisierungschance für die Weimarer Republik erkennen [484: W. L. PATCH JR., Heinrich Brüning; 465: H. HÖMIG, Brüning], weist eine jüngst erschienene Arbeit diese These mehr oder minder scharf zurück. Unter anderem basierend auf eingehender Durchsicht seines in Harvard lagernden Nachlasses, wird Brüning hier als „nationalkonservativer Katholik" mit antidemokratischen Vorbehalten und {Heinrich Brüning} eindeutig antiparlamentarischen Ambitionen porträtiert [495: P. O. VOLKMANN, Heinrich Brüning].

Einen beachtlichen Fortschritt stellen die kürzlich erschienenen großen Studien über die beiden Reichspräsidenten Friedrich Ebert [480: W. MÜHLHAUSEN, Friedrich Ebert] und Paul von Hindenburg [486: W. PYTA, Hindenburg] dar. Auf je unterschiedliche Weise erlauben sie zum Teil grundlegend neue Einsichten in die Tiefendimensionen der Weimarer Demokratie. MÜHLHAUSEN setzt sich dabei von den teilweise sehr kritischen, an Arthur Rosenberg anknüpfenden Stimmen der 1960er und 1970er Jahre ab und rückt Ebert in ein dezidiert positives Licht. Die außen- und innenpolitischen Handlungszwänge des Rates der Volksbeauftragten sowie seiner Präsidentenzeit betonend, porträtiert er Ebert als überzeugten Demokraten. Eine deutlich wichtigere Rolle als bislang angenommen spielte Ebert demzufolge auch für die symbolische Integration der Republik, wenngleich er gerade in diesem Bereich auf starke Widerstände, Proteste und ablehnende Gesten traf, die schließlich im Vorwurf des Landesverrats und im Magdeburger Prozess kulminierten [480: MÜHLHAUSEN, Ebert, 775–869, 911–966].

Friedrich Ebert

Die Grenzen, auf die Ebert im Bereich der symbolischen Kommunikation stieß, erklären umgekehrt die überlebensgroße Gestalt seines Nachfolgers Hindenburg. In PYTAs Studie erscheint Hindenburg als Vertreter einer nicht demagogisch erworbenen, sondern kulturell zugeschriebenen „charismatischen" Herrschaft, das heißt als personales Zentrum eines „Symbolangebots", das politisch-kulturelle Kommunikation und damit nationale Integration ermöglichte [486: PYTA, Hindenburg, 289–293]. Diese interpretatorische Grundentscheidung reicht weit über traditionelle verfassungs- und sozialhistorische Sichtweisen der Präsidialkabinette hinaus und sucht die plebiszitäre Legitimation des Reichspräsidenten kulturgeschichtlich zu erklären. Auch Hindenburg, seine politische Karriere und die Macht des Reichspräsidenten werden damit zu Gegenständen einer kulturgeschichtlich erweiterten historischen Politik- und Demokratieforschung.

Paul von Hindenburg

8.3 Wirtschaft, Gesellschaft, Milieus

Diesem Aufschwung kulturhistorischer und kulturhistorisch erweiterter politikgeschichtlicher Arbeiten entspricht ein vergleichsweise geringeres Interesse an der Wirtschaftsgeschichte der Weimarer Republik. Allerdings hat A. RITSCHL den komplexen polit-ökonomischen Zusammenhang von Reparationen und Außenfinanzbeziehungen einer neuen, eingehenden Untersuchung unterzogen. Zwischen der Orientie-

Geringeres Interesse an der Wirtschaftsgeschichte

rung an den USA und dem Gewinn innenpolitischer Legitimation für die Republik bestand demzufolge eine positive Korrelation. Einmal mehr hebt dies die Abhängigkeit der deutschen Wirtschaft und Politik von amerikanischem Kapital hervor und zeigt, dass die deutsche Wirtschaftskrise nur in ihrem internationalen Kontext zu begreifen ist. In dem Maße, in dem außen- und außenwirtschaftspolitisch eine Einbindungsstrategie gegenüber den USA scheiterte – was 1920/21, 1928 und 1931/32 der Fall war – ging auch die innenpolitische Legitimation zurück [521: A. RITSCHL, Deutschlands Krise und Konjunktur]. *Abhängigkeit von den USA*

Weitere Studien gelten der Geschichte der Reichsbank [520: S. REINHARDT, Reichsbank], der Vereinigten Stahlwerke A.G. [519: A. RECKENDREES, „Stahltrust"-Projekt] und dem krisenhaften Konjunkturverlauf zu Beginn der 1930er Jahre. Die Ergebnisse tendieren dazu, deterministische Modelle, die den Zusammenbruch der Weimarer Republik als ökonomisch unausweichlich darstellen, zu relativieren. Aus dieser Perspektive erscheint zum Beispiel die Bankenkrise von 1931 als durchaus vermeidbar [522: I. SCHNABEL, German Twin Crisis], während zugleich deutlich wird, dass die Talsohle der Krise Ende 1932 klar durchschritten war [500: CH. BUCHHEIM, Erholung]. *Skepsis gegenüber deterministischen Modellen*

Umgekehrt freilich blieb der Konjunkturverlauf entscheidend für das Maß an Vertrauen, das die Wirtschaftsverbände dem Weimarer Parlamentarismus entgegenzubringen bereit waren. Solange dessen wirtschaftspolitische Zweckmäßigkeit gewährleistet zu sein schien, dominierten zum Beispiel im RDI durchaus demokratienahe bzw. vernunftrepublikanische Einstellungen. Sofern sich dagegen die gesetzten ökonomischen Prioritäten nicht mehr in parlamentarisches Handeln übersetzen ließen, verschob sich die politische Loyalität der Wirtschaftsverbände zugunsten autoritärer Lösungsansätze [W. PLUMPE, Der Reichsverband der Deutschen Industrie und die Krise der Weimarer Wirtschaft, in: 460: WIRSCHING (Hrsg.), Herausforderungen, 129–157; W. PYTA, Vernunftrepublikanismus in den Spitzenverbänden der deutschen Industrie, in: 461: A. WIRSCHING/J. EDER (Hrsg.), Vernunftrepublikanismus, 88–108]. *Vernunftrepublikanische Einstellungen in der Wirtschaft*

Ein empfindliches Desiderat der Forschung betraf lange Zeit die Migrationsgeschichte der Weimarer Republik. An der Schnittstelle von konjunktureller, demographischer und politisch-kultureller Entwicklung liegend, ist der Gegenstand nunmehr von J. OLTMER eingehend erforscht worden. Als Grundmotiv des Themas arbeitet OLTMER eine ganz überwiegend ablehnende Haltung gegenüber jeglicher Einwanderung heraus, die sich aus einer „ethno-nationalen Konstruktion" speiste. Die hieraus resultierende deutsche „Anti-Integrationspolitik" blieb *Migrationsgeschichte und „ethno-nationale" Migrationspolitik* an dem Schicksal politischer Flüchtlinge, in erster Linie Russen und Juden, im Kern desinteressiert; zugleich wurde der heimische Arbeitsmarkt vor allem in der Landwirtschaft durch eine strikte Kontingentierungspolitik geschützt [518: J. OLTMER, Migration und Politik, v. a. 42–88]. Ähnlich ethnisch verengt blieb die Politik der Weimarer Republik gegenüber nationalen Minderheiten, die in Kontinuität zum Kaiserreich zwischen funktional orientierter „Gewinnungspolitik" und „taktischer Großzügigkeit" variierte [506: TH. GÖTHEL, Demokratie und Volkstum, 110–121, 323–334].

Nationale Minderheiten

In gesellschaftsgeschichtlicher Hinsicht standen lange die Arbeiterbewegung, das sozialdemokratische sowie das katholische Milieu, aber auch mittelständische Schichten wie insbesondere die Angestellten im Vordergrund [s.o. 74–76]. Demgegenüber hat sich die Forschung in den letzten Jahren jenen sozialen Gruppierungen und Milieus zugewandt, denen bis dahin eher wenig Aufmerksamkeit galt. Hierzu gehört die Geschichte des Adels, der sich freilich in seiner Binnenstruktur stark ausdifferenzierte und lange Zeit eher als Gegenstand der Frühen Neuzeit betrachtet wurde [jetzt dagegen: E. CONZE/M. WIENFORT (Hrsg.), Adel und Moderne. Deutschland im europäischen Vergleich im 19. und 20. Jahrhundert, Köln u. a. 2004]. Mit den Grafen von Bernstorff widmet sich die familienbiographische Arbeit von E. CONZE erstmals empirisch dicht dem Typus des nordostdeutschen Rittergutsbesitzers. Elemente des Abstiegs und des „Obenbleibens", der Durchsetzungsfähigkeit und der Anpassung ergeben zusammen ein komplexes Bild adeliger Existenz in der ersten Hälfte des 20. Jahrhunderts [501: E. CONZE, Von deutschem Adel; am Beispiel Mecklenburgs: 508: M. HEMPE, Ländliche Gesellschaft, 213–316]. Hierzu gehört auch das Widerspiel von politischer Feindschaft gegen die Weimarer Republik und der Affinität, partiell aber auch der Skepsis des Adels gegenüber dem Nationalsozialismus, das ST. MALINOWSKI eingehend dargelegt hat [515: ST. MALINOWSKI, Vom König zum Führer].

Geschichte des Adels als Forschungsfeld

In diesem Zusammenhang muss auf den nachhaltigen Antisemitismus hingewiesen werden, der insbesondere für den kleineren ostelbischen Adel eine Art „kommunikativer Brücke" zur neuen völkischen Rechten bildete [EBD., 482]. Wie sich demgegenüber der Antisemitismus in die Alltagserfahrung der deutschen Juden einschrieb und welche Gegenstrategien bzw. „Wahrnehmungsfilter" letztere entwickelten, ist ebenfalls eingehend erforscht worden [507: C. HECHT, Deutsche Juden]. Damit ist zugleich die Brücke geschlagen zur Erforschung der Juden und des jüdischen Lebens selbst, ein Themenkomplex, der lange Zeit im Hintergrund stand. Anknüpfend an neuere Arbeiten zur jüdi-

Antisemitismus

Jüdische Alltags- und Kulturgeschichte

schen Geschichte im 19. Jahrhundert treten die jüdische Alltags- und Kultur-, Identitäts- und Krisengeschichte während der Weimarer Republik zunehmend als historiographische Gegenstände eigenen Rechts hervor [517: T. MAURER, Vom Alltag zum Ausnahmezustand; 514: M. LIEPACH, Krisenbewußtsein; 499: M. BRENNER, Jüdische Kultur].

Verstärkt thematisiert wurde in letzter Zeit auch der konfessionelle Konflikt als Element der Weimarer Kultur. Dass er konfessionalistische Einstellungen speiste und damit einen zentralen und lange Zeit unterschätzten Faktor darstellte, ist überzeugend aufgezeigt worden. Und dies galt auch und gerade für das durch die Revolution von 1918 traumatisierte konservativ-nationale protestantische Milieu, das demzufolge geradezu unter konfessionalistischem „Strukturzwang" handelte [473: KITTEL, Provinz, 235; 512: M. KITTEL, Konfessioneller Konflikt]. Zwar bleibt es methodisch schwierig, den Protestantismus, der sich partei- und verbandspolitisch heterogen organisierte, zu fassen. Mehrere empirische Arbeiten haben aber sowohl die Dichte als auch die sozial-moralische und politisch-kulturelle Bedeutung des protestantischen Milieus eingehend herausgearbeitet. Dies gilt sowohl für das protestantisch geprägte flache Land [473: KITTEL, Provinz; 502: TH. FANDEL, Protestantische Pfarrer; eher agrar- und sozialgeschichtlich 508: M. HEMPE, Ländliche Gesellschaft] wie für Württemberg als dem lutherischen Stammland des Pietismus [513: R. LÄCHELE/J. THIERFELDER (Hrsg.), Württembergs Protestantismus] wie auch für städtische Räume [516: H. MATTHIESEN, Greifswald, 75–301; 505: M. GAILUS, Protestantismus, v. a. 57–88]. Für den Raum Greifswald ist im Kontext des Politisierungsschubs nach 1918 geradezu von einer „nachholenden Milieubildung" gesprochen worden [516: MATTHIESEN, Greifswald, 292].

Einerseits reagierte das protestantische Milieu skeptisch bis ablehnend auf die Herausforderungen der Moderne mit ihrer Tendenz zur Pluralisierung und Differenzierung. Insofern lässt sich der mentale und ideologische Hauptstrom des Protestantismus als sozialkonservativ charakterisieren. Andererseits aber suchte man nach Erneuerungs- und Sammlungsstrategien, die eben dieser Tendenz mit neuer Orientierung und mit neuen Formen kirchlicher Praxis und Vergesellschaftung begegnen sollten [z. B. D. J. DIEPHOUSE, Selbstbehauptung und Selbsterneuerung. Der evangelische Volksbund für Württemberg und die „Krise der Moderne" 1919–1933, in: 513: R. LÄCHELE/J. THIERFELDER (Hrsg.), Württembergs Protestantismus, 199–212]. Hier liegen wichtige Wurzeln für einen idealistisch begriffenen, zeitgemäßen „sozialen Protestantismus" [510: T. JÄHNICHEN/N. FRIEDRICH (Hrsg.), Protestan-

Konfessionelle Elemente der Weimarer Kultur

Bedeutung des protestantischen Milieus

Protestantismus und „Krise der Moderne"

tismus]. Dabei bestanden unübersehbare Parallelen zwischen den beiden Konfessionen. So besaß zum Beispiel der 1931 unter Brüning eingeführte Freiwillige Arbeitsdienst (FAD) starke konfessionelle Wurzeln und Verbindungen: zum einen in der Idee des Evangelischen Arbeitsdienstes [509: CH. ILIAN, Der Evangelische Arbeitsdienst, 241–398], zum anderen in der Aktivität der katholischen Jugendverbände [526: M. GÖBEL, Katholische Jugendverbände].

Protestantismus und Nationalsozialismus

Vor diesem Hintergrund lässt sich auch die „Gretchenfrage" des deutschen Protestantismus, nämlich sein Verhältnis zur NS-Bewegung seit 1930, neu stellen [504: M. GAILUS, 1933]. Milieugeschichtlich scheint sich der Eindruck zu bestätigen, den andere Forschungen zum ambivalenten Verhältnis von Nationalsozialismus und Weimarer „Modernität" nahelegen: In die Annahme oder zumindest positive Hinnahme des NS-Regime konnte letztlich beides führen, sowohl die kulturpessimistische Abwehr einer als sozial-moralisch verderblich betrachteten Moderne als auch das ideologisch begründete Bemühen, Kultur und Gesellschaft durch aktivistische Maßnahmen völkisch umzuprägen.

8.4 Familie, Geschlechter, Generationen

Dies betraf nicht zuletzt auch jene moralischen Grundfragen, die sich biopolitisch formulieren ließen. Entwicklungsmöglichkeiten der Familien, Geschlechterordnungen und das Verhältnis der Generationen untereinander bildeten einen Themenkomplex, dessen Relevanz für die Weimarer Kultur, Gesellschaft und Politik von der neueren Forschung eindrücklich aufgewiesen wurde. Insbesondere die Familienpolitik lag

Forschungsschwerpunkt Familienpolitik

im Schnittpunkt mehrerer Interessenskreise. Zwischen der Sorge vor dem „Bankrott der bürgerlichen Familie", sozialdemokratischer Reformpolitik und dem katholischen Anliegen nach Bewahrung der weltanschaulich-moralischen Grundlagen bestanden breite Zonen der Überlappung, aber auch erbittert ausgefochtene Gegensätze. Zwar gewährleistete die Weimarer Reichsverfassung weitgehende Gleichheitsrechte, in der politisch-gesellschaftlichen Praxis überwog jedoch das sozialkonservative Festhalten an einem eher restriktiven Status quo. Die insbesondere von der SPD geforderten weitreichenden Sozialreformen zur Liberalisierung des Scheidungsrechts und des Abtreibungsrechts nach § 218 StGB sowie zur Gleichstellung unehelich geborener Kinder blieben im Sande stecken und scheiterten nicht selten am Widerstand der Zentrumspartei [527: R. HEINEMANN, Familie, 151–205; 535: M. MOUTON, From Nurturing the Nation, 69–106].

Eine besondere Note erhielt der Weimarer Diskurs um die Familie durch seine bevölkerungspolitische Überlagerung. Der bevölkerungspolitische „Zugriff auf die Familie" durch Ideologen wie Friedrich Burgdörfer [527: R. HEINEMANN, Familie, 214–239; CH. REINECKE, Krisenkalkulationen. Demographische Krisenszenarien und statistische Expertise in der Weimarer Republik, in: 437: M. FÖLLMER/R. GRAF (Hrsg.), „Krise", 209–240] entsprang der Sorge, das Heil der deutschen Nation sei infolge der weltkriegsbedingten Bevölkerungsverluste und des allgemeinen Trends zum Geburtenrückgang in seinem demographischen Kern gefährdet. Dies bildete den Wurzelboden, auf dem sich ein explosives Gemisch aus Kulturpessimismus und Krisenbewusstsein, dem Ruf nach Stärkung der Familien und technokratischen Lösungskonzepten, schließlich auch aus sozialeugenischen und rassenhygienischen Diskussionen und Strategien ausbreiten konnte. [544: M. WEIPERT, „Mehrung der Volkskraft"] In dieser Perspektive werden einmal mehr die Kontinuitäten in das NS-Regime hervorgehoben [535: M. MOUTON, From Nurturing the Nation (konzentriert auf Westfalen)]. *Demographischer Krisendiskurs*

Bevölkerungspolitisch aufgeladene Familiendiskurse verknüpften sich meist auch mit dem skeptischen Blick auf bestehende Geschlechterordnungen [U. PLANERT, Kulturkritik und Geschlechterverhältnis. Zur Krise der Geschlechterordnung zwischen Jahrhundertwende und „Dritten Reich", in: 443: W. HARDTWIG (Hrsg.), Ordnungen in der Krise, 191–214]. Allerdings ist auf die häufig gestellte Frage, wieweit sich die geschlechtsspezifisch codierten Rollen in der Weimarer Gesellschaft veränderten, eine allgemeingültige Aussage kaum möglich. Auch wäre es ein verkürztes Bild, das Verhältnis der Geschlechter vor allem als „Geschlechterkriege" zu begreifen. Vielmehr ergibt ein genaueres Hinsehen auch auf die Wirkung des Ersten Weltkrieges ein widersprüchliches Bild [532: B. KUNDRUS, Geschlechterkriege]: Zwar erweiterten sich die sozialen Bewegungsspielräume für Frauen. Aber solcher Zugewinn an Freiheiten provozierte zugleich tiefes Misstrauen, fortbestehende Abwehrhaltungen oder auch aggressive Gegenbewegungen. Die Auffassung, die jungen Frauen vernachlässigten ihre reproduktiven Pflichten, korrespondierte dann mit dem Ruf nach neuer „Mütterlichkeit" und nach der soziokulturellen Stärkung der Familie. *Stabilität und Krise der Geschlechterordnung*

Aktuelle Forschungen weisen denn auch eindeutig darauf hin, dass es sich bei dem spektakulären und zeitgenössisch viel diskutierten Durchbruch der „Neuen Frau" um mehr handelte als ein bloßes Medienphänomen. Zwar ist unbestritten, dass die mediale Konstruktion entscheidend zur Etablierung neuer weiblicher Leitbilder beitrug [530: G. KESSEMEIER, Sportlich, sachlich, männlich]. Doch zumindest partiell bildeten die medial vermittelten weiblichen „Mode-Körper" soziale Realitäten der Großstadtkultur ab, und in jedem Fall trugen sie dazu bei, die soziale Praxis zu formen und mit neuer Orientierung zu versehen [B. DOGRAMACI, Mode-Körper. Zur Inszenierung von Weiblichkeit in Modegrafik und -fotografie der Weimarer Republik, in: 433: M. COWAN/K. M. SICKS (Hrsg), Leibhaftige Moderne, 119–135]. Über das an quasi-männlicher, schlanker Sportlichkeit orientierte Körperideal hinaus ging es in der Praxis meist um weibliche Selbstbestimmung durch die Nutzung neu entstandener Optionen. Berufliche Chancen in den Wirtschaftsmetropolen, ein akademisches Studium, zugleich freilich der Verzicht auf oder zumindest das zeitliche Hinausschieben von Ehe und Familie bildeten im Prinzip realisierbare Möglichkeiten zur Gewinnung weiblicher Individualität [539: A. SCHASER, Studentinnen; M. FÖLLMER, Auf der Suche nach dem eigenen Leben. Junge Frauen und Individualität in der Weimarer Republik, in: 437: M. Föllmer/R. Graf, „Krise", 287–317].

Das beste Indiz für den tatsächlichen, wenngleich allmählichen Wandel, der sich in der Geschlechterordnung andeutete, liegt in dem umfassenden Versuch aller Parteien, Frauen und ihre Stimmzettel für die eigenen Zwecke zu mobilisieren. Beflügelt durch die Einführung des Frauenwahlrechts, bemühten sich auch national gesinnte Parteien und Verbände um die Aktivierung bürgerlicher Frauen zu ihren Gunsten [543: J. SNEERINGER, Winning Women's Votes, 42–51, 110–114; 540: R. SCHECK, Mothers of the Nation, 23–47; 528: K. HEINSOHN, Partizipation], und das Thema „Nation und Geschlecht" entwickelte sich zu einem prominenten Aspekt zeitgenössischer Ordnungskonzepte [536: U. PLANERT (Hrsg.), Nation; 537: N. R. REAGIN, Sweeping the German Nation, v. a. 72–109]. Zunächst unabhängig von den politischen Inhalten bestand dabei in den konservativ-nationalen Milieus beider Konfessionen eine deutliche Tendenz zur Mobilisierung der Frauen [538: B. SACK, Zwischen religiöser Bindung und moderner Gesellschaft; 533: S. LEKEBUSCH, Evangelische Frauenhilfe; 528: K. HEINSOHN, Partizipation]. In dem Maße freilich, in dem sie zugleich auf der sozialen Zuschreibung getrennter Geschlechterrollen beharrten, variierten diese Anstrengungen das bekannte „Dilemma des Konservatismus", der die Strukturprinzipien und Handlungsbedingungen der Moderne akzeptieren muss, um in ihr seine Ziele verfolgen zu können [541: G. SCHNEIDER-LUDORFF, Magdalena von Tiling; 528: K. HEINSOHN, Partizipation].

Auseinandersetzungen um die Ordnung der Geschlechter verknüpften sich leicht mit generationellen Gegensätzen, wenngleich angemerkt wurde, dass in der Forschung das Konzept Generation häufig männlich dominiert und die Kategorie des Geschlechts unterrepräsentiert bleibt [525: CH. BENNINGHAUS, Geschlecht der Generation; 524: U. A. J. BECHER, Zwischen Autonomie und Anpassung]. Dass indes die Weimarer Gesellschaft stark von generationellen Spannungen gekennzeichnet war, ist bekannt und jüngst erneut hervorgehoben worden [534: H. MOMMSEN, Generationenkonflikt; 423: W.-R. KRABBE (Hrsg.), Parteijugend]. Neue Tiefenschärfe gewinnt das Konzept darüber hinaus dort, wo es an analytisch konkrete Erfahrungs- und Organisationsräume gekoppelt wird. So wurde der auf G. Gründel zurückgehende Begriff der zwischen 1900 und 1910 geborenen „Kriegsjugendgeneration", die sich nach 1918 als besonders anfällig für totalitäre Deutungsmuster erwies, weiter profiliert [529: U. HERBERT, Drei politische Generationen; 567: B.-A. RUSINEK, Krieg als Sehnsucht]. Ertragreich anwenden lässt sich das Generationenkonzept auch auf eine politische Kraft wie die organisierte Arbeiterbewegung. Einerseits erleichterten alters- und systemspezifische Erfahrungen der „Generation Ebert" die Wendung zum Reformismus [B. BRAUN, Die „Generation Ebert" in: 542: K. SCHÖNHOVEN/B. BRAUN (Hrsg.), Generationen, 69–86]; andererseits aktualisierte sich in beiden großen Arbeiterparteien, in der KPD wie der SPD, ein jeweils spezifischer Konflikt zwischen den Generationen [S. WEICHLEIN, Milieu und Mobilität: Generationelle Gegensätze in der gespaltenen Arbeiterbewegung der Weimarer Republik, in: 542: K. SCHÖNHOVEN/B. BRAUN (Hrsg.), Generationen, 165–192].

Generation als Forschungskonzept

„Kriegsjugendgeneration"

Generationenkonflikte in der Arbeiterbewegung

8.5 Massenkultur – Politische Kultur

Die Themen Familie, Geschlechter und Generationen verknüpften sich in vielfältiger Weise mit den Phänomenen der Massenkultur. Zugleich formten sie in dem Maße Gegenstände der politischen Kultur, in dem sie zum Bezugspunkt politisch-ideologischer Ordnungssysteme wurden. Große Aufmerksamkeit haben in der Forschung daher die in der Weimarer Republik aufblühenden Medien erfahren. Insbesondere die Geschichte des Rundfunks hat sich zu einem veritablen Schwerpunkt entwickelt, wobei der Forschungsstand noch uneinheitlich ist. Insgesamt dominiert das Interesse an der Gestaltung der Programme zwischen politischen und populären Inhalten [559: H. KREUZER, Hörspiele; 556: U. HEITGER, Zeitzeichen; 570: F. STEINFORT, Hörspiele; 557: P. JELAVICH, Berlin Alexanderplatz, 36–125]. Auch das Vordringen des

Mediengeschichte als Forschungsschwerpunkt

Rundfunks in die ländliche Gesellschaft ist untersucht worden [548: F. CEBULLA, Rundfunk, 31–192; 565: D. MÜNKEL, „Der Rundfunk geht auf die Dörfer", v. a. 184–188]. Darüber hinaus liegen einige wenige Darstellungen vor, die den Rundfunk als Ausdruck eines größeren Ganzen betrachten und seine Institutionen- und Programmgeschichte in ihren gesellschaftlichen und politisch-kulturellen Kontext einbetten [560: C. LENK, Erscheinung des Rundfunks; 550: K. DUSSEL, Hörfunk in Deutschland; 562: I. MARSSOLEK/A. V. SALDERN (Hrsg.), Radiozeiten, v. a. 11–38]. Dabei erscheint das je spezifische Verhältnis von Kultur und Politik sowie die Debatte über den Rundfunk als Teil eines allgemeineren Diskurses über die kulturelle Moderne und die in ihr generierten „zweiten Wirklichkeit" [558: H. KNOCH, Aura des Empfangs, 135]. Schließlich ist auch die spezifische Frage nach der Rolle des Radios im Übergang zum NS-Regime gestellt und dargelegt worden, in welch hohem Maße das neue Medium bereits vor 1933 zur Verbreitung von völkischem und heimatideologischen Inhalten beitrug [568: A. v. SALDERN, *Volk* and *Heimat* Culture].

Neben dem Hörfunk prägten Kino [569: H. SEGEBERG (Hrsg.), Perfektionierung des Seins] und Theater, Tanz- und Variétédarbietungen, Mode- und Sportveranstaltungen den massenkulturellen Aufbruch der Weimarer Republik. Sie alle richteten die kognitiven Wahrnehmungen der Zeitgenossen nachhaltig auf das Visuelle. Diese Tendenz zur Visualisierung, zu der auch der verstärkte Blick auf den menschlichen Körper gehörte [445: D. KERBS/W. UKA (Hrsg.), Fotografie und Bildpublizistik; 454: C. SCHMÖLDERS/S. L. GILMAN (Hrsg.), Gesichter; 433: M. COWAN/K. M. SICKS (Hrsg.), Leibhaftige Moderne], ist ein bevorzugter Gegenstand der neuesten Forschung, worin sich durchaus aktuelle Erfahrungen mit der medialen und massenkulturellen „Reizüberflutung" der Gegenwart spiegeln dürften. Dies betrifft beispielsweise auch jene Mechanismen, mit denen die vom Boulevard geprägte Großstadtkultur neue Formen der Individualität konstruierte, und die Strategien der Werbeindustrie [P. LEO, Der „fremde Andere". Zur Sichtbarkeit des Einzelnen in den Inszenierungen der modernen Großstadt, M. FÖLLMER, Die Berliner Boulevardpresse und die Politik der Individualität in der Zwischenkriegszeit u. A. SCHUG, Das Ende der Hochkultur? Ästhetische Strategien der Werbung 1900–1933, alle in 443: W. HARDTWIG (Hrsg.), Ordnungen in der Krise, 261–291, 293–326 u. 501–530]. Darüber hinaus liegen erste Ansätze zu größeren Gesamtdarstellungen vor, wie etwa über die visuellen und damit sinnlich erfahrbaren „Oberflächen" der Weimarer Kultur [573: J. WARD, Weimar Surfaces].

Freilich blieben dies ganz überwiegend großstädtische, ja spezifischer noch: Berliner „Oberflächen" [vgl. 549: D. C. DURST, Weimar Modernism, XV–XXII]. Es gehört daher zu den problematischen und historiographisch nur schwer auflösbaren Widersprüchen, dass die unerhörte massenkulturelle Dynamik die Weimarer Gesellschaft zwar zu der wohl „amerikanischsten" in Europa formte, eben dies aber auch die bestehenden politisch-kulturellen Gegensätze zur unüberwindbaren Kluft vertiefte [546: G. BOLLENBECK, Tradition, 252–274]. Insofern trägt die vielfach evozierte „Amerikanisierung" Weimars einen unübersehbaren Januskopf: Denn es „mag viele Übertragungen in den verschiedensten Bereichen der Kultur zwischen Deutschland und den USA gegeben haben, aber die Essenz der politischen Kultur in den USA, die der jungen Demokratie hätte förderliches Vorbild sein können, blieb der Weimarer Republik fremd" [572: M. WALA, Amerikanisierung, 146]. „Amerikanisierung" der Weimarer Kultur?

Nirgendwo anders ließ sich diese Spannung stärker ablesen als in der politisch-ideologisch und auch rassistisch aufgeladenen Perzeption dunkelhäutiger Künstler, die zwar einerseits einen viel beachteten „exotischen" Beitrag zur Weimarer Kulturszene leisteten, sich andererseits aber bereits mit Anfeindungen konfrontiert sahen, die Kommendes ahnen ließen [W. FICHNA, „Die Überfahrt beginnt". Schwarze Körper und Amerikanismus in Ernst Kreneks Zeitoper „Jonny spielt auf", in: 433: M. COWAN/K. M. SICKS (Hrsg.), Leibhaftige Moderne, 292–302; 563: P. MARTIN/CH. ALONZO (Hrsg.), Zwischen Charleston und Stechschritt, v. a. 212–371]. Zu Beginn der Weimarer Republik verband sich hiermit überdies die als schwere Demütigung wahrgenommene Präsenz farbiger Soldaten unter den französischen Besatzungstruppen. Der Verlust des Status einer Kolonialmacht schien nur durch die Heftigkeit des Protests gegen die rassistisch konstruierte „schwarze Schmach" am Rhein kompensiert werden zu können [574: I. WIGGER, „Schwarze Schmach", v. a. 105–159]. Wahrnehmung farbiger Künstler und Soldaten

Insgesamt standen die Einwirkungen des Ersten Weltkrieges auf die politische Kultur der Weimarer Republik in der Forschung lange Zeit im Hintergrund. Dies hat sich in den letzten Jahren gewandelt, womit sich ein fühlbares Desiderat zu schließen beginnt. Dabei unterstreicht die Forschung die grundsätzliche Polyvalenz der Kriegserinnerung [436: J. DÜLFFER/G. KRUMEICH (Hrsg.), Der verlorene Frieden; 451: H. MOMMSEN (Hrsg.), Der Erste Weltkrieg; 566: G. PAUL, Kampf um das „wahre Gesicht"]. Zwar ist die katastrophische Stimmungslage, die dem Niederbruch von 1918 entstieg, als ein Grundfaktum der Weimarer Geschichte nicht zu leugnen. Während es der Sozialdemokratie Der Erste Weltkrieg in der politischen Kultur nicht in ausreichendem Maße gelang, „den Demokratisierungseffekt des Fronterlebnisses [...] in den republikanischen Alltag zu tragen" [547: BUCHNER, Um nationale und republikanische Identität, 366], wirkte die „Dolchstoßlegende" in verhängnisvoller Weise fort [545: B. BARTH, Dolchstoßlegenden, v. a. 444–485]. Diese Stimmungslage erschwerte bekanntlich eine offene und vorurteilsfreie Auseinandersetzung und Selbstvergewisserung der Deutschen über die Ursachen des Weltkrieges und die eigene Rolle in ihm. Sie erschwerte auch die soziokulturelle Integration der Kriegsveteranen und die Kommemoration der eigenen Opfer [575: B. ZIEMANN, „Deutsche Nation"; 551: S. A. FORNER, War Commemoration]. Schließlich bildete sie, wie jüngst sehr deutlich herausgearbeitet wurde, den Quell für die Verschleppung der Leipziger Prozesse gegen jene Anghörigen der kaiserlichen Eliten, die von den Alliierten als „Kriegsverbrecher" benannt worden waren [555: G. HANKEL, Leipziger Prozesse].

Leipziger Prozesse

Neue Sinngebungen

Aber keineswegs entsprang der Niederlage nur eine einlinige Untergangsstimmung. An ihre Seite traten vielmehr bald neue Sinngebungen. Sie drückten sich in dem Versuch aus, über literarische Identitätskonstruktion zur (bürgerlichen) Erneuerung zu gelangen [571: V. VIEHÖVER, Diskurse der Erneuerung], den „Verfassungstag" feierlich zu begehen [427: R. POSCHER (Hrsg.), Verfassungstag] oder auch in einem generellen politisch-kulturellen Stil, der das Dramatische, Performative und Bildhafte in den Mittelpunkt stellte [B. WEISBROD, Die Politik der Repräsentation. Das Erbe des Ersten Weltkrieges und der Formwandel der Politik in Europa, in: 451: H. MOMMSEN (Hrsg.), Der Erste Weltkrieg, 13–41]. Hieraus speisten sich auch jene pragmatische Strategien, die darauf zielten, die Erinnerung an den Krieg in symbolisches Kapital umzumünzen oder auch materielle Kompensation für physische Opfer einzufordern [531: S. KIENITZ, Beschädigte Helden].

Formwandel der Politik

Bismarck-Mythos

Systematisch erforscht wurde der Bismarck-Mythos. Das Gedenken an den Reichsgründer erhielt nach 1918 im republikfeindlichen Lager einen gewaltigen Schub. Im „Bürgerkrieg der historischen Mythen und erfundenen Traditionen" [553: R. GERWARTH, Bismarck Myth, 173; auch: W. HARDTWIG, Der Bismarck-Mythos. Gestalt und Funktion zwischen politischer Öffentlichkeit und Wissenschaft, in: 444: HARDTWIG (Hrsg.), Politische Kulturgeschichte, 61–90; aus Sicht der SPD: 547: B. BUCHNER, Um nationale und republikanische Identität, 245–251], in dem die Republikaner ohnehin im Nachteil waren, spielte die Konstruktion des Bismarck-Mythos eine nicht zu unterschätzende Rolle im Prozess der Delegitimation der Republik. Sein größter Profiteur war am Ende Hitler, der sich seit 1929 erfolgreich als „zweiter Bismarck" zu präsentieren verstand [553: R. GERWARTH, Bismarck Myth, 128–144].

Vor diesem Hintergrund ist es verdienstvoll, dass in den letzten Jahren auch jene Kräfte der Weimarer politischen Kultur verstärkt erforscht worden sind, die nicht summarisch unter das Verdikt des „antidemokratischen Denkens" [315: K. SONTHEIMER, Antidemokratisches Denken] fallen, sondern in der einen oder anderen Weise ein pragmatisches oder sogar affirmatives Verhältnis zur Republik entwickelten. Ein Schwerpunkt liegt gegenwärtig auf der Erforschung der Weimarer Staatsrechtslehre [als Überblick jetzt: 455: M. STOLLEIS, Geschichte, 74–245], deren demokratische Potentiale von Hugo Preuß über Hermann Heller, Gerhard Anschütz, Gustav Radbruch und anderen bis hin zu dem Sonderfall Hans Kelsens nachdrücklich hervorgehoben werden [552: M. GANGL (Hrsg.), Linke Juristen; 564: CH. MÖLLERs, Methodenstreit]. In der Staatsrechtslehre, aber auch in anderen Bereichen wie der sich entfaltenden Politikwissenschaft sowie den Geschichtswissenschaften lassen sich mithin Elemente eines „demokratisches Denkens" entdecken, deren Bedeutung lange Zeit zu wenig beachtet wurde [442: CH. GUSY (Hrsg.), Demokratisches Denken].

Weimarer Staatsrechtslehre als Forschungsschwerpunkt

Dieses „demokratische Denken" besaß selbständige Wurzeln in der deutschen ideengeschichtlichen Tradition, war aber gerade deshalb nicht identisch mit dem idealtypisch-westlichen Demokratieverständnis [561: M. LLANQUE, Demokratisches Denken]. Tatsächlich stand ein kohärenter, am westlichen Modell entwickelter Demokratiebegriff auch für die Weimarer Staatsrechtslehre nicht zur Verfügung. „Von Anfang an fehlte der Weimarer Republik die Sicherheit einer adäquaten, gefestigten Staatstheorie" [442: CH. GUSY, Einleitung in: DERS. (Hrsg.), Demokratisches Denken, 20]. Die gleichwohl zu konstatierende Republiknähe, die ja bei Personen und Kräften ganz unterschiedlicher politisch-gesellschaftlicher Provenienz zumindest phasenweise festzustellen ist, begründete sich daher wohl weniger aus „demokratischen" Intentionen als vielmehr funktionalistisch: aus einem „vernunftrepublikanisch" grundierten Pragmatismus, der solange Loyalitäten schuf, wie der Weimarer Parlamentarismus für die jeweilige Position als hinreichend zweckmäßig erschien [A. WIRSCHING, „Vernunftrepublikanismus" in der Weimarer Republik. Neue Analysen und offene Fragen, in: 461: A. WIRSCHING/J. EDER (Hrsg.), Vernunftrepublikanismus, 23–25].

„Demokratisches Denken" oder funktional begründer Republikanismus?

8.6 Extremismus, Gewalt und das Ende der Republik

Dies führt am Ende noch einmal zu den offenen Gefährdungen der Weimarer Republik und zur Herausforderung durch die extremistischen Parteien. Zwar liegt zu letzteren eine Fülle neuerer lokal- und pressegeschichtlicher, biographischer, in jedem Fall kleinteiliger Spezialstudien vor; im Gleichschritt mit der kulturgeschichtlichen Wendung der Weimar-Forschung ist das generelle Interesse an ihnen aber zurückgegangen, so dass die Zahl der gewichtigen neueren Arbeiten überschaubar bleibt.

So ist jüngst nachdrücklich hervorgehoben worden, dass ein signifikanter Antiparlamentarismus „von links", der von der KPD über die Linkssozialisten bis zur „Weltbühne" reichte, dazu beitrug, die Legitimität der Weimarer Republik zu unterminieren [578: R. BAVAJ, Von links gegen Weimar]. Stärker der kommunistischen Parteigeschichte widmen sich regionale Untersuchungen [582:U. EUMANN, Eigenwillige Kohorten; 588: N. LAPORTE, German Communist Party] sowie Arbeiten zum Aufstandsversuch der KPD vom Oktober 1923 [586: H. JENTSCH, KPD; 416: B. H. BAYERLEIN u. a. (Hrsg.), Deutscher Oktober; 596: O. WENZEL, 1923]. Alle diese Forschungen verweisen auf die alte, umstrittene, aber immer wieder aktuelle Frage, in welchem Verhältnis Parteiführung und Basis der KPD zur Komintern und zur Russischen Partei standen. Nicht zufällig bezogen die regelmäßigen Abspaltungen von der KPD und linkssozialistischen Neugründungen ihre Antriebskraft letztendlich aus dem Eindruck, der deutsche Kommunismus verfüge gegenüber Moskau nicht über den erforderlichen Bewegungsspielraum und die Partei verschließe den Weg zur innerparteilichen Demokratie.

Auf eine neue Basis ist die Erforschung der komplexen und häufig widersprüchlichen Beziehungen zwischen der Parteiführung der KPD und der Komintern durch das Studium bisher unerschlossener russischer Quellen gestellt worden [584: B. HOPPE, In Stalins Gefolgschaft]. Das Ergebnis bestätigt im Kern die Auffassung, dass die KPD seit ihrer Stalinisierung in hohem Maße von Moskau abhängig blieb, auch wenn dies immer wieder aufbrechende Konflikte auf der Funktionärsebene keineswegs ausschloss. Tatsächlich lebten die sowjetischen und die westeuropäischen Funktionäre „in zwei unterschiedlichen Welten", was geradezu einen „Zusammenprall der Kulturen" bewirkte und entsprechendes Konfliktpotential freisetzte [EBD., 227–289, 261].

Auch für die Geschichte der NSDAP liegen einige neuere Studien vor, die unsere Kenntnisse in ausgewählten Feldern erweitern. So ist die rein instrumentelle Rolle, die Reichstag und Parlamentarismus für die NS-Bewegung spielten, gründlich analysiert worden [581: M. DÖRING, Parlamentarischer Arm, v. a. 267–336]. Andere Forschungen betreffen den Werdegang des jungen Goebbels, die Frühgeschichte der Partei, ihr Verhältnis zum Katholizismus bzw. zur Zentrumspartei [577: C.-E. BÄRSCH, Der junge Goebbels; 419: J. GOEBBELS, Tagebücher; 583: K. D. HASTINGS, How „catholic"; 579: W. BECKER, Deutsche Zentrumspartei] sowie Aspekte ihrer Mitgliederschaft vor 1930 und des Terrors gegen die Gewerkschaften nach 1930 [418: D. ERB (Hrsg.), Gleichgeschaltet; 576: B. AULT, Joining the Nazi Party]. In regionalgeschichtlicher Sicht bestehen Schwerpunkte vor allem für Sachsen und Thüringen [595: C. VOLLNHALS, Der gespaltene Freistaat]. Als stellvertretend für den Aufstieg der NSDAP in der Weimarer Republik kann schließlich eine überaus detailreiche Studie über die Münchner NSDAP zwischen 1925 und 1933 gelten. Bereits bestehende Erkenntnisse bestätigend und mikroanalytisch substantiell ergänzend, legt sie den komplexen Prozess des Parteiaufstiegs dar. Organisations- und Finanzierungsgeschichte, Mitgliederentwicklung, Wahlergebnisse und das parteitypische Konflikt- und Aggressionspotential werden systematisch analysiert [590: M. RÖSCH, Münchner NSDAP].

Dass der Weimarer Staat auf die militante Herausforderung des politischen Extremismus anfangs beherzt reagierte und auch temporäre Parteiverbote aussprach [zuletzt aus juristischer Sicht: 594: K. STEIN, Parteiverbote], ist ebenso bekannt wie die Tatsache, dass dieser „Republikschutz" gegenüber der extremen Linken weitaus konsequenter und offensiver zur Geltung kam als gegenüber der extremen Rechten. Deutlich wird dies einmal mehr, wenn man die Geschichte der „Schwarzen Reichswehr" und der von ihren Mitgliedern begangenen Fememorde mit den Folgen des kommunistischen Aufstands in Mitteldeutschland von 1921 vergleicht. Zu beiden Komplexen liegen inzwischen gründliche Arbeiten vor. Während der Mitteldeutsche Aufstand letztlich in eine verstärkte militärförmige Ausrichtung der preußischen Schutzpolizei mündete [587: CH. KNATZ, „Heer im grünen Rock"?], wurden die Übergriffe und Morde der Schwarzen Reichswehr zwar im Kern durch die kriminalpolizeilichen Ermittlungen aufgeklärt; dem entsprach aber lediglich eine gebremste justitielle Verfolgung und seit dem Ende der 1920er Jahre ein Umschwung in der politischen Öffentlichkeit zugunsten der Täter [591: B. SAUER, Schwarze Reichswehr, v. a. 281–287 u. 317–322].

Spätestens in der Endphase der Weimarer Republik erlahmten der politische Wille und die politische Kraft, um dem gewaltsamen Extre-

„Republikschutz"

mismus von rechts konsequent Einhalt zu gebieten. Nicht zufällig wurde daher in den letzten Jahren besonders intensiv über Ursachen, Ausmaß und Wirkungen politischer Gewalt diskutiert. Dass Gewalt ein Generalmotiv der Weimarer politischen Kultur bildete, ist dabei unbestritten. Anknüpfend an die neueren kulturgeschichtlichen Tendenzen, wird jedoch deren symbolischer Gehalt und lebensweltlicher Bezug hervorgehoben. Im Kontext der generell zu beobachtenden Tendenz, das Politische zu dramatisieren, wurde Gewalt auch zu einem bevorzugten Gegenstand der Ästhetisierung [592: P. M. SCHULZ, Ästhetisierung]. Diesen Studien zufolge erscheint Gewalt in erster Linie als soziale Praxis und eine besondere Form symbolischer Kommunikation und des ritualisierten Kampfes um Terrain. Extremistische Gewalt diente somit weniger dem Erreichen konkreter politischer Ziele und ergab sich auch nicht primär aus ideologischen Antriebskräften. Vielmehr war sie ein Ziel in sich, das den Lebensstil der Aktivisten prägte und zugleich die Binnenintegration der Eigengruppe stärkte [593: D. SCHUMANN, Politische Gewalt; 589: S. REICHARDT, Faschistische Kampfbünde].

Unabhängig davon, wie man die symbolischen und lebensweltlichen Züge der politischen Gewaltausübung durch Extremisten beurteilen möchte: In jedem Fall mündete sie in eine durch Angstappelle aufgeladene Atmosphäre des Bürgerkriegs, die überdies von der kommunistischen wie von der nationalsozialistischen Propaganda gleichermaßen aktiv gefördert wurde und den politischen Handlungsspielraum der Reichs- und Landesregierungen einschränkte [585: ST. JELIC, Karl Stützel]. Am Ende geriet das staatliche Gewaltmonopol ins Wanken, und auch unter den politischen Eliten trübte sich nachhaltig der Blick „für das, was die Nationalsozialisten mit kalter Berechnung praktizierten: die Instrumentalisierung des Bürgerkriegs zur Durchsetzung ihrer politischen Ziele" [580: D. BLASIUS, Weimars Ende, 94].

III. Quellen und Literatur

Die verwendeten Abkürzungen im Quellen- und Literaturteil entsprechen denen der „Historischen Zeitschrift".

A. Quellen

1. Akten der Reichskanzlei, Weimarer Republik, hrsg. von der Historischen Kommission bei der Bayerischen Akademie der Wissenschaften und dem Bundesarchiv, 14 Bde. (in mehreren Teilbänden), Boppard a.Rh. 1968–1990.
2. Allgemeiner Kongreß der Arbeiter- und Soldatenräte Deutschlands vom 16. bis 21. Dezember 1918 im Abgeordnetenhaus zu Berlin. Stenographische Berichte, Berlin 1919; Nachdruck Glashütten 1972.
3. K. BORCHARDT/H. O. SCHÖTZ (Hrsg.), Wirtschaftspolitik in der Krise. Die (Geheim-)Konferenz der Friedrich-List-Gesellschaft im September 1931 über Möglichkeiten und Folgen einer Kreditausweitung, Baden-Baden 1991.
4. O. BRAUN, Von Weimar zu Hitler, Zürich 1943.
5. H. BRÜNING, Memoiren 1918–1934, Stuttgart 1970.
6. Die Deutschnationalen und die Zerstörung der Weimarer Republik. Aus dem Tagebuch von Reinhold Quaatz 1928–1933, hrsg. v. H. WEISS/P. HOSER, München 1989.
7. J. FLEMMING/C.-D. KROHN/D. STEGMANN/P.-C. WITT (Hrsg.), Die Republik von Weimar, 2 Bde., Königstein i.T./Düsseldorf 1979.
8. Groß-Berliner Arbeiter- und Soldatenräte in der Revolution 1918/19, hrsg. v. G. ENGEL/B. HOLTZ/I. MATERNA, 2 Bde., Berlin 1993/1997.
9. Hitler. Reden, Schriften, Anordnungen. Februar 1925–Januar 1933, hrsg. vom Institut für Zeitgeschichte, 6 Bde. (in mehreren Teilbänden), München 1992–1998.

10. Der Hitler-Prozeß 1924. Wortlaut der Hauptverhandlung vor dem Volksgericht München I, hrsg. v. L. GRUCHMANN/R. WEBER unter Mitarbeit von O. Gritschneder, 3 Bde., München 1997/98.
11. W. HUBATSCH, Hindenburg und der Staat. Aus den Papieren des Generalfeldmarschalls und Reichspräsidenten von 1878 bis 1934, Göttingen 1966.
12. E. R. HUBER (Hrsg.), Deutsche Verfassungsdokumente 1918–1933 (Dokumente zur deutschen Verfassungsgeschichte Bd. 4), Stuttgart 1992.
13. E. R. HUBER/W. HUBER (Hrsg.), Staat und Kirche in der Zeit der Weimarer Republik (Staat und Kirche im 19. und 20. Jahrhundert Bd. 4), Berlin 1988.
14. II. Kongreß der Arbeiter-, Bauern- und Soldatenräte Deutschlands vom 8. bis 14. April 1919 im Herrenhaus zu Berlin. Stenographisches Protokoll, Berlin 1919; Nachdruck Glashütten 1975.
15. P. LONGERICH (Hrsg.), Die Erste Republik. Dokumente zur Geschichte des Weimarer Staates, München 1992.
16. W. MICHALKA/G. NIEDHART (Hrsg.), Die ungeliebte Republik. Dokumentation zur Innen- und Außenpolitik Weimars 1918–1933, München 1980.
17. R. MORSEY/K. RUPPERT (Bearb.), Die Protokolle der Reichstagsfraktion der Deutschen Zentrumspartei 1920–1925, Mainz 1981.
18. R. MORSEY (Bearb.), Die Protokolle der Reichstagsfraktion und des Fraktionsvorstands der Deutschen Zentrumspartei 1926–1933, Mainz 1969.
19. H. PÜNDER, Politik in der Reichskanzlei. Aufzeichnungen aus den Jahren 1929–1932. Hrsg. v. T. VOGELSANG, Stuttgart 1961.
20. Quellen zur Geschichte des Parlamentarismus und der politischen Parteien, hrsg. von der Kommission für Geschichte des Parlamentarismus und der politischen Parteien. Erste Reihe: Von der konstitutionellen Monarchie zur parlamentarischen Republik. Zweite Reihe: Militär und Politik. Dritte Reihe: Die Weimarer Republik, Düsseldorf 1959 ff.
21. Quellen zur Geschichte der deutschen Gewerkschaftsbewegung im 20. Jahrhundert, hrsg. v. H. Weber, K. Schönhoven/K. Tenfelde, Bde. 1–4, Köln 1985–1988.
22. Quellen zur Geschichte der Rätebewegung in Deutschland 1918/19, Bde. 1–3, Leiden 1968/Düsseldorf 1976 u. 1980.
23. G. A. RITTER/S. MILLER (Hrsg.), Die deutsche Revolution 1918–1919. Dokumente. 2. erw. u. überarb. Aufl. Hamburg 1975, Frankfurt 1983.

24. O.-E. SCHÜDDEKOPF, Das Heer und die Republik. Quellen zur Politik der Reichswehrführung 1918–1933, Frankfurt 1955.
25. H. SCHULZE (Hrsg.), Anpassung oder Widerstand? Aus den Akten des Parteivorstands der deutschen Sozialdemokratie 1932/1933, Bonn-Bad Godesberg 1975.
26. Statistisches Jahrbuch für das Deutsche Reich. Hrsg. v. Statistischen Reichsamt, 34. Jg. Berlin 1919–53. Jg. Berlin 1934.
27. W. STEITZ (Hrsg.), Quellen zur deutschen Wirtschafts- und Sozialgeschichte vom Ersten Weltkrieg bis zum Ende der Weimarer Republik, Darmstadt 1993.
28. Ursachen und Folgen. Vom deutschen Zusammenbruch 1918 und 1945 bis zur staatlichen Neuordnung Deutschlands in der Gegenwart. Hrsg. u. bearb. v. H. MICHAELIS und E. SCHRAEPLER unter Mitwirkung von G. SCHEEL, Bd. 1–9, Berlin 1958 ff.
29. Verhandlungen der Verfassunggebenden Deutschen Nationalversammlung. Stenographische Berichte, Berlin 1919–20, Bd. 326–343.
30. Verhandlungen des Deutschen Reichstages, 1920–1933, Berlin 1920ff., Bd. 344–457.
31. H. WEBER (Hrsg.), Der Gründungsparteitag der KPD. Protokoll und Materialien. Frankfurt a. M./Wien 1969.

B. Literatur

1. Übergreifende Darstellungen, Sammelbände, Deutungen

32. K. D. BRACHER/M. FUNKE/H.-A. JACOBSEN (Hrsg.), Die Weimarer Republik 1918–1933, Düsseldorf 1987.
33. K. D. ERDMANN/H. SCHULZE (Hrsg.), Weimar. Selbstpreisgabe einer Demokratie. Eine Bilanz heute, Düsseldorf 1980.
34. K. D. ERDMANN, Die Geschichte der Weimarer Republik als Problem der Wissenschaft, in: VfZ 3 (1955), 1–19.
35. E. EYCK, Geschichte der Weimarer Republik, 2 Bde. Zürich/Stuttgart 1956.
36. D. GESSNER, Das Ende der Weimarer Republik. Fragen, Methoden und Ergebnisse interdisziplinärer Forschung, Darmstadt ²1988.
37. K. HOLL (Hrsg.), Wirtschaftskrise und liberale Demokratie. Das Ende der Weimarer Republik und die gegenwärtige Situation, Göttingen 1978.

38. E. R. HUBER, Deutsche Verfassungsgeschichte seit 1789; Bd. 6: Die Weimarer Reichsverfassung, Stuttgart 1981; Bd. 7: Ausbau, Schutz und Untergang der Weimarer Republik, Stuttgart 1984.
39. K. JESERICH/H. POHL/G.-C. V. UNRUH (Hrsg.), Deutsche Verwaltungsgeschichte; Bd. 4: Das Reich als Republik und in der Zeit des Nationalsozialismus, Stuttgart 1985.
40. H. MÖLLER, Europa zwischen den Weltkriegen, München 1998.
41. H. MÖLLER, Weimar. Die unvollendete Demokratie, 6. Aufl. München 1997.
42. H. MOMMSEN, Die verspielte Freiheit. Der Weg der Republik von Weimar in den Untergang, 1918–1933, Berlin 1989.
43. E. KOLB, Die Weimarer Republik, 4. Aufl. München 1998.
44. P. LONGERICH, Deutschland 1918–1933. Die Weimarer Republik, Hannover 1995.
45. G. NIEDHART, Deutsche Geschichte 1918–1933. Politik in der Weimarer Republik und der Sieg der Rechten, Stuttgart 1994.
46. D. PEUKERT, Die Weimarer Republik 1918–1933. Die Krisenjahre der Klassischen Moderne, Frankfurt a. M. 1987.
47. A. ROSENBERG, Entstehung und Geschichte der Weimarer Republik, hrsg. v. K. KERSTEN, Frankfurt a. M. 1961 (u.ö.).
48. G. SCHULZ, Zwischen Demokratie und Diktatur. Verfassungspolitik und Reichsreform in der Weimarer Republik. Bd. 1: Die Periode der Konsolidierung und der Revision des Bismarckschen Reichsaufbaus 1919–1930, 2. Aufl. Berlin 1987.
49. G. SCHULZ, Zwischen Demokratie und Diktatur. Verfassungspolitik und Reichsreform in der Weimarer Republik. Bd. 2: Deutschland am Vorabend der großen Krise, Berlin 1987.
50. G. SCHULZ, Zwischen Demokratie und Diktatur. Verfassungspolitik und Reichsreform in der Weimarer Republik. Bd. 3: Von Brüning zu Hitler. Der Wandel des politischen Systems in Deutschland 1930–1933, Berlin/New York 1992.
51. H. SCHULZE, Weimar. Deutschland 1917–1933, Berlin 1982.
52. M. STÜRMER (Hrsg.), Die Weimarer Republik, 4. Aufl. Königstein i. T. 1993.
53. H. A. WINKLER, Von der Revolution zur Stabilisierung. Arbeiter und Arbeiterbewegung in der Weimarer Republik 1918–1924, Berlin 1984.
54. H. A. WINKLER, Der Schein der Normalität. Arbeiter und Arbeiterbewegung in der Weimarer Republik 1924–1930, Berlin/Bonn 1985.
55. H. A. WINKLER, Der Weg in die Katastrophe. Arbeiter und Arbei-

terbewegung in der Weimarer Republik 1930 bis 1933, Berlin/ Bonn 1987.

56. H. A. WINKLER, Die deutsche Abweichung vom Westen. Der Untergang der Weimarer Republik im Lichte der „Sonderwegs"-These, in: Gestaltungskraft des Politischen. Fs. für E. Kolb, hg. v. W. PYTA/L. RICHTER, Berlin 1998, S. 127–137.
57. H. A. WINKLER, Weimar 1918–1933. Die Geschichte der ersten deutschen Demokratie, München 1993.

2. *Die Revolution 1918/19 und die Entstehung der Weimarer Republik*

58. R. BESSEL, Germany after the First World War, Oxford 1993.
59. H. J. BIEBER, Bürgertum in der Revolution. Bürgerräte und Bürgerstreiks 1819–1920, Hamburg 1992.
60. J. S. DRABKIN, Die Novemberrevolution 1918 in Deutschland, Berlin 1968.
61. W. ELBEN, Das Problem der Kontinuität in der deutschen Revolution. Die Politik der Staatssekretäre und der militärischen Führung vom November 1918 bis Februar 1919, Düsseldorf 1965.
62. K. EPSTEIN, Matthias Erzberger und das Dilemma der deutschen Demokratie, Berlin 1962.
63. G. D. FELDMAN/E. KOLB/R. RÜRUP, Die Massenbewegungen der Arbeiterschaft in Deutschland am Ende des Ersten Weltkrieges (1917–1920), in: PVS 13 (1972), 84–105.
64. K. HOCK, Die Gesetzgebung des Rates der Volksbeauftragten, Pfaffenweiler 1987.
65. H. HÜRTEN, Die Kirchen in der Novemberrevolution, Regensburg 1984.
66. J. JACKE, Kirche zwischen Monarchie und Republik. Der preußische Protestantismus nach dem Zusammenbruch 1918, Hamburg 1976.
67. U. KLUGE, Die deutsche Revolution 1918/1919, Frankfurt a.M. 1985.
68. U. KLUGE, Soldatenräte und Revolution. Studien zur Militärpolitik in Deutschland 1918/19, Göttingen 1975.
69. H. KOCH, Der deutsche Bürgerkrieg. Eine Geschichte der deutschen und österreichischen Freikorps 1918–1923, Frankfurt a.M. 1978.
70. E. JESSE/H. KÖHLER, Die deutsche Revolution 1918/19 im Wandel der historischen Forschung. Forschungsüberblick und Kritik an

der „herrschenden Lehre", in: Aus Politik und Zeitgeschichte, B 45, 1978, 3–23.
71. E. Kolb, Die Arbeiterräte in der deutschen Innenpolitik 1918–1919, Düsseldorf 1962.
72. D. Lehnert, Die Revolution als Lohnbewegung? Arbeitskämpfe und Massenaktivierung im Handlungsfeld von Parteien, Gewerkschaften und sozialen Bewegungen in Berlin 1918/19, in: H. Konrad/R. Schmidlechner (Hrsg.), Revolutionäres Potential in Europa am Ende des Ersten Weltkrieges. Die Rolle von Strukturen, Konjunkturen und Massenbewegungen, Wien u.a. 1991, 27–61.
73. P. Lösche, Der Bolschewismus im Urteil der deutschen Sozialdemokratie 1903–1920, Berlin 1967.
74. E. Matthias, Zwischen Räten und Geheimräten. Die deutsche Revolutionsregierung 1918/19, Düsseldorf 1970.
75. L. Melzer, Die Gesetzgebung des Rats der Volksbeauftragten (1918/1919). Entstehungsgeschichte und Weitergeltung, Frankfurt a. M. 1988.
76. W. J. Mommsen, Die deutsche Revolution 1918–1920. Politische Revolution und soziale Protestbewegung, in: GG 4 (1978), 362–391.
77. W. J. Mommsen, Max Weber und die deutsche Politik 1890–1920, 2. Aufl. Tübingen 1974.
78. P. v. Oertzen, Betriebsräte in der Novemberrevolution. Eine politikwissenschaftliche Untersuchung über Ideengehalt und Struktur betrieblicher und wirtschaftlicher Arbeiterräte in der deutschen Revolution 1918/19, 2. Aufl. Berlin 1976.
79. S. Rouette, Sozialpolitik als Geschlechterpolitik. Die Regulierung der Frauenarbeit nach dem Ersten Weltkrieg, Frankfurt a. M. 1993.
80. R. Rürup, Probleme der Revolution in Deutschland 1918/19, Wiesbaden 1968.
81. A. J. Ryder, The German Revolution of 1918. A Study of German Socialism in War and Revolt, Cambridge 1967.
82. H. Schulze, Freikorps und Republik 1918–1920, Boppard a.Rh. 1969.
83. F. C. Wachs, Das Verordnungswerk des Reichsdemobilisierungsamtes. Stabilisierender Faktor zu Beginn der Weimarer Republik, Frankfurt a. M. 1991.
84. W. Wette, Gustav Noske. Eine politische Biographie, Düsseldorf 1987.

85. H. A. WINKLER, Die Sozialdemokratie und die Revolution von 1918/19, Bonn/Berlin 1979.

3. Politisches System, Reichsverfassung und Reichswehr

86. G. ARNS, Regierungsbildung und Koalitionspolitik in der Weimarer Republik 1919–1924, Tübingen 1971.
87. W. BENZ, Süddeutschland in der Weimarer Republik. Ein Beitrag zur deutschen Innenpolitik 1918–1923, Berlin 1970.
88. L. BIEWER, Preußen und das Reich in der Zeit der Weimarer Republik. Grundsätzliches und ausgewählte Beispiele, in: O. HAUSER (Hrsg.), Preußen, Europa und das Reich, Köln 1987, 331–356.
89. F. L. CARSTEN, Reichswehr und Republik 1918–1933, Köln 1964.
90. S. EILERS, Ermächtigungsgesetz und militärischer Ausnahmezustand zur Zeit des ersten Kabinetts von Reichskanzler Wilhelm Marx 1923/24, Köln 1988.
91. E. EIMERS, Das Verhältnis von Preußen und Reich in den ersten Jahren der Weimarer Republik 1918–1923, Berlin 1969.
92. E. FRAENKEL, Deutschland und die westlichen Demokratien, 5. Aufl. Stuttgart/Berlin/Köln/Mainz 1973.
93. M. FREHSE, Ermächtigungsgesetzgebung im Deutschen Reich 1914–1933, Pfaffenweiler 1985.
94. F. K. FROMME, Von der Weimarer Verfassung zum Bonner Grundgesetz, Tübingen 1962.
95. M. GEYER, Aufrüstung oder Sicherheit. Die Reichswehr in der Krise der Machtpolitik 1924–1936, Wiesbaden 1980.
96. G. GRÜNTHAL, Reichsschulgesetz und Zentrumspartei in der Weimarer Republik, Düsseldorf 1968.
97. CH. GUSY, Die Grundrechte in der Weimarer Republik, in: Zs. für Neuere Rechtsgeschichte 15 (1993), 163–183.
98. CH. GUSY, Die Weimarer Reichsverfassung, Tübingen 1997.
99. K.-H. HANSMEYER (Hrsg.), Kommunale Finanzpolitik in der Weimarer Republik, Stuttgart 1973.
100. P. HAUNGS, Reichspräsident und parlamentarische Kabinettsregierung. Eine Studie zum Regierungssystem der Weimarer Republik in den Jahren 1924 bis 1929, Köln 1968.
101. M. P. HEIMERS, Unitarismus und süddeutsches Selbstbewußtsein. Weimarer Koalition und SPD in Baden in der Reichsreformdiskussion 1918–1933, Düsseldorf 1992.
102. W. HEINDL, Die Haushalte von Reich, Ländern und Gemeinden in

Deutschland von 1925 bis 1933: öffentliche Haushalte und Krisenverschärfung, Frankfurt a. M. u. a. 1984.
103. BERND HOPPE, Von der parlamentarischen Demokratie zum Präsidialstaat. Verfassungsentwicklung am Beispiel der Kabinettsbildung in der Weimarer Republik, Berlin 1998.
104. J. HÜRTER, Wilhelm Groener. Reichswehrminister am Ende der Weimarer Republik (1928–1932), München 1993.
105. O. JUNG, Plebiszitärer Durchbruch 1929? Zur Bedeutung von Volksbegehren und Volksentscheid gegen den Youngplan für die NSDAP, in: GG 15 (1989), 489–510.
106. O. JUNG, Volksgesetzgebung. Die „Weimarer Erfahrungen" aus dem Fall der Vermögensauseinandersetzungen zwischen Freistaaten und ehemaligen Fürsten. T.1.2. Hamburg 1990.
107. E. KOLB (Hrsg.), Friedrich Ebert als Reichspräsident. Amtsführung und Amtsverständnis, München 1997.
108. W. LUTHARDT, Sozialdemokratische Verfassungstheorie in der Weimarer Republik, Opladen 1986.
109. J. MAUERSBERG, Ideen und Konzeption Hugo Preuß' für die Verfassung der deutschen Republik 1919 und ihre Durchsetzung im Verfassungswerk von Weimar, Frankfurt a. M. 1991.
110. H. MEIER-WELCKER, Seeckt, Frankfurt a. M. 1967.
111. F. MENGES, Reichsreform und Finanzpolitik. Die Aushöhlung der Eigenstaatlichkeit Bayerns auf finanzpolitischem Wege in der Zeit der Weimarer Republik, Berlin 1971.
112. H. MÖLLER, Parlamentarismus in Preußen 1919–1932, Düsseldorf 1985.
113. H. MÖLLER, Parlamentarismus-Diskussion in der Weimarer Republik, in: M. Funke (Hrsg.), Demokratie und Diktatur. Geist und Gestalt politischer Herrschaft in Deutschland und Europa, Bonn 1987, 140–157.
114. H. MOMMSEN, Friedrich Ebert als Reichspräsident, in: DERS., Arbeiterbewegung und nationale Frage. Ausgewählte Aufsätze, Göttingen 1979, 296–317.
115. D. ORLOW, Weimar Prussia 1918–1925. The Unlikely Rock of Democracy, Pittsburgh/Pa. 1986.
116. D. ORLOW, Weimar Prussia 1925–1933. The Illusion of Strength, Pittsburgh/Pa. 1991.
117. E. PORTNER, Die Verfassungspolitik der Liberalen 1919. Ein Beitrag zur Deutung der Weimarer Reichsverfassung, Bonn 1973.
118. U. REULING, Reichsreform und Landesgeschichte. Thüringen und Hessen in der Länderneugliederungsdiskussion der Weimarer Re-

publik, in: Aspekte thüringisch-hessischer Geschichte, Marburg 1992, 257–308.
119. L. RICHTER, Die Vorgeschichte des Art. 48 der Weimarer Reichsverfassung, in: Der Staat 37 (1998), 1–26.
120. L. RICHTER, Reichspräsident und Ausnahmegewalt. Die Genese des Artikels 48 in den Beratungen der Weimarer Nationalversammlung, in: Der Staat 37 (1998), 221–247.
121. L. RICHTER, Kirche und Schule in den Beratungen der Weimarer Nationalversammlung, Düsseldorf 1996.
122. G. A. RITTER, Die Entstehung des Räteartikels 165 der Weimarer Reichsverfassung, in: HZ 258 (1994), 73–112.
123. R. SCHIFFERS, Elemente direkter Demokratie im Weimarer Regierungssystem, Düsseldorf 1971.
124. J. SCHMÄDEKE, Militärische Kommandogewalt und parlamentarische Demokratie. Zum Problem der Verantwortlichkeit des Reichswehrministers in der Weimarer Republik, Lübeck 1966.
125. U. SCHÜREN, Der Volksentscheid zur Fürstenenteignung 1926, Düsseldorf 1978.
126. E. SCHANBACHER, Parlamentarische Wahlen und Wahlsystem in der Weimarer Republik, Düsseldorf 1982.
127. S. VESTRING, Die Mehrheitssozialdemokratie und die Entstehung der Reichsverfassung von Weimar 1918/19, Münster 1987.
128. F. C. WEST, A Crisis of the Weimar Republic: A Study of the German Referendum of 20 June 1926, Philadelphia 1979.
129. A. WIRSCHING, Zwischen Leistungsexpansion und Finanzkrise. Kommunale Selbstverwaltung in der Weimarer Republik, in: A. Birke/M. Brechtken (Hrsg.), Kommunale Selbstverwaltung, Local Self-Government. Geschichte und Gegenwart im deutsch-britischen Vergleich, München/New Providence/London/Paris 1996, 37–64.

4. Parteien und Parteiensystem

130. L. ALBERTIN, Die Auflösung der bürgerlichen Mitte und die Krise des parlamentarischen Systems von Weimar, in: E. Kolb/W. Mühlhausen (Hrsg.), Demokratie in der Krise. Parteien im Verfassungssystem der Weimarer Republik, München 1997, 60–111.
131. L. ALBERTIN, Liberalismus und Demokratie am Anfang der Weimarer Republik. Eine vergleichende Analyse der Deutschen Demokratischen Partei und der Deutschen Volkspartei, Düsseldorf 1972.

132. C. BAECHLER, Gustave Stresemann (1878–1929). De l'impérialisme à la sécurité collective, Straßburg 1996.
133. R. BREITMAN, German Social Democracy and the Weimar Republic, Chapel Hill/N.C. 1981.
134. W. CONZE, Die Krise des Parteienstaates in Deutschland 1929/30, in: HZ 178 (1954), 47–83.
135. L. DÖHN, Politik und Interesse. Die Interessenstruktur der Deutschen Volkspartei, Meisenheim a.Gl. 1970.
136. M. DÖRR, Die Deutschnationale Volkspartei 1925–1928, Diss. Marburg 1964.
137. B. FISCHER, Theoriediskussion der SPD in der Weimarer Republik, Frankfurt a.M. 1986.
138. CH. GUSY, Die Lehre vom Parteienstaat in der Weimarer Republik, Baden-Baden 1993.
139. D. HARSCH, German Social Democracy and the Rise of Nazism, Chapel Hill/N.C. 1993.
140. U. v. HEHL, Wilhelm Marx 1863–1946, Mainz 1987.
141. H. HÖMIG, Das preußische Zentrum in der Weimarer Republik, Mainz 1979.
142. U. HÖRSTER-PHILIPPS, Joseph Wirth 1879–1956. Eine politische Biographie, Paderborn/München/Wien/Zürich 1998.
143. H. HOLZBACH, Das „System Hugenberg". Die Organisation bürgerlicher Sammlungspolitik vor dem Aufstieg der NSDAP, Stuttgart 1981.
144. E. JONAS, Die Volkskonservativen 1928–1933, Düsseldorf 1965.
145. L. E. JONES, German Liberalism and the Dissolution of the Weimar Party System, 1918–1933, Chapel Hill/N.C. 1988.
146. A. KASTNING, Die deutsche Sozialdemokratie zwischen Koalition und Opposition 1919–1923, Paderborn 1970.
147. M. KITTEL, Zwischen völkischem Fundamentalismus und gouvernementaler Taktik. DNVP-Vorsitzender Hans Hilpert und die bayerischen Deutschnationalen, in: ZBLG 59 (1996), 849–901.
148. D. KLENKE, Die SPD-Linke in der Weimarer Republik, 2 Bde., Münster 1983.
149. G. KÖNKE, Organisierter Kapitalismus, Sozialdemokratie und Staat. Eine Studie zur Ideologie der sozialdemokratischen Arbeiterbewegung in der Weimarer Republik (1924–1932), Stuttgart 1987.
150. W. KRABBE, Die gescheiterte Zukunft der ersten Republik. Jugendorganisationen bürgerlicher Parteien im Weimarer Staat (1918–1933), Opladen 1995.

151. H. KÜPPERS, Joseph Wirth. Parlamentarier, Minister und Kanzler der Weimarer Republik, Stuttgart 1997.
152. W. LIEBE, Die Deutschnationale Volkspartei 1918–1924, Düsseldorf 1956.
153. W. H. MAEHL, The German Socialist Party: Champion of the First Republic, 1918–1933, Lawrence/Kansas 1986.
154. R. MICHELS, Zur Soziologie des Parteiwesens in der modernen Demokratie, 2. Aufl. Leipzig 1925.
155. S. MILLER, Die Bürde der Macht. Die deutsche Sozialdemokratie 1918–1920, Düsseldorf 1978.
156. R. MORSEY, Die Deutsche Zentrumspartei 1917–1923, Düsseldorf 1966.
157. S. NEUMANN, Die Parteien der Weimarer Republik (1932), 4. Aufl. Stuttgart 1977.
158. G. OPITZ, Der Christlich-soziale Volksdienst. Versuch einer protestantischen Partei in der Weimarer Republik, Düsseldorf 1969.
159. W. PYTA, Gegen Hitler und für die Republik. Die Auseinandersetzung der deutschen Sozialdemokratie mit der NSDAP in der Weimarer Republik, Düsseldorf 1989.
160. G. A. RITTER, Kontinuität und Umformung des deutschen Parteiensystems 1918–1920, in: DERS., Arbeiterbewegung, Parteien und Parlamentarismus, Göttingen 1976, 116–157.
161. K. RUPPERT, Im Dienst am Staat von Weimar. Das Zentrum als regierende Partei in der Weimarer Demokratie 1923–1930, Düsseldorf 1992.
162. W. SCHNEIDER, Die Deutsche Demokratische Partei in der Weimarer Republik 1924–1930, München 1978.
163. K. SCHÖNHOVEN, Die Bayerische Volkspartei 1924–1932, Düsseldorf 1972.
164. H. SCHULZE, Otto Braun und Preußens demokratische Sendung. Eine Biographie, Frankfurt a. M. /Berlin/Wien 1977.
165. M. SCHUMACHER, Mittelstandsfront und Republik. Die Wirtschaftspartei — Reichspartei des deutschen Mittelstandes 1919–1933, Düsseldorf 1972.
166. H. SCHUSTEREIT, Linksliberalismus und Sozialdemokratie in der Weimarer Republik, Düsseldorf 1975.
167. J. STANG, Die Deutsche Demokratische Partei in Preußen 1918–1933. Düsseldorf 1993.
168. W. STEPHAN, Aufstieg und Verfall des Linksliberalismus 1918–1933. Geschichte der Deutschen Demokratischen Partei, Göttingen 1973.

169. J. STRIESOW, Die Deutschnationale Volkspartei und die Völkisch-Radikalen 1918–1922, Frankfurt a. M. 1981.
170. M. STÜRMER, Koalition und Opposition in der Weimarer Republik 1924–1928, Düsseldorf 1967.
171. K. SÜHL, SPD und öffentlicher Dienst in der Weimarer Republik, Opladen 1988.
172. A. THIMME, Flucht in den Mythos. Die Deutschnationale Volkspartei und die Niederlage von 1918, Göttingen 1969.
173. C. F. TRIPPE, Konservative Verfassungspolitik 1918–1923. Die DNVP als Opposition in Reich und Ländern, Düsseldorf 1995.
174. J. ZARUSKY, Die deutschen Sozialdemokraten und das sowjetische Modell. Ideologische Auseinandersetzung und außenpolitische Konzeptionen 1917–1933, München 1992.

5. *Wirtschaftliche Entwicklung, Interessenverbände und gesellschaftliche Konfliktherde*

175. H. BECKER, Handlungsspielräume der Agrarpolitik in der Weimarer Republik zwischen 1923 und 1929, Stuttgart 1990.
176. J. BERGMANN/K. MEGERLE, Protest und Aufruhr der Landwirtschaft in der Weimarer Republik (1924–1933), in: J. Bergmann u. a., Regionen im historischen Vergleich. Studien zu Deutschland im 19. und 20. Jahrhundert, Opladen 1989, 200–287.
177. H.-J. BIEBER, Gewerkschaften in Krieg und Revolution. Arbeiterbewegung, Industrie, Staat und Militär in Deutschland 1914–1920, 2 Bde., Hamburg 1981.
178. S. BISCHOFF, Arbeitszeitrecht in der Weimarer Republik, Berlin 1987.
179. ST. N. BROADBERRY/A. RITSCHL, The Iron Twenties: Real Wages, Productivity and the Lack of Prosperity in Britain and Germany Before the Great Depression, in: Chr. Buchheim/M. Hutter/H. James (Hrsg.), Zerrissene Zwischenkriegszeit. Wirtschaftshistorische Beiträge, Baden-Baden 1994, 15–43.
180. D. BRUNNER, Bürokratie und Politik des Allgemeinen Deutschen Gewerkschaftsbundes 1918/19 bis 1933, Frankfurt/M. 1992.
181. O. BÜSCH/G. D. FELDMAN (Hrsg.), Historische Prozesse der deutschen Inflation 1914 bis 1924, Berlin 1978.
182. B. BUSCHMANN, Unternehmenspolitik in der Kriegswirtschaft und in der Inflation. Die Daimler-Motoren-Gesellschaft 1914–1923, Stuttgart 1998.

183. G. D. FELDMAN, The Great Disorder. Politics, Economics and Society in the German Inflation 1914–1924, Oxford 1993.
184. G. D. FELDMAN (Hrsg.), Die Nachwirkungen der Inflation auf die deutsche Geschichte 1924–1933, München 1985.
185. G. D. FELDMAN/C.-L. HOLTFRERICH/G. A. RITTER/P.-CHR. WITT (Hrsg.), Die Anpassung an die Inflation, Berlin/New York 1986.
186. G. D. FELDMAN/C.-L. HOLTFRERICH/G. A. RITTER/P.-CHR. WITT (Hrsg.), Die Erfahrung der Inflation im internationalen Zusammenhang und Vergleich, Berlin/New York 1984.
187. G. D. FELDMAN/C.-L. HOLTFRERICH/G. A. RITTER/P.-CHR. WITT (Hrsg.), Die deutsche Inflation. Eine Zwischenbilanz, Berlin/New York 1982.
188. G. D. FELDMAN/C.-L. HOLTFRERICH/G. A. RITTER/P.-CHR. WITT (Hrsg.), Konsequenzen der Inflation, Berlin 1989.
189. G. D. FELDMAN/I. STEINISCH, Industrie und Gewerkschaften 1918–1924. Die überforderte Zentralarbeitsgemeinschaft, Stuttgart 1985.
190. G. FIEDLER, Jugend im Krieg. Bürgerliche Jugendbewegung, Erster Weltkrieg und sozialer Wandel 1914–1923, Köln 1989.
191. J. FLEMMING, Landwirtschaftliche Interessen und Demokratie. Ländliche Gesellschaft, Agrarverbände und Staat 1890–1925, Bonn 1978.
192. E. FRAENKEL, Der Ruhreisenstreit 1928–29 in historisch-politischer Sicht, in: F.A. Hermens/Th. Schieder (Hrsg.), Staat, Wirtschaft und Politik. Fs. Heinrich Brüning, Berlin 1967, 97–117.
193. TH. V. FREYBERG, Industrielle Rationalisierung in der Weimarer Republik. Untersucht an Beispielen aus dem Maschinenbau und der Elektroindustrie, Frankfurt a. M. 1989.
194. K. CH. FÜHRER, Für das Wirtschaftsleben „mehr oder weniger wertlose Personen". Zur Lage von Invaliden- und Kleinrentnern in den Inflationsjahren 1918–1924, in: AfS 30 (1990), 144–180.
195. D. GESSNER, Agrardepression und Präsidialregierungen in Deutschland 1930–1933. Probleme des Agrarprotektionismus am Ende der Weimarer Republik, Düsseldorf 1977.
196. D. GESSNER, Agrarverbände in der Weimarer Republik. Wirtschaftliche und soziale Voraussetzungen agrarkonservativer Politik vor 1933, Düsseldorf 1976.
197. M. H. GEYER, Verkehrte Welt. Revolution, Inflation und Moderne: München 1914–1924, Göttingen 1998.
198. I. GÖTZ V. OLENHUSEN, Jugendreich, Gottes Reich, Drittes Reich. Junge Generation, Religion und Politik 1928–1932, Köln 1987.

199. M. GRÜBLER, Die Spitzenverbände der Wirtschaft und das erste Kabinett Brüning, Düsseldorf 1982.
200. I. HAMEL, Völkischer Verband und nationale Gewerkschaft. Der Deutschnationale Handlungsgehilfen-Verband 1893–1933, Frankfurt a. M. 1967.
201. D. HERTZ-EICHENRODE, Politik und Landwirtschaft in Ostpreußen 1919–1930. Untersuchung eines Strukturproblems in der Weimarer Republik, Köln/Opladen 1969.
202. C.-L. HOLTFRERICH, Die deutsche Inflation 1914–1923. Ursachen und Folgen in internationaler Perspektive, Berlin/New York 1980.
203. C.-L. HOLTFRERICH, Zu hohe Löhne in der Weimarer Republik? Bemerkungen zur Borchardt-These, in: GG 10 (1984), 122–141.
204. H. HOMBURG, Rationalisierung und Industriearbeit. Arbeitsmarkt – Management – Arbeiterschaft im Siemens-Konzern Berlin 1900–1939, Berlin 1991.
205. M. L. HUGHES, Paying for the German Inflation, Chapel Hill/N.C. 1988.
206. J. KOCKA (Hrsg.), Angestellte im europäischen Vergleich, Göttingen 1980.
207. J. KOCKA, Angestellte zwischen Faschismus und Demokratie. Zur politischen Sozialgeschichte der Angestellten: USA 1890–1940 im internationalen Vergleich, Göttingen 1977, v.a. 296–316.
208. W. KRABBE (Hrsg.), Politische Jugend in der Weimarer Republik, Bochum 1993.
209. J. FRHR. V. KRUEDENER, Die Entstehung des Inflationstraumas. Zur Sozialpsychologie der deutschen Hyperinflation 1922/23, in: 188: 213–286.
210. A. KUNZ, Civil Servants and the Politics of Inflation in Germany, 1914–1924, Berlin/New York 1986.
211. S. MERKENICH, Grüne Front gegen Weimar. Reichs-Landbund und agrarischer Lobbyismus 1918–1933, Düsseldorf 1998.
212. R. G. MOELLER, German Peasants and Agrarian Politics, 1914–1924: The Rhineland and Westphalia, Chapel Hill/N.C. 1986.
213. H. MOMMSEN, Generationskonflikt und Jugendrevolte in der Weimarer Republik, in: Th. Koebner u.a. (Hrsg.), „Mit uns zieht die neue Zeit". Der Mythos Jugend, Frankfurt a. M. 1985, 50–67.
214. H. MOMMSEN/D. PETZINA/B. WEISBROD u.a. (Hrsg.), Industrielles System und politische Entwicklung in der Weimarer Republik, Düsseldorf 1974.

215. R. NEEBE, Großindustrie, Staat und NSDAP 1930–1933. Paul Silverberg und der Reichsverband der Deutschen Industrie in der Krise der Weimarer Republik, Göttingen 1981.
216. M. NIEHUSS, Arbeiterschaft in Krieg und Inflation. Soziale Schichtung und Lage der Arbeiter in Augsburg und Linz 1910 bis 1925, Berlin/New York 1985.
217. A. PANZER, Das Ringen um die deutsche Agrarpolitik von der Währungsstabilisierung bis zur Agrardebatte im Reichstag im Dezember 1928, Kiel 1970.
218. W. L. PATCH JR., Christian Trade Unions in the Weimar Republic 1918–1933. The Failure of „Corporate Pluralism", New Haven/ Conn. 1985.
219. D. PETZINA, Die deutsche Wirtschaft in der Zwischenkriegszeit, Wiesbaden 1977.
220. D. J. K. PEUKERT, Jugend zwischen Krieg und Krise. Lebenswelten von Arbeiterjungen in der Weimarer Republik, Köln 1987.
221. W. PLUMPE, Betriebliche Mitbestimmung in der Weimarer Republik. Fallstudien zum Ruhrbergbau und zur Chemischen Industrie, München 1999.
222. H. POTTHOFF, Freie Gewerkschaften 1918–1933. Der Allgemeine Deutsche Gewerkschaftsbund in der Weimarer Republik, Düsseldorf 1987.
223. H. POTTHOFF, Gewerkschaften und Politik zwischen Revolution und Inflation, Düsseldorf 1979.
224. H.-J. PRIAMUS, Angestellte und Demokratie. Die nationalliberale Angestelltenbewegung in der Weimarer Republik, Stuttgart 1979.
225. M. PRINZ, Vom neuen Mittelstand zum Volksgenossen. Die Entwicklung des sozialen Status der Angestellten von der Weimarer Republik bis zum Ende der NS-Zeit, München 1986.
226. H. REIF (Hrsg.), Ostelbische Agrargesellschaft im Kaiserreich und in der Weimarer Republik. Agrarkrise – junkerliche Interessenpolitik – Modernisierungsstrategien, Berlin 1994.
227. H. RODER, Der christlich-nationale Deutsche Gewerkschaftsbund (DGB) im politisch-ökonomischen Kräftefeld der Weimarer Republik, Frankfurt a. M. u.a. 1986.
228. D. SCHENK, Die Freideutsche Jugend 1913–1919/20. Eine Jugendbewegung in Krieg, Revolution und Krise, Münster 1991.
229. M. SCHNEIDER, Die christlichen Gewerkschaften 1894–1933, Bonn 1982.

230. M. Schneider, Kleine Geschichte der Gewerkschaften. Ihre Entwicklung in Deutschland von den Anfängen bis heute, Bonn 1989.
231. M. Schneider, Unternehmer und Demokratie. Die freien Gewerkschaften in der unternehmerischen Ideologie der Jahre 1918 bis 1933, Bonn-Bad Godesberg 1975.
232. R. Scholz, „Heraus aus der unwürdigen Fürsorge". Zur sozialen Lage und politischen Orientierung der Kleinrentner in der Weimarer Republik, in: Ch. Conrad/H.-J. Kondratowitz (Hrsg.), Gerontologie und Sozialgeschichte. Wege zu einer historischen Betrachtung des Alters, Berlin 1983, 319–350.
233. K. Schönhoven, Die deutschen Gewerkschaften, Frankfurt a. M. 1987.
234. M. Schumacher, Land und Politik. Eine Untersuchung über politische Parteien und agrarische Interessen 1914–1923, Düsseldorf 1978.
235. D. Schütz, Zwischen Standesbewußtsein und gewerkschaftlicher Orientierung. Beamte und ihre Interessenverbände in der Weimarer Republik, Baden-Baden 1992.
236. H. Speier, Die Angestellten vor dem Nationalsozialismus. Ein Beitrag zum Verständnis der deutschen Sozialsstruktur 1918–1933, Göttingen 1977.
237. B. Stambolis, Der Mythos der jungen Generation. Ein Beitrag zur politischen Kultur der Weimarer Republik, Diss. phil. Bochum 1982.
238. G. Stollberg, Die Rationalisierungsdebatte 1908–1933. Freie Gewerkschaften zwischen Mitwirkung und Gegenwehr, Frankfurt a. M./New York 1981.
239. R. Tschirbs, Tarifpolitik im Ruhrbergbau 1918–1933, Berlin/New York 1986.
240. B. Weisbrod, Schwerindustrie in der Weimarer Republik. Interessenpolitik zwischen Stabilisierung und Krise, Wuppertal 1978.
241. R. W. Whalen, Bitter Wounds: German Victims of the Great War, 1914–1939, Ithaca/New York 1984.
242. H. A. Winkler, Mittelstand, Demokratie und Nationalsozialismus. Die politische Entwicklung von Handwerk und Kleinhandel, Köln/Berlin 1972.
243. A. Wirsching, Bäuerliches Arbeitsethos und antiliberales Denken. Ein Modell ländlicher Mentalität zur Zeit der Weimarer Republik, in: Revue d'Allemagne 22 (1990), 415–425.
244. H. Wixforth, Banken und Schwerindustrie in der Weimarer Republik, Köln/Weimar/Wien 1995.

245. C. ZAHN, Arbeitskosten und Lebenslagen zwischen Inflation und Großer Krise. Zur Geschichte der Weimarer Lohnbewegung, St. Katharinen 1996.

6. Die Weimarer Republik als Sozial- und Interventionsstaat

246. W. ABELSHAUSER (Hrsg.), Die Weimarer Republik als Wohlfahrtsstaat. Zum Verhältnis von Wirtschafts- und Sozialpolitik in der Industriegesellschaft, Stuttgart 1987.
247. J. BÄHR, Staatliche Schlichtung in der Weimarer Republik. Tarifpolitik, Korporatismus und industrieller Konflikt zwischen Inflation und Deflation 1919–1932. Berlin 1989.
248. D. F. CREW, Germans on Welfare. From Weimar to Hitler, New York/Oxford 1998.
249. G. D. FELDMAN, Der deutsche organisierte Kapitalismus während der Kriegs- und Inflationsjahre 1914–1923, in: H. A. Winkler (Hrsg.), Organisierter Kapitalismus. Voraussetzungen und Anfänge, Göttingen 1974, 150–171.
250. K. CH. FÜHRER, Arbeitslosigkeit und die Entstehung der Arbeitslosenversicherung in Deutschland 1902–1927, Berlin 1990.
251. M. GRÄSER, Der blockierte Wohlfahrtsstaat, Unterschichtjugend und Jugendfürsorge in der Weimarer Republik, Göttingen 1995.
252. H.-H. HARTWICH, Arbeitsmarkt, Verbände und Staat 1918–1933. Die öffentliche Bindung unternehmerischer Funktionen in der Weimarer Republik, Berlin 1967.
253. H. HOMBURG, Vom Arbeitslosen zum Zwangsarbeiter. Arbeitslosenpolitik und Fraktionierung der Arbeiterschaft 1930–1933 am Beispiel der Wohlfahrtserwerbslosen und der kommunalen Wohlfahrtshilfe, in: AfS 25 (1985), 251–298.
254. P. LEWEK, Arbeitslosigkeit und Arbeitslosenversicherung in der Weimarer Republik 1918–1927, Stuttgart 1992.
255. D. J. K. PEUKERT, Grenzen der Sozialdisziplinierung. Aufstieg und Krise der deutschen Jugendfürsorge von 1878 bis 1932, Köln 1986.
256. L. PRELLER, Sozialpolitik in der Weimarer Republik, 1949, ND Düsseldorf 1978.
257. U. REDDER, Die Entwicklung von der Armenhilfe zur Fürsorge in dem Zeitraum von 1871 bis 1933 – eine Analyse unter Aufgaben-, Ausgaben- und Finanzierungsaspekten am Beispiel der Länder Preußen und Bayern, Bochum 1993.

258. G. A. RITTER, Der Sozialstaat. Entstehung und Entwicklung im internationalen Vergleich, 2. Aufl. München 1991.
259. CH. SACHSSE/F. TENNSTEDT, Fürsorge und Wohlfahrtspflege 1871 bis 1929, Stuttgart/Berlin/Köln/Mainz 1988.
260. CH. SACHSSE/F. TENNSTEDT, Der Wohlfahrtsstaat im Nationalsozialismus, Stuttgart/Berlin/Köln/Mainz 1992.
261. F. VÖLTZER, Der Sozialstaatsgedanke in der Weimarer Reichsverfassung, Frankfurt a. M. /Berlin/Bern/New York/Paris/Wien 1992.

7. Politische Kultur und „sozialmoralische Milieus"

262. A. BAUMGARTNER, Sehnsucht nach Gemeinschaft. Ideen und Strömungen im Sozialkatholizismus der Weimarer Republik, Paderborn 1977.
263. W. BENZ/A. PAUCKER/P. PULZER (Hrsg.), Jüdisches Leben in der Weimarer Republik, Tübingen 1998.
264. K. BERGMANN, Agrarromantik und Großstadtfeindschaft, Meisenheim a.Gl. 1970.
265. W. BIALAS/G. G. IGGERS (Hrsg.), Intellektuelle in der Weimarer Republik, Frankfurt a. M. 1996.
266. St. BREUER, Anatomie der Konservativen Revolution, Darmstadt 1993.
267. K. BREUNING, Die Vision des Reiches. Deutscher Katholizismus zwischen Demokratie und Diktatur (1929–1934), München 1969.
268. R. BRIDENTHAL/A. GROSSMANN/M. KAPLAN (Hrsg.), When Biology Became Destiny. Women in Weimar and Nazi Germany, New York 1984.
269. K.-W. DAHM, Pfarrer und Politik. Soziale Position und politische Mentalität des deutschen evangelischen Pfarrerstandes zwischen 1918 und 1933, Köln/Opladen 1965.
270. H. DONAT, Die radikalpazifistische Richtung in der Deutschen Friedensgesellschaft (1918–1933), in: K. Holl/W. Wette (Hrsg.), Pazifismus in der Weimarer Republik. Beiträge zur historischen Friedensforschung, Paderborn 1981, 27–45.
271. B. FAULENBACH, Ideologie des deutschen Weges. Die deutsche Geschichte in der Historiographie zwischen Kaiserreich und Nationalsozialismus, München 1980.
272. P. FRITZSCHE, Rehearsals for Fascism. Populism and Political Mobilization in Weimar Germany, Oxford 1990.
273. P. GAY, Die Republik der Außenseiter. Geist und Kultur in der Weimarer Zeit 1918–1933, Frankfurt a. M. 1970 (zuerst engl. 1968).

274. B. GREVEN-ASCHOFF, Die bürgerliche Frauenbewegung in Deutschland 1894–1933, Göttingen 1981.
275. D. GROTHMANN, „Verein der Vereine"? Der Volksverein für das katholische Deutschland im Spektrum des politischen und sozialen Katholizismus der Weimarer Republik, Köln 1997.
276. C. HAFFERT, Die katholischen Arbeitervereine Westdeutschlands in der Weimarer Republik, Essen 1994.
277. K. HAGEMANN, Frauenalltag und Männerpolitik. Alltagsleben und gesellschaftliches Handeln von Arbeiterfrauen in der Weimarer Republik, Bonn 1990.
278. S. HEIMANN/F. WALTER, Religiöse Sozialisten und Freidenker in der Weimarer Republik, Bonn 1993.
279. U. HEINEMANN, Die verdrängte Niederlage. Politische Öffentlichkeit und Kriegsschuldfrage in der Weimarer Republik, Göttingen 1983.
280. G. H. HERB, Under the Map of Germany. Nationalism and Propaganda 1918–1945, London/New York 1997.
281. J. HERF, Reactionary Modernism. Technology, Culture, and Politics in Weimar and the Third Reich, Cambridge 1984.
282. K. HÖNIG, Der Bund Deutscher Frauenvereine in der Weimarer Republik 1919–1933, Egelsbach 1995.
283. W. JÄGER, Bergarbeitermilieus und Parteien im Ruhrgebiet. Zum Wahlverhalten des katholischen Bergarbeitermilieus bis 1933, München 1996.
284. W. JÄGER, Historische Forschung und politische Kultur in Deutschland. Die Debatte 1914–1980 über den Ausbruch des Ersten Weltkrieges, Göttingen 1984.
285. E. JOHN, Musikbolschewismus. Die Politisierung der Musik in Deutschland 1918–1933, Stuttgart/Weimar 1994.
286. J.-CH. KAISER, Arbeiterbewegung und organisierte Religionskritik. Proletarische Freidenkerverbände in Kaiserreich und Weimarer Republik, Stuttgart 1981.
287. G. KLEIN, Der Volksverein für das katholische Deutschland 1890–1933. Geschichte, Bedeutung, Untergang, Paderborn 1996.
288. D. KLENKE/P. LILJE/F. WALTER, Arbeitersänger und Volksbühnen in der Weimarer Republik, Bonn 1992.
289. CH. KÖSTERS, Katholische Verbände und moderne Gesellschaft. Organisationsgeschichte und Vereinskultur im Bistum Münster 1918–1945, Paderborn/München 1995.
290. D. LANGEWIESCHE, Politik – Gesellschaft – Kultur. Zur Problematik von Arbeiterkultur und kulturellen Arbeiterorganisationen

in Deutschland nach dem Ersten Weltkrieg, in: AfS 22 (1982), 359–402.
291. D. LEHNERT/K. MEGERLE, Identitäts- und Konsensprobleme in einer fragmentierten Gesellschaft. Zur Politischen Kultur in der Weimarer Republik, in: D. Bergschlosser/R. Rytlewski (Hrsg.), Politische Kultur in Deutschland. Bilanz und Perspektiven der Forschung, Opladen 1987, 80–95.
292. D. LEHNERT/K. MEGERLE (Hrsg.), Politische Identität und nationale Gedenktage. Zur Politischen Kultur in der Weimarer Republik, Opladen 1989.
293. D. LEHNERT/K. MEGERLE (Hrsg.), Pluralismus als Verfassungs- und Gesellschaftsmodell. Zur Politischen Kultur der Weimarer Republik, Opladen 1993.
294. R. M. LEPSIUS, Parteiensystem und Sozialstruktur. Zum Problem der Demokratisierung der deutschen Gesellschaft, 1966, wiederabgedr. in: DERS., Demokratie in Deutschland. Soziologisch-historische Konstellationsanalysen, Göttingen 1993, 25–50.
295. P. LÖSCHE/F. WALTER, Zur Organisationskultur der sozialdemokratischen Arbeiterbewegung in der Weimarer Republik. Niedergang der Klassenkultur oder solidargemeinschaftlicher Höhepunkt?, in: GG 15 (1989), 511–536.
296. A. LÜDTKE/I. MARSSOLEK/A. VON SALDERN (Hrsg.), Amerikanisierung: Traum und Alptraum im Deutschland des 20. Jahrhunderts, Stuttgart 1996.
297. S. MARQUARDT, Polis contra Polemos. Politik als Kampfbegriff der Weimarer Republik, Köln/Weimar/Wien 1997.
298. H. MATTHIESEN, Bürgertum und Nationalsozialismus in Thüringen. Das bürgerliche Gotha von 1918 bis 1930, Jena 1994.
299. H. MÖLLER, Bürgertum und bürgerlich-liberale Bewegung nach 1918, in: L. Gall (Hrsg.), Bürgertum und bürgerlich-liberale Bewegung in Mitteleuropa seit dem 18. Jahrhundert, München 1997, 293–342.
300. A. MOHLER, Die Konservative Revolution in Deutschland 1918–1932, 3. Aufl., 2 Bde., Darmstadt 1989.
301. H. MOMMSEN, Die Auflösung des Bürgertums seit dem späten 19. Jahrhundert, in: Ders., Der Nationalsozialismus und die deutsche Gesellschaft. Ausgewählte Aufsätze, Reinbek 1991, 11–38.
302. D. H. MÜLLER, Arbeiter – Katholizismus – Staat. Der Volksverein für das katholische Deutschland und die katholischen Arbeiterorganisationen in der Weimarer Republik, Bonn 1996.

303. D. T. MURPHY, The Heroic Earth. Geopolitical Thought in Weimar Germany, 1918–1933, Kent/Ohio 1997.
304. K. NOWAK, Evangelische Kirche und Weimarer Republik. Zum politischen Weg des deutschen Protestantismus zwischen 1918 und 1932, 2. Aufl. Weimar 1988.
305. W. OBERKROME, Volksgeschichte. Methodische Innovation und völkische Ideologisierung in der deutschen Geschichtswissenschaft 1918–1945, Göttingen 1993.
306. W. PYTA, Dorfgemeinschaft und Parteipolitik. Die Verschränkung von Milieu und Parteien in den protestantischen Landgebieten Deutschlands in der Weimarer Republik, Düsseldorf 1995.
307. C. RAUH-KÜHNE, Katholisches Milieu und Kleinstadtgesellschaft. Ettlingen 1918–1939, Sigmaringen 1991.
308. D. VON REEKEN, Ostfriesland zwischen Weimar und Bonn. Eine Fallstudie zum Problem der historischen Kontinuität am Beispiel der Städte Aurich und Emden, Hildesheim 1991.
309. K. ROHE, Wahlen und Wählertraditionen in Deutschland. Kulturelle Grundlagen deutscher Parteiensysteme im 19. und 20. Jahrhundert, Frankfurt a. M. 1992.
310. A. VON SALDERN (Hrsg.), Stadt und Moderne. Hannover in der Weimarer Republik, Hamburg 1989.
311. TH. J. SAUNDERS, Hollywood in Berlin. American Cinema and Weimar Germany, Berkeley/Calif. 1994.
312. D. SCHMIECHEN-ACKERMANN (Hrsg.), Anpassung, Verweigerung, Widerstand. Soziale Milieus, Politische Kultur und der Widerstand gegen den Nationalsozialismus in Deutschland im regionalen Vergleich, Berlin 1997.
313. K. SCHOLDER, Die Kirchen und das Dritte Reich, Bd. I: Vorgeschichte und Zeit der Illusionen 1918–1934, Frankfurt a. M. /Berlin 1977.
314. Th. SEITERICH-KREUZKAMP, Links, frei und katholisch – Walter Dirks. Ein Beitrag zur Geschichte des Katholizismus der Weimarer Republik, Frankfurt a. M./Bern/New York 1986.
315. K. SONTHEIMER, Antidemokratisches Denken in der Weimarer Republik. Die politischen Ideen des deutschen Nationalismus zwischen 1918 und 1933, München 1962.
316. K. TANNER, Die fromme Verstaatlichung des Gewissens. Zur Auseinandersetzung um die Legitimität der Weimarer Reichsverfassung in Staatsrechtswissenschaft und Theologie der zwanziger Jahre, Göttingen 1989.
317. C. USBORNE, Frauenkörper – Volkskörper. Geburtenkontrolle und

Bevölkerungspolitik in der Weimarer Republik, Münster 1994 (zuerst englisch 1992).
318. F. WALTER, Sozialistische Akademiker- und Intellektuellenorganisationen in der Weimarer Republik, Bonn 1990.
319. F. WALTER/V. DENECKE/C. REGIN, Sozialistische Gesundheits- und Lebensreformverbände, Bonn 1991.
320. S. WEICHLEIN, Sozialmilieus und politische Kultur in der Weimarer Republik. Lebenswelt, Vereinskultur, Politik in Hessen, Göttingen 1996.
321. J. WRIGHT, „Über den Parteien". Die politische Haltung der evangelischen Kirchenführer 1918–1933, Göttingen 1977.
322. M. ZIMMERMANN, Die deutschen Juden 1914–1945, München 1997.

8. *Politischer Extremismus und Schutz der Verfassung*

323. T. ALBRECHT, Für eine wehrhafte Demokratie. Albert Grzesinski und die preußische Politik in der Weimarer Republik, Bonn 1999.
324. T. ALEXANDER. Carl Severing. Sozialdemokrat aus Westfalen mit preußischen Tugenden, Frankfurt a. M. 1992.
325. W. S. ALLEN, The Nazi Seizure of Power. The Experience of a Single German Town 1930–1935, Chicago 1965 (dt.u.d.T. Das haben wir nicht gewollt! Die nationalsozialistische Machtergreifung in einer Kleinstadt, 1966; erw. Neuaufl. New York/Toronto/Sydney 1984).
326. W. T. ANGRESS, Die Kampfzeit der KPD 1921–1923, zuerst amerik. 1963, Düsseldorf 1973.
327. B. ASMUSS, Republik ohne Chance? Akzeptanz und Legitimation der Weimarer Republik in der deutschen Tagespresse zwischen 1918 und 1923, Berlin/New York 1994.
328. S. BAHNE, „Sozialfaschismus" in Deutschland. Zur Geschichte eines politischen Begriffs, in: IRSH 19 (1965), 211–245.
329. V. R. BERGHAHN, Der Stahlhelm. Bund der Frontsoldaten, Düsseldorf 1966.
330. H. M. BOCK, Syndikalismus und Linkskommunismus von 1918 bis 1923. Ein Beitrag zur Sozial- und Ideengeschichte der frühen Weimarer Republik, 2. Aufl. Darmstadt 1993.
331. K. D. BRACHER, Die deutsche Diktatur. Entstehung, Struktur und Folgen des Nationalsozialismus, 4. Aufl. Köln 1972.
332. M. BROSZAT, Die Machtergreifung. Der Aufstieg der NSDAP und die Zerstörung der Weimarer Republik, München 1984.

333. TH. CHILDERS, The Nazi Voter. The Social Foundations of Fascism in Germany, 1919–1933, Chapel Hill/N.C. 1983.
334. J. M. DIEHL, Paramilitary Politics in Weimar Germany, Bloomington/Indiana 1977.
335. J. ERGER, Der Kapp-Lüttwitz-Putsch. Ein Beitrag zur deutschen Innenpolitik 1919/20, Düsseldorf 1967.
336. J. FALTER, Hitlers Wähler, München 1991.
337. O. K. FLECHTHEIM, Die KPD in der Weimarer Republik, NA Hamburg 1986.
338. CHR. GRAF, Politische Polizei zwischen Demokratie und Diktatur. Die Entwicklung der preußischen Politischen Polizei vom Staatsschutzorgan der Weimarer Republik zum Geheimen Staatspolizeiamt des Dritten Reiches, Berlin 1983.
339. M. GRÜNTHALER, Parteiverbote in der Weimarer Republik, Frankfurt a. M./Berlin/Bern/New York/Paris/Wien 1995.
340. CHR. GUSY, Weimar – die wehrlose Republik? Verfassungsschutz und Verfassungsschutzrecht in der Weimarer Republik, Tübingen 1991.
341. R. F. HAMILTON, Who Voted for Hitler? Princeton/N.J. 1982.
342. R. HEBERLE, Landbevölkerung und Nationalsozialismus. Eine soziologische Untersuchung zur politischen Willensbildung in Schleswig-Holstein 1918–1932, Stuttgart 1963.
343. W. HORN, Führerideologie und Parteiorganisation in der NSDAP (1919–1933), Düsseldorf 1972.
344. I. J. HUECK, Der Staatsgerichtshof zum Schutze der Republik, Tübingen 1996.
345. M. JAMIN, Zwischen den Klassen. Zur Sozialstruktur der SA-Führerschaft, Wuppertal 1984.
346. G. JASPER, Der Schutz der Republik. Studien zur staatlichen Sicherung der Demokratie in der Weimarer Republik 1922–1930, Tübingen 1963.
347. W. JOCHMANN, Die Ausbreitung des Antisemitismus in Deutschland 1914–1923, in: DERS., Gesellschaftskrise und Judenfeindschaft in Deutschland 1870–1945, Hamburg 1988, 99–170.
348. M. KATER, The Nazi Party. A Social Profile of Members and Leaders 1919–1945, Oxford 1983.
349. M. KATER, Studentenschaft und Rechtsradikalismus in Deutschland 1918–1933, Hamburg 1975.
350. M. H. KELE, Nazis and Workers. National Socialist Appeals to German Labor, 1919–1933, Chapel Hill/N.C. 1972.
351. U. KISSENKOETTER, Gregor Straßer und die NSDAP, Stuttgart 1978.

352. S. Koch-Baumgarten, Aufstand der Avantgarde. Die Märzaktion der KPD 1921, Frankfurt a.M. /New York 1986.
353. V. Kratzenberg, Arbeiter auf dem Weg zu Hitler? Die Nationalsozialistische Betriebszellen-Organisation. Ihre Entstehung, ihre Programmatik, ihr Scheitern 1927–1934, Frankfurt a.M. 1987.
354. B. Kruppa, Rechtsradikalismus in Berlin 1918–1928, Berlin/New York 1988.
355. R. Kühnl, Die nationalsozialistische Linke 1925–1930, Meisenheim a.Gl. 1966.
356. Th. Kurz, Feindliche Brüder im deutschen Südwesten. Sozialdemokraten und Kommunisten in Baden und Württemberg von 1928 bis 1933, Berlin 1996.
357. D. C. Large, Hitlers München, München 1998.
358. P. Lessmann, Die preußische Schutzpolizei in der Weimarer Republik. Streifendienst und Straßenkampf, Düsseldorf 1989.
359. U. Lohalm, Völkischer Radikalismus. Die Geschichte des Deutschvölkischen Schutz- und Trutz-Bundes 1919–1923, Hamburg 1970.
360. P. Longerich, Die braunen Bataillone. Geschichte der SA, München 1989.
361. K.-M. Mallmann, Kommunisten in der Weimarer Republik. Sozialgeschichte einer revolutionären Bewegung, Darmstadt 1996.
362. P. Manstein, Die Mitglieder und Wähler der NSDAP 1929–1933. Untersuchungen zu ihrer schichtmäßigen Zusammensetzung, Frankfurt/Bern/New York/Paris 1988.
363. H.-J. Mauch, Nationalistische Wehrorganisationen in der Weimarer Republik. Zur Entwicklung und Ideologie des „Paramilitarismus", Frankfurt a.M. 1982.
364. P. Moreau, Nationalsozialismus von links. Die „Kampfgemeinschaft Revolutionärer Nationalsozialisten" und die „Schwarze Front" Otto Straßers 1930–1935, Stuttgart 1984.
365. G. L. Mosse, Die völkische Revolution. Über die geistigen Wurzeln des Nationalsozialismus, 2. dt. Auflage, Frankfurt a.M. 1991 (1. Aufl. u.d.T. Ein Volk – ein Reich – ein Führer. Die völkischen Ursprünge des Nationalsozialismus, 1979, zuerst englisch 1964).
366. D. Mühlberger, Hitler's Followers. Studies in the Sociology of the Nazi Movement, London/New York 1991.
367. D. Orlow, The History of the Nazi Party, Bd. I: 1919–1933, Pittsburgh/Pennsylvania 1969.
368. G. Paul, Aufstand der Bilder. Die NS-Propaganda vor 1933, Bonn 1990.

369. L. PETERSON, German Communism, Workers' Protest, and Labor Unions. The Politics of the United Front in Rhineland-Westphalia 1920–1924, Dordrecht 1993.
370. K. ROHE, Das Reichsbanner Schwarz-Rot-Gold. Ein Beitrag zur Geschichte und Struktur der politischen Kampfverbände zur Zeit der Weimarer Republik, Düsseldorf 1966.
371. E. ROSENHAFT, Beating the Fascists? The German Communists and Political Violence 1929–1933, Cambridge 1983.
372. K. RÜFFLER, Vom Münchener Landfriedensbruch bis zum Mord von Potempa. Der „Legalitätskurs" der NSDAP, Frankfurt a.M. 1994.
373. M. SABROW, Der Rathenaumord. Rekonstruktion einer Verschwörung gegen die Weimarer Republik, München 1994.
374. G. SCHULZ, Aufstieg des Nationalsozialismus. Krise und Revolution in Deutschland, Frankfurt a.M. 1975.
375. K. SCHUSTER, Der Rote Frontkämpferbund 1924–1929, Düsseldorf 1979.
376. H. A. TURNER, Die Großunternehmer und der Aufstieg Hitlers, Berlin 1985.
377. A. TYRELL, Vom „Trommler" zum „Führer". Der Wandel von Hitlers Selbstverständnis zwischen 1919 und 1924 und die Entwicklung der NSDAP, München 1975.
378. D. WALTER, Antisemitische Kriminalität und Gewalt. Judenfeindschaft in der Weimarer Republik, Bonn 1999.
379. H. WEBER, Die Wandlung des deutschen Kommunismus. Die Stalinisierung der KPD in der Weimarer Republik, 2 Bde., Frankfurt a.M. 1969.
380. H. WEBER, Hauptfeind Sozialdemokratie. Strategie und Taktik der KPD 1929–1933, Düsseldorf 1982.
381. H. WEBER, Kommunismus in Deutschland 1918–1945, Darmstadt 1983.
382. E. D. WEITZ, Creating German Communism., 1890–1990. From Popular Protests to Socialist State, Princeton/N.J. 1997.
383. R. F. WHEELER, USPD und Internationale. Soizalistischer Internationalismus in der Zeit der Revolution, Frankfurt a.M. /Berlin/ Wien 1975.
384. A. WIRSCHING, Nationalsozialismus in der Region. Tendenzen der Forschung und methodische Probleme, in: H. Möller/A. Wirsching/W. Ziegler (Hrsg.), Nationalsozialismus in der Region. Beiträge zur regionalen und lokalen Forschung und zum internationalen Vergleich, München 1996, 25–46.

385. A. WIRSCHING, „Stalinisierung" oder entideologisierte „Nischengesellschaft"? Alte Einsichten und neue Thesen zum Charakter der KPD in der Weimarer Republik, in: VfZ 45 (1997), 449–466.
386. A. WIRSCHING, Vom Weltkrieg zum Bürgerkrieg? Politischer Extremismus in Deutschland und Frankreich 1918–1933/39. Berlin und Paris im Vergleich, München 1999.

9. Das Ende der Weimarer Republik

387. TH. BALDERSTON, The Origins and Course of the German Economic Crisis 1923–1932, Berlin 1992.
388. W. BESSON, Württemberg und die deutsche Staatskrise 1928–1933. Eine Studie zur Auflösung der Weimarer Republik, Stuttgart 1959.
389. K. E. BORN, Die deutsche Bankenkrise. Finanzen und Politik, München 1967.
390. K. BORCHARDT, Zwangslagen und Handlungsspielräume in der großen Weltwirtschaftskrise der frühen dreißiger Jahre, in: DERS., Wachstum, Krisen, Handlungsspielräume der Wirtschaftspolitik. Studien zur Wirtschaftsgeschichte des 19. und 20. Jahrhunderts, Göttingen 1982, 165–182.
391. K. D. BRACHER, Die Auflösung der Weimarer Republik. Eine Studie zum Problem des Machtverfalls in der Demokratie, 6. Aufl. Königstein/Ts 1978.
392. U. BÜTTNER, Politische Alternativen zum Brüningschen Deflationskurs, in: VfZ 37 (1989), 209–251.
393. M. N. DOBKOWSKI/I. WALLIMANN (Hrsg.), Towards the Holocaust. The Social and Economic Collapse of the Weimar Republic, Westport/Conn. 1983.
394. A. DORPALEN, SPD und KPD in der Endphase der Weimarer Republik, in: VfZ 31 (1983), 77–107.
395. H. P. EHNI, Bollwerk Preußen? Preußen-Regierung, Reich-Länder-Problem und Sozialdemokratie 1928–1932, Bonn 1975.
396. R. J. EVANS/D. GEARY (Hrsg.), The German Unemployed. Experiences and Consequences of Mass Unemployment from the Weimar Republic to the Third Reich, London/Sydney 1987.
397. C.-L. HOLTFRERICH, Alternativen zu Brünings Wirtschaftspolitik in der Weltwirtschaftskrise?, in: HZ 235 (1982), 605–631.
398. H. JAMES, Deutschland in der Weltwirtschaftskrise 1924–1936, Stuttgart 1988.

399. G. JASPER, Die gescheiterte Zähmung. Wege zur Machtergreifung Hitlers 1930–1934, Frankfurt a. M. 1986.
400. E. KOLB/W. PYTA, Die Staatsnotstandsplanungen unter den Regierungen Papen und Schleicher, in: H. A. Winkler (Hrsg.), Die deutsche Staatskrise 1930–1933. Handlungsspielräume und Alternativen, München 1992, 155–181.
401. J. FRHR. V. KRUEDENER (Hrsg.), Economic Crisis and Political Collapse. The Weimar Republic 1924–1933, New York/Oxford/München 1990.
402. E. MATTHIAS/R. MORSEY (Hrsg.), Das Ende der Parteien 1933. Darstellungen und Dokumente, Düsseldorf 1960.
403. I. MAURER, Reichsfinanzen und große Koalition: Zur Geschichte des Reichskabinetts Müller (1928–1930), Bonn 1973.
404. R. MEISTER, Die große Depression. Zwangslagen und Handlungsspielräume der Wirtschafts- und Finanzpolitik in Deutschland 1929–1932, Regensburg 1991.
405. R. MORSEY, Zur Entstehung, Authentizität und Kritik von Brünings Memoiren 1918–1934, Opladen 1975.
406. F. MÜLLER, Die „Brüning-Papers". Der letzte Zentrumskanzler im Spiegel seiner Selbstzeugnisse, Frankfurt a. M./Bern/New York/Paris 1993.
407. A. RÖDDER, Dichtung und Wahrheit. Der Quellenwert von Heinrich Brünings Memoiren und seine Kanzlerschaft, in: HZ 265 (1997), 77–116.
408. R. SCHAEFER, SPD in der Ära Brüning: Tolerierung oder Mobilisierung? Handlungsspielräume und Strategien sozialdemokratischer Politik 1930–1932, Frankfurt a. M./New York 1990.
409. A. SCHILDT, Militärdiktatur mit Massenbasis? Die Querfrontkonzeption der Reichswehrführung um General von Schleicher am Ende der Weimarer Republik, Frankfurt a. M./New York 1981.
410. P. STACHURA (Hrsg.), Unemployment and the Great Depression in Weimar Germany, Basington 1986.
411. H. TIMM, Die deutsche Sozialpolitik und der Bruch der Großen Koalition im März 1930, Düsseldorf 1952.
412. H. A. TURNER, Hitlers Weg zur Macht. Der Januar 1933, München 1996.
413. H. WEBER, Hauptfeind Sozialdemokratie. Strategie und Taktik der KPD 1929–1933, Düsseldorf 1982.
414. H. A. WINKLER (Hrsg.), Die deutsche Staatskrise 1930–1933. Handlungsspielräume und Alternativen, München 1992.

C. Nachtrag 2008

1. Quellen

415. Akten deutscher Bischöfe über die Lage der Kirche, 1918–1933, bearb. v. H. Hürten, hrsg. v. der Kommission für Zeitgeschichte, Teilbd. 1 (1918 – 1925) u. 2 (1926–1933), Paderborn 2007.
416. B. H. BAYERLEIN u. a. (Hrsg.), Deutscher Oktober 1923. Ein Revolutionsplan und sein Scheitern, Berlin 2003.
417. H. BERNHARD, Gustav Stresemann – aus der Nähe gesehen. Aufzeichnungen seines engen Mitarbeiters Henry Bernhard, bearb. v. E. Kolb, in: Jahrbuch zur Liberalismus-Forschung 15 (2003), 265–291.
418. D. ERB (Hrsg.), Gleichgeschaltet. Der Nazi-Terror gegen Gewerkschaften und Berufsverbände 1930 bis 1933. Eine Dokumentation, Göttingen 2001.
419. J. GOEBBELS, Die Tagebücher von Joseph Goebbels, im Auftr. d. Instituts für Zeitgeschichte hrsg. v. E. Fröhlich
    T. 1. Aufzeichnungen 1923 – 1941
    Bd. 1/1: Oktober 1923–November 1925, bearb. v. E. Fröhlich, München 2004.
    Bd. 1/2: Dezember 1925–Mai 1928, bearb. v. E. Fröhlich, München 2005.
    Bd. 2/1: Dezember 1929–Mai 1931, bearb. v. A. Munding, München 2005.
    Bd. 2/2: Juni 1931–September 1932, bearb. v. A. Hermann, München 2004.
420. A. GRZESINSKI, Im Kampf um die deutsche Republik. Erinnerungen eines Sozialdemokraten, hrsg. v. E. KOLB, München 2001.
421. HARRY GRAF KESSLER, Das Tagebuch 1880–1937, hrsg. v. R. S. KAMZELAK u. U. OTT, Bd. 7 (1919–1923), hrsg. v. A. REINTHAL, Stuttgart 2007.
422. E. KÖNNEMANN/G. SCHULZE (Hrsg.), Der Kapp-Lüttwitz-Ludendorff-Putsch. Dokumente, München 2002.
423. W. R. KRABBE (Hrsg.), Parteijugend zwischen Wandervogel und politischer Reform. Eine Dokumentation zur Geschichte der Weimarer Republik, Münster 2000.
424. K.-E. LÖNNE (Hrsg.), Quellen zum politischen Denken der Deutschen im 19. und 20. Jahrhundert (Freiherr vom Stein-Gedächtnisausgabe), Bd. 8: Die Weimarer Republik 1918–1933, Darmstadt 2002.

425. H. MOLKENBUHR, Arbeiterführer, Parlamentarier, Parteiveteran. Die Tagebücher des Sozialdemokraten Hermann Molkenbuhr 1905 bis 1927, hrsg. v. B. BRAUN u. J. EICHLER, München 2000.
426. NATIONALLIBERALISMUS in der Weimarer Republik. Die Führungsgremien der Deutschen Volkspartei 1918–1933, 2 Halbbd. hrsg. v. E. KOLB u. L. RICHTER, Düsseldorf 1999.
427. R. POSCHER (Hrsg.), Der Verfassungstag. Reden deutscher Gelehrter zur Feier der Weimarer Reichsverfassung, Baden-Baden 1999.
428. Die Protokolle des Preußischen Staatsministeriums 1817–1934/38, hrsg. v. d. Berlin-Brandenburgischen Akademie der Wissenschaften unter der Leitung von J. Kocka u. W. Neugebauer
   Bd. 11: 14. November 1918 bis 31. März 1925, 2 Bde., bearb. v. G. Schulze, Hildesheim 2002.
   Bd. 12: 4. April 1925 bis 10. Mai 1938, 2 Bde., bearb. v. R. Zilch, Hildesheim 2004.
429. W. RATHENAU, Gesamtausgabe, hrsg. v. H. D. HELLIGE/E. SCHULIN/T. KOOPS, Bd. 5. Briefe, Teilbd. 2 (1914–1922), hrsg. v. A. JASER/C. PICHT/E. SCHULIN, Düsseldorf 2006.
430. A. SALOMON, Frauenemanzipation und soziale Verantwortung. Ausgewählte Schriften, Bd. 3 (1919–1948), hrsg. v. A. FEUSTEL, Neuwied u. a. 2004.
431. Der Thälmann-Skandal. Geheime Korrespondenzen mit Stalin, hrsg. v. H. WEBER u. B. H. BAYERLEIN, Berlin 2003.
432. K. GRAF VON WESTARP, Konservative Politik im Übergang vom Kaiserreich zur Weimarer Republik, bearb. v. F. Frhr. Hiller von Gaertringen, Düsseldorf 2001.

2. *Literatur*

2.1 Übergreifende Darstellungen, Sammelbände, Deutungen

433. M. COWAN/K. M. SICKS (Hrsg), Leibhaftige Moderne. Körper in Kunst und Massenmedien 1918 bis 1933, Bielefeld 2005.
434. A. Doering-Manteuffel (Hrsg.), Strukturmerkmale der deutschen Geschichte des 20. Jahrhunderts, München 2006.
435. A. DOERING-MANTEUFFEL, Wie westlich sind die Deutschen? Amerikanisierung und Westernisierung im 20. Jahrhundert, Göttingen 1999.
436. J. DÜLFFER/G. KRUMEICH (Hrsg.), Der verlorene Frieden. Politik und Kriegskultur nach 1918, Essen 2002.
437. M. FÖLLMER/R. GRAF (Hrsg.), Die „Krise" der Weimarer Repu-

blik. Zur Kritik eines Deutungsmusters, Frankfurt a. M./New York 2005.
438. M. FRÖHLICH (Hrsg.), Die Weimarer Republik. Portrait einer Epoche in Biographien, Darmstadt 2002.
439. D. GESSNER, Die Weimarer Republik, 2. Aufl. Darmstadt 2005.
440. L. GREVELHÖRSTER, Kleine Geschichte der Weimarer Republik 1918–1933. Ein problemgeschichtlicher Überblick, Münster 2000.
441. CH. GUSY (Hrsg.), Weimars lange Schatten – „Weimar" als Argument nach 1945, Baden-Baden 2003.
442. CH. GUSY (Hrsg.), Demokratisches Denken in der Weimarer Republik, Baden-Baden 2000.
443. W. HARDTWIG (Hrsg.), Ordnungen in der Krise. Zur politischen Kulturgeschichte Deutschlands 1900–1933, München 2007.
444. W. HARDTWIG (Hrsg.), Politische Kulturgeschichte der Zwischenkriegszeit 1918–1939, Göttingen 2005.
445. D. KERRBS/W. UKA (Hrsg.), Fotografie und Bildpublizistik in der Weimarer Republik, Bönen/Westf. 2004.
446. U. KLUGE, Die Weimarer Republik, Paderborn u. a. 2006.
447. D. LEHNERT, Die Weimarer Republik. Parteienstaat und Massengesellschaft, Stuttgart 1999.
448. R. MARCOWITZ, Die Weimarer Republik 1929–1933, 2. Aufl. Darmstadt 2007.
449. H. MÖLLER, Diktatur- und Demokratieforschung im 20. Jahrhundert, in: VfZ 51 (2003), 29–50.
450. H. MÖLLER/M. KITTEL (Hrsg.), Demokratie in Deutschland und Frankreich 1918–1933/40. Beiträge zu einem historischen Vergleich, München 2002.
451. H. MOMMSEN (Hrsg.), Der Erste Weltkrieg und die europäische Nachkriegsordnung. Sozialer Wandel und Formveränderung der Politik, Köln u. a. 2000.
452. W. PYTA, Die Weimarer Republik, Opladen 2004.
453. M.-L. RECKER (Hrsg.), Parlamentarismus in Europa. Deutschland, England und Frankreich im Vergleich, München 2004.
454. C. SCHMÖLDERS/S. L. GILMAN (Hrsg.), Gesichter der Weimarer Republik. Eine physiognomische Kulturgeschichte, Köln 2000.
455. M. STOLLEIS, Geschichte des öffentlichen Rechts in Deutschland, Bd. 3: Staats- und Verwaltungsrechtswissenschaft in Republik und Diktatur 1914–1945, München 1999.
456. H. U. WEHLER, Deutsche Gesellschaftsgeschichte, Bd. IV: Vom

Beginn des Ersten Weltkriegs bis zur Gründung der beiden deutschen Staaten 1914–1949, München 2003.
457. E. WEITZ, Weimar Germany. Promise and Tragedy, Princeton/N.J. 2007.
458. H. A. WINKLER (Hrsg.), Weimar im Widerstreit. Deutungen der ersten deutschen Republik im geteilten Deutschland, München 2002.
459. H. A. WINKLER, Der lange Weg nach Westen, Bd. I: Deutsche Geschichte vom Ende des Alten Reiches bis zum Untergang der Weimarer Republik, 5. Aufl. München 2002.
460. A. WIRSCHING (Hrsg.), Herausforderungen der parlamentarischen Demokratie. Die Weimarer Republik im europäischen Vergleich, München 2007.
461. A. WIRSCHING/J. EDER (Hrsg.), Vernunftrepublikanismus in der Weimarer Republik. Politik, Literatur, Wissenschaft, Stuttgart 2008.

2.2 Verfassung, Parteien, Politik

462. 80 Jahre Weimarer Reichsverfassung (1919–1999), hrsg. v. Thüringer Landtag, Weimar 1998.
463. C. FISCHER, The Ruhr crisis 1923–1924, Oxford 2003.
464. ST. GERBER, Der Verfassungsstreit im Katholizismus der Weimarer Republik. Zugänge und Untersuchungsfelder, in: HJb 126 (2006), 359–393.
465. H. HÖMIG, Brüning. Kanzler in der Krise der Republik. Eine Weimarer Biographie, Paderborn u. a. 2000.
466. CH. JANSEN, Antiliberalismus und Antiparlamentarismus in der bürgerlich-demokratischen Elite der Weimarer Republik. Willy Hellpachs Publizistik der Jahre 1925–1933, in: ZfG 49 (2001), 773–795.
467. L. E. JONES, Catholics on the right. The Reich Catholic Committee of the German National People's Party, 1920–33, in: HJb 126 (2006), 221–267.
468. L. E. JONES/W. PYTA (Hrsg.), „Ich bin der letzte Preuße". Der politische Lebensweg des konservativen Politikers Kuno Graf von Westarp (1864–1945), Köln u. a. 2006.
469. C.-A. KAUNE, Willy Hellpach (1877–1955). Biographie eines liberalen Politikers der Weimarer Republik, Frankfurt a. M. u. a. 2005.
470. A. KELLMANN, Anton Erkelenz. Ein Sozialliberaler im Kaiserreich und in der Weimarer Republik, Berlin 2007.

471. M. KESSLER, Arthur Rosenberg. Ein Historiker im Zeitalter der Katastrophen (1889–1943), Köln u. a. 2003.
472. M. KITTEL, „Steigbügelhalter" Hitlers oder „stille Republikaner"? Die Deutschnationalen in neuerer politikgeschichtlicher und kulturalistischer Perspektive, in: H.-CH. KRAUS/TH. NICKLAS (Hrsg.), Geschichte der Politik. Alte und neue Wege, München 2007, 201–235.
473. M. KITTEL, Provinz zwischen Reich und Republik. Politische Mentalitäten in Deutschland und Frankreich 1918–1933/36, München 2000.
474. E. KOLB, Gustav Stresemann, München 2003.
475. F. KÖSTER, Entstehungsgeschichte der Grundrechtsbestimmungen des zweiten Hauptteils der Weimarer Reichsverfassung in den Vorarbeiten der Reichsregierung und den Beratungen der Nationalversammlung, Göttingen 2003.
476. G. KRUMEICH/J. SCHRÖDER (Hrsg.), Der Schatten des Weltkrieges. Die Ruhrbesetzung 1923, Essen 2004.
477. TH. MERGEL, Das Scheitern des deutschen Tory-Konservatismus. Die Umformung der DNVP zu einer rechtsradikalen Partei, 1928–1932, in: HZ 276 (2003), 323–368.
478. TH. MERGEL, Parlamentarische Kultur in der Weimarer Republik. Politische Kommunikation, symbolische Politik und Öffentlichkeit im Reichstag, Düsseldorf 2002.
479. J. MITTAG, Wilhelm Keil (1870–1968). Sozialdemokratischer Parlamentarier zwischen Kaiserreich und Bundesrepublik. Eine politische Biographie, Düsseldorf 2001.
480. W. MÜHLHAUSEN, Friedrich Ebert (1871–1925). Reichspräsident der Weimarer Republik, Bonn 2006.
481. A. MÜLLER, „Fällt der Bauer, stürzt der Staat". Deutschnationale Agrarpolitik 1928–1933, München 2003.
482. M. MÜLLER, Die Christlich-Nationale Bauern- und Landvolkpartei 1928–1933, Düsseldorf 2001.
483. M. OHNEZEIT, Zwischen „schärfster Opposition" und dem „Willen zur Macht": Die Deutschnationale Volkspartei (DNVP) in der Weimarer Republik 1918–1928, erscheint voraussichtlich Düsseldorf 2009.
484. W. L. PATCH JR., Heinrich Brüning and the dissolution of the Weimar Republic, 2. Aufl. Cambridge 2006.
485. K. H. POHL (Hrsg.), Politiker und Bürger. Gustav Stresemann und seine Zeit, Göttingen 2002.

486. W. Pyta, Hindenburg. Herrschaft zwischen Hohenzollern und Hitler, Berlin 2007.
487. Th. Raithel, Das schwierige Spiel des Parlamentarismus. Deutscher Reichstag und französische Chambre des Députés in den Inflationskrisen der 1920er Jahre, München 2005.
488. L. Richter, Die Deutsche Volkspartei 1918–1933, Düsseldorf 2002.
489. R. Richter, Nationales Denken im Katholizismus der Weimarer Republik, Münster 2000.
490. A. Rödder (Hrsg.), Weimar und die deutsche Verfassung. Zur Geschichte und Aktualität von 1919, Stuttgart 1999.
491. K. Ruppert, Die weltanschaulich bedingte Politik der Deutschen Zentrumspartei in ihrer Weimarer Epoche, in: HZ 285 (2007), 49–97.
492. V. Schober, Der junge Kurt Schumacher 1895–1933, Bonn 2000.
493. St. Ummenhofer, Wie Feuer und Wasser? Katholizismus und Sozialdemokratie in der Weimarer Republik, Berlin 2003.
494. J. Vogel, Der Sozialdemokratische Parteibezirk Leipzig in der Weimarer Republik. Sachsens demokratische Tradition, 2 Bde., Hamburg 2006.
495. P. O. Volkmann, Heinrich Brüning (1885–1970). Nationalist ohne Heimat. Eine Teilbiographie, Düsseldorf 2007.
496. A. Wirsching, Koalition, Opposition, Interessenpolitik. Probleme des Weimarer Parteienparlamentarismus, in: M.-L. Recker (Hrsg.), Parlamentarismus in Europa. Deutschland, England und Frankreich im Vergleich, München 2004, 41–64.
497. J. Wright, Gustav Stresemann (1878–1929). Weimars größter Staatsmann, München 2006 (zuerst engl. 2002).
498. P. Zimmermann, Theodor Haubach (1896–1945). Eine politische Biographie, München 2004.

2.3 Wirtschaft, Gesellschaft, Milieus
499. M. Brenner, Jüdische Kultur in der Weimarer Republik, München 2000.
500. Ch. Buchheim, Die Erholung von der Weltwirtschaftskrise 1932/33 in Deutschland, in: Jahrbuch für Wirtschaftsgeschichte (2003), 13–26.
501. E. Conze, Von deutschem Adel. Die Grafen von Bernstorff im 20. Jahrhundert, Stuttgart 2000.
502. Th. Fandel, Protestantische Pfarrer und Nationalsozialismus in

der Region. Vom Ende der Weimarer Republik bis zum Beginn des Zweiten Weltkrieges, in: GG 29 (2003), 512–541.
503. R. FATTMANN, Bildungsbürger in der Defensive. Die akademische Beamtenschaft und der „Reichsbund der höheren Beamten" in der Weimarer Republik, Göttingen 2001.
504. M. GAILUS, 1933 als protestantisches Erlebnis. Emphatische Selbsttransformation und Spaltung, in: GG 29 (2003), 481–511.
505. M. GAILUS, Protestantismus und Nationalsozialismus. Studien zur nationalsozialistischen Durchdringung des protestantischen Sozialmilieus in Berlin, Köln 2001.
506. TH. GÖTHEL, Demokratie und Volkstum. Die Politik gegenüber den nationalen Minderheiten in der Weimarer Republik, Köln 2002.
507. C. HECHT, Deutsche Juden und Antisemitismus in der Weimarer Republik, Bonn 2003.
508. M. HEMPE, Ländliche Gesellschaft in der Krise. Mecklenburg in der Weimarer Republik, Köln u. a. 2002.
509. CH. ILIAN, Der Evangelische Arbeitsdienst. Religiöse Kulturen der Moderne. Krisenprojekt zwischen Weimarer Demokratie und NS-Diktatur. Ein Beitrag zur Geschichte des Sozialen Protestantismus, Gütersloh 2005.
510. T. JÄHNICHEN/N. FRIEDRICH (Hrsg.), Protestantismus und Soziale Frage. Profile in der Zeit der Weimarer Republik, Münster 2000.
511. H. KERSTINGJOHÄNNER, Die deutsche Inflation 1919–1923. Politik und Ökonomie, Frankfurt a. M. u. a. 2004.
512. M. KITTEL, Konfessioneller Konflikt und politische Kultur in der Weimarer Republik, in: O. BLASCHKE (Hrsg.), Konfessionen im Konflikt. Deutschland zwischen 1800 und 1970. Ein zweites konfessionelles Zeitalter, Göttingen 2002, 243–297.
513. R. LÄCHELE/J. THIERFELDER (Hrsg.), Württembergs Protestantismus in der Weimarer Republik, Stuttgart 2003.
514. M. LIEPACH, Das Krisenbewußtsein des jüdischen Bürgertums in den „Goldenen Zwanzigern", in: A. GOTZMANN (Hrsg.), Juden, Bürger, Deutsche. Zur Geschichte von Vielfalt und Differenz 1800–1933, Tübingen 2001, 395–417.
515. ST. MALINOWSKI, Vom König zum Führer. Sozialer Niedergang und politische Radikalisierung im deutschen Adel zwischen Kaiserreich und NS-Staat, Berlin 2003.
516. H. MATTHIESEN, Greifswald in Vorpommern. Konservatives Milieu im Kaiserreich, in Demokratie und Diktatur 1900–1990, Düsseldorf 2000.

517. T. MAURER, Vom Alltag zum Ausnahmezustand. Juden in der Weimarer Republik und im Nationalsozialismus 1918–1945, in: M. KAPLAN (Hrsg.), Geschichte des jüdischen Alltags in Deutschland vom 17. Jahrhundert bis 1945, München 2003, 347–473.
518. J. OLTMER, Migration und Politik in der Weimarer Republik, Göttingen 2005.
519. A. RECKENDREES, Das „Stahltrust"-Projekt. Die Gründung der Vereinigte Stahlwerke A.G. und ihre Unternehmensentwicklung 1926–1933/34, München 2000.
520. S. REINHARDT, Die Reichsbank in der Weimarer Republik, Frankfurt a. M. u. a. 2000.
521. A. RITSCHL, Deutschlands Krise und Konjunktur 1924–1934. Binnenkonjunktur, Auslandsverschuldung und Reparationsproblem zwischen Dawes-Plan und Transfersperre, Berlin 2002.
522. I. SCHNABEL, The German twin crisis of 1931, in: Journal of Economic History 64 (2004), 822–871.
523. B. WIDDIG, Culture and inflation in Weimar Germany, Berkeley/Calif. 2001.

2.4 Familie, Geschlechter, Generationen

524. U. A. J. BECHER, Zwischen Autonomie und Anpassung. Frauen, Jahrgang 1900/1910 – eine Generation?, in: J. REULECKE (Hrsg.), Generationalität und Lebensgeschichte im 20. Jahrhundert, München 2003, 279–293.
525. CH. BENNINGHAUS, Das Geschlecht der Generation. Zum Zusammenhang von Generationalität und Männlichkeit um 1930, in: U. JUREIT (Hrsg.), Generationen. Zur Relevanz eines wissenschaftlichen Grundbegriffs, Hamburg 2005, 127–158.
526. M. GÖBEL, Katholische Jugendverbände und freiwilliger Arbeitsdienst 1931–1933, Paderborn u. a. 2005.
527. R. HEINEMANN, Familie zwischen Tradition und Emanzipation. Katholische und sozialdemokratische Familienkonzeptionen in der Weimarer Republik, München 2004.
528. K. HEINSOHN, Partizipation und Demokratisierung. Deutsche konservative Parteien in geschlechterhistorischer Perspektive 1912 bis 1933, erscheint Düsseldorf 2009.
529. U. HERBERT, Drei politische Generationen im 20. Jahrhundert, in: J. REULECKE (Hrsg.), Generationalität und Lebensgeschichte im 20. Jahrhundert, München 2003, 95–114.
530. G. KESSEMEIER, Sportlich, sachlich, männlich. Das Bild der „Neuen Frau" in den Zwanziger Jahren. Zur Konstruktion ge-

schlechtsspezifischer Körperbilder in der Mode der Jahre 1920 bis 1929, Dortmund 2000.
531. S. KIENITZ, Beschädigte Helden. Zur Politisierung des kriegsinvaliden Soldatenkörpers in der Weimarer Republik, in: J. DÜLFFER/ G. KRUMEICH (Hrsg.), Der verlorene Frieden, 199-214.
532. B. KUNDRUS, Geschlechterkriege. Der Erste Weltkrieg und die Deutung der Geschlechterverhältnisse in der Weimarer Republik, in: K. HAGEMANN (Hrsg.), Heimat-Front. Militär und Geschlechterverhältnisse im Zeitalter der Weltkriege, Frankfurt a. M./New York 2002, 171-187.
533. S. LEKEBUSCH, Die Evangelische Frauenhilfe im Rheinland und der Deutsch-Evangelische Frauenbund. Ein Vergleich von Aufbau, Zielvorstellung und Frauenbild in der Weimarer Republik, in: Monatshefte für evangelische Kirchengeschichte des Rheinlandes 50 (2001), 141-174.
534. H. MOMMSEN, Generationenkonflikt und politische Entwicklung in der Weimarer Republik, in: J. REULECKE (Hrsg.), Generationalität und Lebensgeschichte im 20. Jahrhundert, München 2003, 115-126.
535. M. MOUTON, From Nurturing the Nation to Purifying the Volk: Weimar and Nazi Family Policy, 1918-1945, New York 2007.
536. U. PLANERT (Hrsg.), Nation, Politik und Geschlecht. Frauenbewegungen und Nationalismus in der Moderne, Frankfurt a. M./New York 2000.
537. N. R. REAGIN, Sweeping the German nation. Domesticity and national identity in Germany, 1870-1945, Cambridge 2007.
538. B. SACK, Zwischen religiöser Bindung und moderner Gesellschaft. Katholische Frauenbewegung und politische Kultur in der Weimarer Republik (1918/19-1933), Münster 1998.
539. A. SCHASER, Die „undankbaren" Studentinnen. Studierende Frauen in der Weimarer Republik, in: G. SCHULZ (Hrsg.), Frauen auf dem Weg zur Elite, München 2000, 97-116.
540. R. SCHECK, Mothers of the nation. Right-wing women in Weimar Germany, Oxford 2004.
541. G. SCHNEIDER-LUDORFF, Magdalene von Tiling. Ordnungstheologie und Geschlechterbeziehungen. Ein Beitrag zum Gesellschaftsverständnis des Protestantismus in der Weimarer Republik, Göttingen 2001.
542. K. SCHÖNHOVEN/B. BRAUN (Hrsg.), Generationen in der Arbeiterbewegung, München 2005.

543. J. SNEERINGER, Winning Women's Votes. Propaganda and Politics in WEIMAR Germany, Chapel Hill/N.C. 2002.
544. M. WEIPERT, „Mehrung der Volkskraft". Die Debatte über Bevölkerung, Modernisierung und Nation 1890–1933, Paderborn 2006.

2.5 Massenkultur – Politische Kultur

545. B. BARTH, Dolchstoßlegenden und politische Desintegration. Das Trauma der deutschen Niederlage im Ersten Weltkrieg 1914–1933, Düsseldorf 2003.
546. G. BOLLENBECK, Tradition, Avantgarde, Reaktion. Deutsche Kontroversen um die kulturelle Moderne 1880–1945, Frankfurt a. M. 1999.
547. B. BUCHNER, Um nationale und republikanische Identität. Die deutsche Sozialdemokratie und der Kampf um die politischen Symbole in der Weimarer Republik, Bonn 2001.
548. F. CEBULLA, Rundfunk und ländliche Gesellschaft 1924–1945, Göttingen 2004.
549. D. C. DURST, Weimar Modernism. Philosophy, Politics, and Culture in Germany 1918–1933, Lanham/MY 2004.
550. K. DUSSEL, Hörfunk in Deutschland: Politik, Programm, Publikum (1923–1960), Potsdam 2002.
551. S. A. FORNER, War commemoration and the republic in crisis. Weimar Germany and the Neue Wache, in: CEH 35 (2002), 513–549.
552. M. GANGL (Hrsg.), Linke Juristen in der Weimarer Republik, Frankfurt a. M. 2003.
553. R. GERWARTH, The Bismarck myth. Weimar Germany and the legacy of the Iron Chancellor, Oxford 2005 (dt. Übersetzung 2007).
554. H. U. GUMBRECHT, 1926. Ein Jahr am Rand der Zeit, Frankfurt a. M. 2003 (zuerst engl. 1997).
555. G. HANKEL, Die Leipziger Prozesse. Deutsche Kriegsverbrechen und ihre strafrechtliche Verfolgung nach dem Ersten Weltkrieg, Hamburg 2003.
556. U. HEITGER, Vom Zeitzeichen zum politischen Führungsmittel. Entwicklungstendenzen und Strukturen der Nachrichtenprogramme des Rundfunks in der Weimarer Republik 1923–1932, Münster 2003.
557. P. JELAVICH, Berlin Alexanderplatz. Radio, Film and the Death of Weimar Culture, Berkeley/Calif. 2006.
558. H. KNOCH, Die Aura des Empfangs. Modernität und Medialität im Rundfunkdiskurs der Weimarer Republik, in: DERS. (Hrsg.),

Kommunikation als Beobachtung. Medienwandel und Gesellschaftsbilder 1880–1960, München 2003, 133–158.
559. H. KREUZER, Deutschsprachige Hörspiele 1924–33. Elf Studien zu ihrer gattungsspezifischen Differenzierung, Frankfurt a. M. u. a. 2003.
560. C. LENK, Die Erscheinung des Rundfunks. Einführung und Nutzung eines neuen Mediums 1923–1932, Opladen 1998.
561. M. LLANQUE, Demokratisches Denken im Krieg. Die deutsche Debatte im Ersten Weltkrieg, Berlin 2000.
562. I. MARSSOLEK/A. VON SALDERN (Hrsg.), Radiozeiten. Herrschaft, Alltag, Gesellschaft (1924–1960), Potsdam 1999.
563. P. MARTIN/CH. ALONZO (Hrsg.), Zwischen Charleston und Stechschritt. Schwarze im Nationalsozialismus, München 2004.
564. CH. MÖLLERS, Der Methodenstreit als politischer Generationenkonflikt. Ein Angebot zur Deutung der Weimarer Staatsrechtslehre, in: Der Staat 43 (2004), 399–423.
565. D. MÜNKEL, „Der Rundfunk geht auf die Dörfer". Der Einzug der Massenmedien auf dem Lande von den zwanziger bis zu den sechziger Jahren, in: DIES. (Hrsg.), Der lange Abschied vom Agrarland. Agrarpolitik, Landwirtschaft und ländliche Gesellschaft zwischen Weimar und Bonn, Göttingen 2000, 177–198.
566. G. PAUL, Der Kampf um das „wahre Gesicht" des Krieges – Der Erste Weltkrieg in der Bildpublizistik der Weimarer Republik, in: D. KERBS/W. UKA (Hrsg.), Fotografie und Bildpublizistik, 49–78.
567. B.-A. RUSINEK, Krieg als Sehnsucht. Militärischer Stil und „junge Generation" in der Weimarer Republik, in: J. REULECKE (Hrsg.), Generationalität und Lebensgeschichte im 20. Jahrhundert, München 2003, 127–144.
568. A. VON SALDERN, *Volk* and *Heimat* culture in radio broadcasting during the period of transition from Weimar to Nazi Germany, in: JMH 76 (2004), 312–346.
569. H. SEGEBERG (Hrsg.), Die Perfektionierung des Scheins. Das Kino der Weimarer Republik im Kontext der Künste, München 2000.
570. F. STEINFORT, Hörspiele der Anfangszeit. Schriftsteller und das neue Medium Rundfunk, Essen 2007.
571. V. VIEHÖVER, Diskurse der Erneuerung nach dem Ersten Weltkrieg. Konstruktionen kultureller Identität in der Zeitschrift „Die Neue Rundschau", Tübingen 2004.
572. M. WALA, Amerikanisierung und Überfremdungsängste. Amerikanische Technologie und Kultur in der Weimarer Republik, in:

DERS. (Hrsg.), Technologie und Kultur: Europas Blick auf Amerika vom 18. bis zum 20. Jahrhundert, Köln u. a. 2000, 121–146.
573. J. WARD, Weimar Surfaces. Urban visual culture in 1920s Germany, Berkeley/Calif. 2001.
574. I. WIGGER, Die „Schwarze Schmach am Rhein". Rassistische Diskriminierung zwischen Geschlecht, Klasse, Nation und Rasse, Münster 2007.
575. B. ZIEMANN, Die deutsche Nation und ihr zentraler Erinnerungsort. Das „Nationaldenkmal für die Gefallenen im Weltkrieg" und die Idee des „Unbekannten Soldaten" 1914–1935, in: H. BERDING (Hrsg.), Krieg und Erinnerung. Fallstudien zum 19. und 20. Jahrhundert, Göttingen 2000, 67–91.

2.6 Extremismus, Gewalt und das Ende der Republik

576. B. AULT, Joining the Nazi Party before 1930. Material interests or identity politics?, in: Social science history 26 (2002), 273–310.
577. C.-E. BÄRSCH, Der junge Goebbels. Erlösung und Vernichtung, München 2004.
578. R. BAVAJ, Von links gegen Weimar: Linkes antiparlamentarisches Denken in der Weimarer Republik, Bonn 2005.
579. W. BECKER, Die Deutsche Zentrumspartei gegenüber dem Nationalsozialismus und dem Reichskonkordat 1930–1933. Motivationsstrukturen und Situationszwänge, in: HPM 7 (2000), 1–37.
580. D. BLASIUS, Weimars Ende. Bürgerkrieg und Politik 1930–1933, Göttingen 2005.
581. M. DÖRING, „Parlamentarischer Arm der Bewegung". Die Nationalsozialisten im Reichstag der Weimarer Republik, Düsseldorf 2001.
582. U. EUMANN, Eigenwillige Kohorten der Revolution. Zur regionalen Sozialgeschichte des Kommunismus in der Weimarer Republik, Frankfurt a. M. u. a. 2007.
583. D. K. HASTINGS, How „catholic" was the early Nazi movement? Religion, race, and culture in Munich, 1919–1924, in: CEH 36 (2003), 383–433.
584. B. HOPPE, In Stalins Gefolgschaft. Moskau und die KPD 1928–1933, München 2007.
585. ST. JELIC, Karl Stützel und der Nationalsozialismus. Zur Auseinandersetzung des Bayerischen Innenministers mit der NSDAP in den Jahren 1930 bis 1933, in: ZBLG 63 (2000), 787–866.
586. H. JENTSCH, Die KPD und der „Deutsche Oktober" 1923, Rostock 2005.

587. Ch. Knatz, „Ein Heer im grünen Rock"? Der Mitteldeutsche Aufstand 1921, die preußische Schutzpolizei und die Frage der inneren Sicherheit in der Weimarer Republik, Berlin 2000.
588. N. LaPorte, The German Communist Party in Saxony, 1924–1933. Factionalism, fratricide and political failure, Oxford u. a. 2003.
589. S. Reichardt, Faschistische Kampfbünde. Gewalt und Gemeinschaft im italienischen Squadrismus und in der deutschen SA, Köln u. a. 2002.
590. M. Rösch, Die Münchner NSDAP 1925–1933. Eine Untersuchung zur inneren Struktur der NSDAP in der Weimarer Republik, München 2002.
591. B. Sauer, Schwarze Reichswehr und Fememorde. Eine Milieustudie zum Rechtsradikalismus in der Weimarer Republik, Berlin 2004.
592. P. M. Schulz, Ästhetisierung von Gewalt in der Weimarer Republik, Münster 2004.
593. D. Schumann, Politische Gewalt in der Weimarer Republik 1918–1933. Kampf um die Straße und Furcht vor dem Bürgerkrieg, Essen 2001.
594. K. Stein, Parteiverbote in der Weimarer Republik, Berlin 1999.
595. C. Vollnhals, Der gespaltene Freistaat. Der Aufstieg der NSDAP in Sachsen, in: Ders. (Hrsg.), Sachsen in der NS-Zeit, Leipzig 2002, 9–40.
596. O. Wenzel, 1923. Die gescheiterte „Deutsche Oktoberrevolution". Mit einer Einleitung von Manfred Wilke, Münster 2003.

Register

1. Personenregister

ABELSHAUSER, W. 69, 72, 80, 82 f.
ALBERTIN, L. 57, 64, 66
ALBRECHT, T. 108
ALEXANDER, T. 108
ALLEN, W. S. 105
ALONZO, H. 137
ANGRESS, W. T. 97
ANSCHÜTZ, G. 139
ARNS, G. 60
ASMUSS, B. 101
AUERBACH, H. 100
AULT, B. 141

BAECHLER, C. 62
BAHNE, S. 116
BÄHR, J. 80
BÄRSCH, C.-E. 141
BALDERSTON, Th. 69, 110 f.
BARTH, B. 138
BARTH, E. 4
BAUER, G. 12
BAUMGARTNER, A. 91
BAVAJ, R. 140
BAYERLEIN, B. H. 140
BECHER, U. A. J. 135
BECKER, H. 74
BECKER, W. 141
BENNINGHAUS, CH. 135
BENZ, W. 58, 94
BERGHAHN, V. R. 106
BERGMANN, J. 73
BERNHARD, H. 127
BERNSTEIN, E. 4, 53
BESSEL, R. 54
BESSON, W. 58
BIEBER, H.-J. 54, 79
BIEWER, L. 58
BISCHOFF, S. 77
BISMARCK, O. V. 80, 138
BLASIUS, D. 142
BLOCH, E. 24

BOCK, H.-M. 97
BÖCKENFÖRDE, E.-W. 91
BOLLENBECK, G. 137
BORCHARDT, K. 69, 70, 110 f.
BORN, K. E. 110
BRACHER, K. D. 49, 55, 60, 112, 114 f., 119
BRANTZ, R. W. 78
BRAUN, B. 135
BRAUN, O. 66 f., 108, 114 f.
BRAUNS, H. 29
BREITMAN, R. 66
BRENNER, M. 131
BREUER, ST. 85 f.
BREUNING, K. 91
BRIDENTHAL, R. 94
BROADBERRY, ST. N. 70
BROSZAT, M. 100
BRÜNING, H. 30, 33–40, 48, 69 f., 74, 108, 110–116, 127, 132
BRUNNER, D. 78 f.
BUCHHEIM, CH. 128
BUCHNER, B. 124, 138
BURGDÖRFER, FR. 133
BÜSCH, O. 71
BUSCHMANN, B. 71
BÜTTNER, U. 111

CARSTEN, F. 55
CEBULLA, F. 136
CHILDERS, Th. 89, 102
CONRAD, C. 81
CONZE, E. 130
CONZE, W. 68, 112
COWAN, M. 121, 134, 136 f.
CREW, D. F. 83
CUNO, W. 13 f.

DAHM, K.-W. 93
DAHRENDORF, R. 89 f.
DENECKE, V. 90

DIEHL, J. M. 106
DIEPHOUSE, J. 131
DIRKS, W. 91
DITTMANN, W. 4
DOGRAMACI, B. 134
DÖHN, L. 65
DONAT, H. 88
DÖRING, M. 141
DOERING-MANTEUFFEL, A. 85, 122
DORPALEN, A. 115
DÖRR, M. 68
DRABKIN, J. S. 51
DÜLFFER, J. 137
DURST, D. C. 137
DUSSEL, K. 136

EBERT, F. 3-6, 9, 15, 48, 52f., 60f., 128
EDER, J. 124, 129, 139
EHRHARDT, H. 13
EILERS, S. 60
EIMERS, E. 58
EINSTEIN, A. 86
ELBEN, W. 52
ELEY, G. 76
EPSTEIN, K. 59, 63
ERB, D. 141
ERDMANN, K. D. 48, 51f.
ERKELENZ, A. 127
ERZBERGER, M. 6, 13, 59, 63
EUMANN, U. 140
EVANS, R. J. 77, 109
EYCK, E. 47f.

FALTER, J. 17, 102f.
FANDEL, TH. 131
FATTMANN, R. 125
FAULENBACH, B. 85
FELDMAN, G. D. 54, 70–72, 77, 79, 119
FICHNA, W. 137
FIEDLER, G. 76f.
FISCHER, B. 67f.
FISCHER, C. 126
FISCHER, W. 109f.
FLECHTHEIM, O. K. 96
FLEMMING, J. 73
FÖLLMER, M. 120, 133f, 136
FORNER, S. A. 138
FRAENKEL, E. 49, 53, 60, 67, 80, 122
FREHSE, M. 60
FREYBERG, TH. V. 77
FRIEDRICH, N. 131

FRITZSCHE, P. 93
FRÖHLICH, M. 127
FROMME, K. F. 58
FÜHRER, K. CH. 82, 85

GAILUS, M. 131f.
GANGL, M. 139
GAREIS, K. 13
GAY, P. 84
GAYL, W. FRHR. V. 38
GEARY, D. 66, 109
GEIGER, TH. 75
GERBER, ST. 124
GERWARTH, R. 138f.
GESSNER, D. 73f., 122
GEYER, MARTIN H. 71, 120
GEYER, MICHAEL 55f.
GILMAN, S. L. 136
GOEBBELS, J. 44, 141
GÖBEL, M. 132
GÖTHEL, TH. 130
GRAF, R. 120, 133f.
GRÄSER, M. 77, 83
GREVELHÖRSTER, L. 122
GREVEN-ASCHOFF, B. 94
GRIMM, D. 117
GROENER, W. 5f., 56, 108
GROH, D. 90
GROSSMANN, A. 94
GROTHMANN, D. 91
GRÜBLER, M. 74
GRUCHMANN, L. V. 101
GRÜNDEL, G. 135
GRÜNER, ST. 127
GRÜNTHAL, G. 57
GRÜNTHALER, M. 107
GRZESINSKI, A. 108, 127
GUMBRECHT, H. U. 120
GURIAN, W. 85
GUSY, CH. 56, 61, 107f., 119, 139

HAASE, H. 4
HAFFERT, C. 91f.
HAGEMANN, K. 94
HAMEL, I. 75
HAMILTON, R. F. 102
HANKEL, G. 138
HANSMEYER, K. H. 59
HARDEN, M. 13
HARDTWIG, W. 120f., 133, 136, 138
HARSCH, D. 114
HARTWICH, H. H. 80
HASTINGS, K. D. 141

HAUBACH, TH. 123
HAUNGS, P. 60
HEBERLE, R. 105
HECHT, C. 130
HEHL, U. v. 62, 64
HEILBRONNER, O. 100
HEIMANN, S. 90
HEIMERS, M. P. 58
HEINDL, W. 59
HEINEMANN, R. 123, 132f.
HEINEMANN, U. 1, 88
HEINSOHN, K. 134
HEITGER, U. 135
HELLER, H. 61, 67, 139
HELLPACH, W. 127
HEMPE, M. 130f.
HERB, G. H. 87
HERBERT, U. 135
HERF, J. 86
HERMENS, F. A. 60
HERTZ-EICHENRODE, D. 74
HEYDE, Ph. 111
HILFERDING, R. 67, 78
HILLGRUBER, A. 55f.
HINDENBURG, O. v. 44, 118
HINDENBURG, P. v. 11, 32f., 36–41, 44, 48, 61, 112, 116–118, 128
HITLER, A. 14, 23, 35f., 39–45, 60, 74, 99f., 102, 104, 106, 108, 115–118, 138
HOCK, K. 54
HOCKERTS, H. G. 81
HOLL, K. 48
HOLTFRERICH, C.-L. 70–72, 111
HOLZBACH, H. 68
HOMBURG, H. 77, 83
HÖMIG, H. 64, 127
HÖNIG, K. 94
HOPPE, BERND 60
HOPPE, BERT 74, 140
HORN, W. 100f
HÖRSTER-PHILIPPS, U. 62
HÜCK, I. J. 108
HUGENBERG, A. 17, 22f., 35f., 68f., 125
HUGHES, M. L. 71
HÜRTEN, H. 54
HÜRTER, J. 56, 108

ILIAN, CH. 132

JACKE, J. 54, 93
JÄGER, W. 88, 91f.

JÄHNICHEN, T. 131
JAMES, H. J. 69, 110
JAMIN, M. 106
JANSEN, CH. 127
JASPER, G. 107f., 113
JELAVICH, P. 135
JELIC, ST. 142
JENTSCH, H. 140
JESSE, E. 53
JOCHMANN, W. 98f.
JOHN, E. 87
JONAS, E. 69
JONES, L. E. 64f., 124f.
JUNG, O. 58

KAAS, L. 31
KAHR, G. RITTER V. 14, 101
KAISER, J.-CH. 87
KAPLAN, M. 94
KAPP, W. 12
KASTNING, A. 66
KATER, M. 77, 100, 102, 104
KAUNE, C.-A. 127
KEIL, W. 123
KELE, M. H. 103
KELLMANN, A. 127
KELSEN, H. 61, 139
KERBS, D. 136
KERSHAW, I. 117
KERSTINGJOHÄNNER, H. 126
KESSEMEIER, G. 134
KESSLER, M. 127
KIENITZ, S. 121, 138
KINDLEBERGER, CH. 109
KISSENKOETTER, U. 105, 117
KITTEL, M. 68, 124–127, 131
KLEIN, G. 91
KLENKE, D. 67, 90
KLUGE, U. 52f., 122
KNATZ, CH. 141
KNOCH, H. 136
KOCH, H. J. 55
KOCH-BAUMGARTEN, S. 97
KOCKA, J. 75
KÖHLER, H. 53
KOLB, E. 47, 52, 54, 60, 70, 104, 111, 117, 119, 122, 127
KÖNNEMANN, E. 126
KONDYLIS, P. 85
KÖNKE, G. 67
KÖSTER, F. 123
KÖSTERS, CHR. 91
KRABBE, W. R. 77, 135

KRATZENBERG, V. 103
KREUZER, H. 135
KRUEDENER, J. FRHR. V. 69, 72, 83
KRUMEICH, G. 126, 137
KRUPP VON BOHLEN UND HALBACH, G. 78
KRUPPA, B. 98
KÜHNL, R. 105
KUNDRUS, B. 133
KUNZ, A. 71
KÜPPERS, H. 62
KURZ, TH. 116

LÄCHELE, R. 131
LANDSBERG, O. 4
LANGEWIESCHE, D. 90
LA PORTE, N. 140
LARGE, D. C. 100
LEBER, J. 114
LEGIEN, C. 6, 25
LEHNERT, D. 54, 89, 122
LEKEBUSCH, S. 134
LENIN, W. I. 4
LENK, C. 136
LEO, P. 120, 136
LEPSIUS, R. M. 89f.
LEVETZOW, M. V. 2
LEVI, P. 13, 97
LEWEK, P. 82f.
LIEBE, W. 68
LIEBKNECHT, K. 3f., 7f
LIEPACH, M. 131
LILJE, P. 90
LIPSET, S. M. 75, 103
LLANQUE, M. 139
LOHALM, U. 99
LONGERICH, P. 47, 104, 106
LÖNNE, K.-E. 121f.
LÖSCH, N. 87
LÖSCHE, P. 53, 90
LOSSOW, O. H. V. 14
LÖWENTHAL, R. 53
LUDENDORFF, E. 1f., 6, 126
LÜDTKE, A. 85
LUTHARDT, W. 57, 68
LUTHER, H. 21
LUXEMBURG, R. 4, 7f.

MAEHL, W. H. 67
MALINOWSKI, ST. 130
MALLMANN, K.-M. 98, 116
MARCOWITZ, R. 122
MARQUARDT, S. 89

MARSSOLEK, I. 136
MARTIN, P. 137
MARX, W. 14f., 21f., 31, 36, 64
MATTHIAS, E. 52, 114f.
MATTHIESEN, H. 90, 93, 131
MATZERATH, H. 104
MAUCH, H.-J. 106
MAUERSBERG, J. 57
MAURER, I. 111
MAURER, T. 130
MAX, PRINZ V. BADEN, 2f.
MEGERLE, K. 73, 89
MEIER-WELCKER, H. 55
MEISSNER, O. 44, 113, 118
MEISTER, R. 111
MELZER, L. 54
MENGES, F. 59
MERGEL, TH. 121, 123, 125
MERKENICH, S. 73f.
METZLER, G. 86
MICHELS, R. 62
MILLER, S. 52
MITTAG, J. 123
MOHLER, A. 85
MÖLLER, CH. 139
MÖLLER, H. 47, 49, 53, 57, 60f., 93f., 102, 108, 115f., 119, 121, 124, 126f.
MOELLER, R. G. 71
MOLKENBUHR, H. 127
MOMMSEN, H. 50f., 61, 72, 76, 94, 113, 117, 119, 122, 135, 137f.
MOMMSEN, W. J. 53, 57
MOREAU, P. 105
MORSEY, R. 57, 63, 113
MOSSE, G. L. 99
MOUTON, M. 132f.
MÜHLBERGER, D. 100, 103f.
MÜHLHAUSEN, W. 128
MÜLLER, D. H. 78, 91f.
MÜLLER, F. 113
MÜLLER, A. 125
MÜLLER, H. 20, 31-33, 48, 67
MÜLLER, M. 126
MÜNKEL, D. 136
MURPHY, D. T. 87

NAUMANN, F. 18, 65
NEEBE, R. 78
NEUMANN, S. 61f.
NEURATH, K. FRHR. V. 38
NIEDHART, G. 47
NIEHUSS, M. 71f.
NOSKE, G. 8, 55, 62

NOWAK, K. 87, 93

OBERKROME, W. 87
OERTZEN, P. v. 52
OHNEZEIT, M. 125
OLENHUSEN, I. G. v. 77
OLTMER, J. 129f.
OPITZ, G. 69
ORLOW, D. 100, 108, 115

PANZER, A. 74
PAPEN, F. v. 23, 37–45, 100, 114, 116–118
PATCH JR., W. L. 78, 127
PAUCKER, A. 94
PAUL, G. 100, 137
PETERSON, L. 97
PETZINA, D. 69
PETZOLD, J. 116
PEUKERT, D. J. 49f., 72f., 76f., 83
PLANERT, U. 133f.
PLUMPE, W. 77, 129
POHL, K. H. 127
PORTNER, E. 57
POSCHER, R. 138
POTTHOFF, H. 78f.
PRELLER, L. 81
PREUSS, H. 9f., 57, 139
PRIAMUS, H.-J. 75
PRINZ, M. 75
PULZER, P. 94
PYTA, W. 66, 93, 114f., 117, 122, 125, 128f.

RADBRUCH, G. 16, 19, 61, 139
RAITHEL, TH. 123, 127
RATHENAU, W. 13, 98
RAUH-KÜHNE, C. 91
REAGIN, N. R. 134
RECKENDREES, A. 128
RECKER, M.-L. 126
REDDER, U. 82
REDSLOB, R. 57
REEKEN, D. v. 94
REGIN, C. 90
REICHARDT, S. 142
REIF, H. 73
REINECKE, CH. 133
REINHARDT, S. 128
REULING, U. 58
REUSCH, P. 32, 37, 78
RICHTER, L. 57, 61, 68, 124
RICHTER, R. 124

RITSCHL, A. 70, 128f.
RITTER, G. A. 56, 62f., 71, 81–83
RÖDDER, A. 113, 123
RODER, H. 78
ROHE, K. 89, 92, 106, 115
RÖSCH, M. 141
ROSENBERG, A. 47, 51f., 127f.
ROSENHAFT, E. 77, 106
ROUETTE, S. 54, 94
RÜFFLER, K. 106
RUPPERT, K. 64, 124
RÜRUP, R. 52, 54
RUSINEK, B.-A. 135
RYDER, A. J. 52

SABROW, M. 98
SACHSSE, CH. 81–83
SACK, B. 134
SALDERN, A. v. 85, 136
SAUER, B. 141
SAUER, W. 55
SAUNDERS, TH. J. 85
SCHAEFER, R. 114f.
SCHANBACHER, E. 56
SCHASER, A. 134
SCHECK, R. 134
SCHEER, REINHARD, ADMIRAL 2
SCHEIDEMANN, PH. 3–5, 9, 13, 67
SCHENK, D. 77
SCHIEMANN, G. 86
SCHIFFERS, R. 57f.
SCHILDT, A. 117
SCHLANGE-SCHÖNINGEN, H. 37
SCHLEICHER, K. v. 32, 37–45, 74, 112, 116–118
SCHMÄDEKE, J. 55
SCHMÖLDERS, C. 136
SCHNABEL, I. 128
SCHNEIDER, M. 78f.
SCHNEIDER, W. 65
SCHNEIDER-LUDORFF, G. 134
SCHOBER, V. 123
SCHOLDER, K. 92f.
SCHOLZ, E. 32
SCHOLZ, R. 72, 82
SCHÖNHOVEN, K. 64, 78, 135
SCHÖTZ, H. O. 110
SCHRÖDER, J. 126
SCHUG, A. 136
SCHULZ, G. 58, 100, 108, 112, 126
SCHULZ, P. M. 142
SCHULZE, H. 48, 51, 55, 60f., 66, 108, 112, 115

SCHULZE, W. 72
SCHUMACHER, K. 123
SCHUMACHER, M. 66, 73, 75
SCHUMANN, D. 142
SCHÜREN, V. 58
SCHUSTER, K. 107
SCHUSTEREIT, H. 65
SCHÜTZ, D. 76
SCHWARTZ, M. 87
SCHWERIN VON KROSIGK, L. GRAF 38
SEECKT, H. V. 12, 15, 55 f.
SEEFRIED, E. 124
SEGEBERG, H. 136
SEITERICH-KREUZKAMP, TH. 91
SEVERING, C. 67, 108, 114
SICKS, K. M. 121, 134, 136 f.
SNEERINGER, J. 134
SONTHEIMER, K. 85, 139
SPEIER, H. 75
SPRINGORUM, F. 78
STACHURA, P. 109
STAMBOLIS, B. 76
STANG, J. 65
STEGMANN, D. 104
STEIN, K. 141
STEINFORT, F. 135
STEINISCH, I. 77
STEITZ, W. 70
STEPHAN, W. 64
STINNES, H. 6, 25
STOLLBERG, G. 77
STOLLEIS, M. 138
STRASER, G. 44, 104 f., 117
STRASER, O. 104
STRESEMANN, G. 14 f., 18, 20, 32, 48, 62, 65, 127
STRÖBEL, H. 53
STÜRMER, M. 67, 74
STÜTZEL, K. 142
SÜHL, K. 66, 76

TANNER, K. 86
TENNSTEDT, F. 81–83
THALHEIMER, A. 13
THÄLMANN, E. 36
THIERFELDER, J. 131
THIMME, A. 68
THOMA, R. 61
THYSSEN, F. 78
TILING, M. V. 134
TIMM, H. 111
TRIPPE, C. F. 57, 68
TSCHIRBS, R. 80

TURNER, H. A. 104, 118
TYRELL, A. 101

UKA, W. 136
UMMENHOFER, ST. 124
USBORNE, C. 94

VERSCHUER, OTTMAR FRHR. V. 87
VESTRING, S. 57
VIEHÖVER, V. 138
Vogel, J. 123
VÖGLER, A. 78
VOLKMANN, P. O. 128
VOLLNHALS, C. 141
VÖLTZER, F. 81

WACHS, F. C. 54
WAGENFÜHR, R. 69
WALA, M. 137
WALTER, D. 100
WALTER, F. 90, 93
WARD, J. 136
WEBER, H. 96–98, 116
WEBER, M. 10, 57, 119
WEHLER, H.-U. 118 f.
WEICHLEIN, S. 92, 135
WEIPERT, M. 133
WEISBROD, B. 78, 80, 138
WEITZ, E. D. 96, 122
WELS, O. 114
WENZEL, O. 140
WEST, F. C. 58
WESTARP, K. GRAF V. 22, 68, 125
WETTE, W. 55, 62
WHALEN, R. W. 82
WHEELER, R. F. 97
WIDDIG, B. 126
WIENFORT, M. 130
WIGGER, I. 137
WILHELM II. 2 f.
WILSON, W. 2
WINKLER, H. A. 50 f., 53 f., 67, 75, 80, 96, 109, 112, 114, 119, 122
WIRSCHING, A. 54 f., 59, 73, 97 f., 100, 105, 107, 113, 121, 124–127, 129, 139
WIRTH, J. 62 f.
WITT, P.-CHR. 71
WIXFORTH, H. 78
WRIGHT, J. 93, 127
WYSOCKI, J. 59

ZAHN, C. 70, 80

ZARUSKY, J. 53
ZEIGNER, E. 14
ZIEMANN, B. 138

ZIMMERMANN, M. 94, 100
ZIMMERMANN, P. 123
ZWEIG, ST. 15

2. Sach- und Ortsregister

Abtreibungsrecht 132
Achtstundentag 7, 77
Adel 130
Agrarkrise 33, 37, 73 f.
Alldeutscher Verband 98
Allgemeiner Deutscher Gewerkschaftsbund (ADGB) s. u. Gewerkschaften
„Altonaer Blutsonntag" 42
Amerikanisierung 137
Angestellte 74–76, 102
„Anti-Chaos-Reflex" 53
„Antifaschistische Aktion" 115 f.
Antiliberalismus, antidemokratisches Denken (s. a. Antiparlamentarismus) 73–75, 85
Antimodernismus (s. a. Moderne) 73, 84 f.
Antiparlamentarismus (s. a. Antiliberalismus) 11, 22, 31 f., 51, 85, 92
Antisemitismus 73, 88, 98–100, 130 f.
Arbeiter- und Soldatenräte (s. a. Revolution 1918/19) 2–4, 6 f., 52 f.
Arbeiter, Arbeiterbewegung 13 f., 24, 26, 29, 50, 53 f., 66 f., 70–72, 75–79, 90, 96, 102–104, 115, 135
Arbeiterrechte (s. a. Betriebsräte) 24, 26
Arbeitsbeschaffung 111
Arbeitsbeziehungen, industrielle (s. a. Arbeitsrecht, kollektives) 6 f., 25 f., 70, 77, 79 f.
Arbeitslosenversicherung, Erwerbslosenfürsorge 28–33, 82 f., 111
Arbeitslosigkeit 28, 30–32, 34, 54, 70, 72, 77, 82 f., 109
Arbeitsrecht, kollektives 25 f., 80
Armenfürsorge s. u. Fürsorge
Armut (s. a. Fürsorge) 27 f., 30, 82
Artikel 48 WRV s. u. Notverordnungen, Notstandsrecht
Artikel 25 WRV s. u. Reichstagsauflösung
Automobilindustrie 69, 71,

Banken 78, 129
Bauern (s. a. Agrarkrise, ländliche Gesellschaft) 89
Bayerische Volkspartei (BVP) 17, 21 f., 36, 64
Bayern 9, 14, 20, 68, 101, 108
Beamte 76, 89
Berlin 3 f., 7 f., 33, 42, 47, 70, 77, 89, 97, 100, 137
Betriebsräte, Betriebsrätegesetz 7, 26, 52, 77
Biographische Forschung 127 f., 130
Bismarck-Mythos 138 f.
„Blutmai" in Berlin 1929 33
Braunschweig 3
Bund gegen Wucher und Teuerung 18
Bundesrepublik Deutschland 10, 29, 48
„Bündnis Ebert-Groener" 5 f.
Bürgerblock (s. a. Koalitionspolitik) 21 f., 82
„Bürgerräte" 55
Bürgertum 10, 18, 48, 50, 54 f., 75, 92–94, 98, 104

Christlich-nationale Bauern- und Landvolkpartei 19, 22, 33, 126
Christlich-Sozialer Volksdienst 17, 22, 69

Dawesplan 21, 110
Deflationspolitik 69, 110 f.
Deutsche Demokratische Partei (DDP) 9, 13, 16, 18, 21, 47, 57, 64 f.
Deutsche Haus- und Grundbesitzerpartei 19
Deutsche Volkspartei (DVP) 14, 18, 20–22, 32–34, 37, 48, 57, 62, 64 f., 67 f., 113, 124 f.
Deutscher Beamtenbund 76
„Deutscher Oktober" 1923 14
Deutschnationale Volkspartei

(DNVP) 17, 19, 21–23, 35, 37f., 48, 57, 62, 68f., 74, 113, 125
Deutschnationaler Handlungsgehilfenverband 125
Deutschvölkische Freiheitspartei (DVFP) 17
Deutschvölkischer Schutz- und Trutzbund (DSTB) 99
Direkte Demokratie 10, 57f.
Dolchstoßlegende 138

Ermächtigungsgesetze 60
Erster Allgemeiner Kongreß der Arbeiter- und Soldatenräte 7f.
Erster Weltkrieg 1, 4, 10, 17, 25, 27–29, 54f., 73, 76, 79, 80, 82, 84, 86–88, 97–100, 106f., 121, 137f.
Erwerbslosenfürsorge s. u. Arbeitslosenversicherung
Euthanasie-Frage 87

Familien, Familienpolitik 132f., 134
Föderalismus 3, 9f., 24, 37, 41, 58f., 61, 68, 75, 82, 107f.
Frankreich 110f.
Frauen, Frauenbewegung 94f., 132–135
Freikorps, Freikorpstruppen 8f., 12, 55
Freiwilliger Arbeitsdienst (FAD) 132
Fürsorge 27–29, 59, 80–83

Generationenkonflikt 76f., 106, 135
Geopolitisches Denken 87
Geschichtswissenschaft 86f.
Geschlechterordnungen 132–135
Gesetz über die vorläufige Reichsgewalt 9
Gewalt in der Politik 4, 8f., 26, 33, 41f., 98, 101, 106, 142
Gewerkschaften
– Allgemeiner Deutscher Gewerkschaftsbund (ADGB), Freie Gewerkschaften 5–7, 12, 24–26, 43, 77–79, 114f.
– Christliche Gewerkschaften 78
– Hirsch-Dunckersche Gewerkschaften 78
Gläubiger- und Sparerschutzbund, Sparerbund für das deutsche Reich 18f.
Greifswald 131
Großbritannien 2, 30, 69, 72

Große Koalition 14f., 20f., 30–34, 36f., 48, 67, 80, 111, 124f.
Großgrundbesitz, ostelbischer 32, 37, 44, 73f.
Grundrechte in der WRV 25, 56

Hamburg 14
„Hamburger Punkte" (s. a. Militärpolitik) 8
Heidelberger Parteitag der KPD 97
Hessen 58
Hitler-Putsch 9. November 1923 14, 101

Inflation, Hyperinflation 11, 15, 18f., 27–29, 66, 70–73, 77, 79–82, 110, 126
Interessenpolitik, agrarische 73f., 113

Januaraufstand 1919 8
Juden, Judentum 94, 130f.
Jugend, Jugendbewegung 76f., 104, 106, 132
Jugendfürsorge 83
Justiz, politische 107f.

Kaiserreich 1, 6-10, 12, 16, 23–25, 27–29, 53, 55, 58, 63, 81, 89f., 92
Kapp-Lüttwitz-Putsch 12f., 15, 55, 115, 126
Katholizismus s. u. Kirche, katholische; Milieu, katholisches; Zentrumspartei
Kiel 2f., 20
Kirche, katholische; Katholizismus (s. a. Milieu, katholisches; Zentrumspartei) 54, 89, 91,132
Kirchen, evangelische (s. a. Milieu, evangelisches) 54, 92f., 131f.
Kleinrentner, Kleinrentnerfürsorge 28, 82
Koalitionspolitik, Koalitionsfähigkeit (s. a. Parteien) 4, 16, 20, 48
Kohlebergbau 69, 80
Köln 3, 31, 44
„Kölner Gespräch" 44
Kommunale Selbstverwaltung 59, 93
Kommunismus s. u. Kommunistische Partei Deutschlands
Kommunistische Internationale 5, 13, 97, 140
Kommunistische Partei Deutschlands (KPD), Kommunismus 4f., 10f.,

13–15, 17, 20, 33, 35f., 39–42,
52, 67, 96–98, 106, 115f., 135,
140–142
Konferenz von Lausanne 1932 45
Konfessionen, Konfessionalismus
  131, 134
Konservative Revolution (s. a. Antimodernismus) 85
Konservativismus, Konservatismus
  (s. a. Deutschnationale Volkspartei)
  85, 92, 125f., 134
Konstitutionelle Monarchie, Konstitutionalismus (s. a. Deutschnationale
  Volkspartei) 10, 49, 57, 59, 62
Kontinuitätsproblem 1933 50, 83, 88,
  91, 99f., 112, 132
Körpergeschichte 121, 134
Krankenversicherung 29
„Kriegsjugendgeneration" 135
Kriegsopferfürsorge s. u. Fürsorge
„Kriegsschuldlüge" 88
Kulturgeschichte 19f., 123, 128, 140

Landarbeiter 102f.
Länder s. u. Föderalismus
ländliche Gesellschaft (s. a. Milieu,
  agrarisches) 93, 104f., 130f.
Landvolk, Landvolkpartei s. u.
  Christlich-nationale Bauernund Landvolkpartei
Landwirtschaft (s. a. Agrarkrise) 73f.,
  125f.
Legalitätstaktik 41, 106f.
Leipziger Prozesse 138
Liberalismus 16–18, 23, 50, 57, 64f.,
  73, 85, 92, 125f., 127
Locarno-Pakt 20–22
Löhne, Lohnentwicklung 7, 54,
  69f., 72

Machtergreifung 23, 50, 76, 100, 102,
  105, 118
Magdeburger Prozess 128
Märzaktion der KPD 1921 13, 97
Massenkultur 85, 90, 121, 135–137
Medien, Mediengeschichte 135f.
Mehrheitssozialdemokratische Partei
  Deutschlands (MSPD) (s. a. Sozialdemokratische Partei Deutschlands) 5, 7f., 53
Migration 129f.
Milieu, „sozialmoralische Milieus"
  89–95
  – agrarisches 23
  – evangelisches 93, 104, 131f.
  – katholisches 90–92
  – sozialdemokratisches 90
Militärpolitik (s. a. Freikorps, Reichswehr) 2, 5f., 8, 53
Minderheiten, ethnische 130
Mittelstand, gewerblicher 18, 28,
  74–76, 102
Mittelstand, neuer s. u. Angestellte,
  Beamte
Moderne, „Krisenzeit der klassischen
  Moderne" 49f., 84–86, 95, 120,
  122, 132, 134
Moskau 140
München 3, 8, 71, 100, 141
Münchner Räterepublik 8

Nationalsozialismus s. u. Nationalsozialistische Deutsche Arbeiterpartei u. NS-Diktatur
Nationalsozialistische Betriebszellenorganisation (NSBO) 103
Nationalsozialistische Deutsche
  Arbeiterpartei (NSDAP) 10, 14,
  19, 23, 35, 38–40, 42–44, 69, 74–76,
  83, 85, 88, 92f., 99–106, 108, 124–
  126, 130, 140–142
  – Wähler 17, 19, 75, 102f.
Nationalversammlung, Verfassunggebende 5, 7, 9f., 16, 18, 22, 53,
  58, 61
Naturwissenschaften 86f.
Niedersachsen 93
Northeim 105
Notverordnungen, Notstandsrecht
  11, 14, 30, 33f., 38, 41f., 44, 57,
  60f, 112
NS-Diktatur (s. a. Kontinuitätsproblem
  1933) 83, 88, 99, 109, 117, 132f.

Oberste Heeresleitung (OHL) 2, 6, 8
Oktoberaufstand der KPD 1923 97,
  106, 140
Oktoberreformen 1f.,
Organisation Consul (O.C.) 13, 98
„Osthilfe" 37

Panzerkreuzer-A-Affäre 31, 48
Paramilitarismus 105f.
Parlamentarismus s. u. Verfassung
„Parlamentsabsolutismus" 10, 57
Parteien, Parteiensystem (s. a. Verfas-

sung) 15–23, 48f. 61–69, 89, 96, 122–126
Parteienverbote 107, 141
„Planspiel Ott" 40, 43
Polizei, politische 108
Potempa-Affäre 41
Präsidialregime (s. a. Notverordnungen, Reichstagsauflösung, Reichspräsident) 34–36, 38, 60f., 112–114, 117, 128
Preußen 3, 9, 36, 42, 58, 61, 65, 89, 108, 114f.
„Preußenschlag" 38, 42, 61, 114f.
Protestantismus 131f.

„Querfront"-Konzeption 43f., 117

Rassenbiologisches Denken 87f., 137
Rat der Volksbeauftragten 3–9, 26, 52, 54
Rätesystem (s. a. Arbeiter- u. Soldatenräte) 7
Rationalisierung, industrielle 77
Regional- und Lokalstudien 91–93, 105
Reich-Länder-Verhältnis s. u. Föderalismus, Reichsreform
Reichsarbeitsministerium 29, 81
Reichsbank 110, 129
Reichsbanner 106, 115
Reichsfinanzreform 1919/20 10, 59
Reichslandbund 73f., 126
Reichspartei des deutschen Mittelstandes (Wirtschaftspartei) 19
Reichspartei für Volksrecht und Aufwertung 19
Reichspräsident (s. a. Präsidialregime, Notverordnungen, Verfassung) 9–11, 15, 35–40, 43–45, 48f., 57, 60, 113, 116, 118, 128
Reichsrat (s. a. Föderalismus) 10
Reichsreform (s. a. Föderalismus) 9f., 58f.
Reichsschulgesetz 22, 57
Reichstag 123
Reichstagsauflösung 35, 39f., 45, 112f.
Reichsverband der Deutschen Industrie (RDI) 129
Reichswehr, Reichswehrminister (s. a. Militärpolitik) 8, 12–15, 32, 37f., 40, 42, 48, 55f., 114, 117
Reichswirtschaftsrat, vorläufiger 26

Reichszentralismus 9f.
Rentenmark 15
Reparationen 34, 110f., 128
Republikschutz, Republikschutzgesetz 107f., 141
„Reserveverfassung", präsidiale (s. a. Präsidialregime) 11, 60
Revisionismus, Revisionismusdebatte 67
Revolution von 1918/19, Novemberrevolution 2f., 7, 9, 51–55, 58, 77, 79
Revolutionäre Obleute 3f.
Ruhrbesetzung 1923 13f., 126
Ruhreisenstreit 31, 80
„Ruhrkrieg" 12
Rundfunk 135f.

SA s. u. Sturmabteilung
Sachsen 14f., 20, 44
SA-Verbot 37f.
Scheidungsrecht 132
Schleswig-Holstein 105
Schuhindustrie 70
„Schwarze Reichswehr" 141
Schwerindustrie 69, 77f., 80
„Sonderweg", deutscher (s. a. Traditionen, „vorindustrielle)" 51, 65, 76, 85, 118
Sowjetunion, Rußland 4, 53
Sozialdemokratische Partei Deutschlands (SPD) 3–5, 7–10, 14–18, 20–22, 31–38, 42f., 48, 50, 52–54, 57, 66–68, 73, 76, 89, 92, 112, 114–116, 123f., 132, 135, 137f.
„Sozialfaschismus"-These 116
Sozialisierung 6–8, 53
Sozialistische Einheitspartei Deutschlands (SED) 96
„Sozialpartnerschaft" 7, 77
Sozialrentnerfürsorge 28, 82
Sozialstaatlichkeit der Weimarer Republik 24f., 78, 80–83
Sozialversicherung (s. a. Arbeitslosenversicherung) 27–30, 80
Spa 2f.
Spartakusbund 4, 52
Staatsgerichtshof 43, 107
Staatsintervention (s. a. Sozialstaatlichkeit der Weimarer Republik) 56, 79f.
Staatsnotstand- und Staatsstreichpläne 1932/33 43, 116f.

Register

Staatsrechtslehre 86, 107, 139
Steuern, Steuerpolitik 10, 19, 33f., 72f., 111
„Stinnes-Legien-Abkommen", s. u. Zentralarbeitsgemeinschaft
Sturmabteilung SA 37f., 40f., 104, 106
Syndikalismus 97

Tarifverträge (s. a. Arbeitsrecht, kollektives) 7, 26, 70, 77, 80
Technische Nothilfe 55
„Teilkulturen", fragmentierte 89, 92
Theologie 86
Thüringen 44, 58
Tolerierungspolitik, sozialdemokratische 35f., 38, 114
Traditionen, „vorindustrielle" (s. a. „Sonderweg", deutscher) 74–76

Unternehmer, Unternehmerpolitik, Unternehmerverbände 6f., 37, 44, 77–80, 104
USA 109f., 129
Unabhängige Sozialdemokratische Partei Deutschlands (USPD) 3–5, 7, 13, 20, 97

Vereinigte Kommunistische Partei Deutschlands (VKPD) s. u. Kommunistische Partei Deutschlands
Verfassung, Verfassungspolitik (s. a. Präsidialregime) 1f., 7, 9–12, 14–16, 22, 25, 34f., 38–43, 45, 49–51, 55–61, 63f., 68, 81, 83, 86, 95, 107f., 112f., 116f., 123, 126, 132, 138
Vergleich (als Forschungsmethode) 126f.
Vernunftrepublikanismus 124, 129, 139
Versailler Frieden 11f., 18, 45, 88
Völkische Ideologie 86f., 98–100
Volksbegehren gegen den Young-Plan 1929 10, 23, 31, 58
Volksbegehren gegen die Fürstenabfindung 1926 10, 58

Volksblock der Inflationsgeschädigten 19
Volkskonservative Partei 17
Volksverein für das katholische Deutschland 91

Waffenstillstand vom 11. November 1918 6
Wahlen
– zur Nationalversammlung 19.1.1919 5, 7, 9, 16, 18, 22, 63
– zum Reichstag 6.6.1920 18, 20, 64
– zum Reichstag 4.5.1924 19
– zum Reichstag 7.12.1924 20, 22, 24
– zum Reichstag 20. Mai 1928 18, 20, 22
– zum Reichstag 14.9.1930 19, 35
– zum Reichstag 31.7.1932 41, 116
– zum Reichstag 6.11.1932 18, 40, 44
– zum Preußischen Landtag 21. April 1932 115
Wahl des Reichspräsidenten 1925 36
Wahl des Reichspräsidenten 1932 36
Wahlrecht 17, 60
Weimarer Koalition 9, 16, 21, 36, 42, 61, 63, 66, 68
Weimarer Reichsverfassung s. u. Verfassung, Verfassungspolitik
„Weltbühne" 140
Weltwirtschaftskrise 18, 27, 30, 33, 48, 69f., 102, 109–111, 125, 129
Wilhelmshaven 2
Wilson-Noten 2
Wirtschaftliche Entwicklung (s. a. Weltwirtschaftskrise, Inflation) 31, 69f., 71, 110f., 128–130
Wissenschaften 86–88
Württemberg 58, 131

Zähmungskonzept 23, 41f., 118
Zentralarbeitsgemeinschaft (ZAG) 6f., 25, 77
Zentralrat 7
Zentrumspartei, Zentrum, Katholizismus, politischer 6, 9, 15–19, 21–23, 29, 31, 36–38, 52, 57, 62–64, 89, 91f., 118, 124, 132, 141
Zwangsschlichtung 80

Abkürzungsverzeichnis

ADGB	Allgemeiner Deutscher Gewerkschaftsbund
AVAVG	Gesetz über Arbeitsvermittlung und Arbeitslosenversicherung
BVP	Bayerische Volkspartei
DAP	Deutsche Arbeiterpartei
DDP	Deutsche Demokratische Partei
DNVP	Deutschnationale Volkspartei
DVFP	Deutschvölkische Freiheitspartei
DVP	Deutsche Volkspartei
DSTB	Deutschvölkischer Schutz- und Trutzbund
KPD	Kommunistische Partei Deutschlands
MSPD	Mehrheitssozialdemokratische Partei Deutschlands
NPL	Neue Politische Literatur
NSBO	Nationalsozialistische Betriebszellenorganisation
NSDAP	Nationalsozialistische Deutsche Arbeiterpartei
O. C.	Organisation Consul
OHL	Oberste Heeresleitung
PVS	Politische Vierteljahrsschrift
RDI	Reichsverband der Deutschen Industrie
SA	Sturmabteilung
SED	Sozialistische Einheitspartei Deutschlands
SPD	Sozialdemokratische Partei Deutschlands
USPD	Unabhängige Sozialdemokratische Partei Deutschlands
VKPD	Vereinigte Kommunistische Partei Deutschlands
WRV	Weimarer Reichsverfassung
Z	Zentrumspartei
ZAG	Zentralarbeitsgemeinschaft

ed
Enzyklopädie deutscher Geschichte
Themen und Autoren

Mittelalter

Agrarwirtschaft, Agrarverfassung und ländliche Gesellschaft im Mittelalter (Werner Rösener) 1992. EdG 13	Gesellschaft
Adel, Rittertum und Ministerialität im Mittelalter (Werner Hechberger) 2004. EdG 72	
Die Stadt im Mittelalter (Frank Hirschmann)	
Die Armen im Mittelalter (Otto Gerhard Oexle)	
Frauen- und Geschlechtergeschichte des Mittelalters (Hedwig Röckelein)	
Die Juden im mittelalterlichen Reich (Michael Toch) 2. Aufl. 2003. EdG 44	
Wirtschaftlicher Wandel und Wirtschaftspolitik im Mittelalter (Michael Rothmann)	Wirtschaft
Wissen als soziales System im Frühen und Hochmittelalter (Johannes Fried)	Kultur, Alltag, Mentalitäten
Die geistige Kultur im späteren Mittelalter (Johannes Helmrath)	
Die ritterlich-höfische Kultur des Mittelalters (Werner Paravicini) 2. Aufl. 1999. EdG 32	
Die mittelalterliche Kirche (Michael Borgolte) 2. Aufl. 2004. EdG 17	Religion und Kirche
Mönchtum und religiöse Bewegungen im Mittelalter (Gert Melville)	
Grundformen der Frömmigkeit im Mittelalter (Arnold Angenendt) 2. Aufl. 2004. EdG 68	
Die Germanen (Walter Pohl) 2. Aufl. 2004. EdG 57	Politik, Staat, Verfassung
Das römische Erbe und das Merowingerreich (Reinhold Kaiser) 3., überarb. u. erw. Aufl. 2004. EdG 26	
Das Karolingerreich (Klaus Zechiel-Eckes)	
Die Entstehung des Deutschen Reiches (Joachim Ehlers) 2. Aufl. 1998. EdG 31	
Königtum und Königsherrschaft im 10. und 11. Jahrhundert (Egon Boshof) 2. Aufl. 1997. EdG 27	
Der Investiturstreit (Wilfried Hartmann) 3., überarb. u. erw. Aufl. 2007. EdG 21	
König und Fürsten, Kaiser und Papst nach dem Wormser Konkordat (Bernhard Schimmelpfennig) 1996. EdG 37	
Deutschland und seine Nachbarn 1200–1500 (Dieter Berg) 1996. EdG 40	
Die kirchliche Krise des Spätmittelalters (Heribert Müller)	
König, Reich und Reichsreform im Spätmittelalter (Karl-Friedrich Krieger) 2., durchges. Aufl. 2005. EdG 14	
Fürstliche Herrschaft und Territorien im späten Mittelalter (Ernst Schubert) 2. Aufl. 2006. EdG 35	

Frühe Neuzeit

Bevölkerungsgeschichte und historische Demographie 1500–1800 (Christian Pfister) 2. Aufl. 2007. EdG 28	Gesellschaft

Umweltgeschichte der Frühen Neuzeit (Reinhold Reith)
Bauern zwischen Bauernkrieg und Dreißigjährigem Krieg (André Holenstein) 1996. EdG 38
Bauern 1648–1806 (Werner Troßbach) 1992. EdG 19
Adel in der Frühen Neuzeit (Rudolf Endres) 1993. EdG 18
Der Fürstenhof in der Frühen Neuzeit (Rainer A. Müller) 2. Aufl. 2004. EdG 33
Die Stadt in der Frühen Neuzeit (Heinz Schilling) 2. Aufl. 2004. EdG 24
Armut, Unterschichten, Randgruppen in der Frühen Neuzeit (Wolfgang von Hippel) 1995. EdG 34
Unruhen in der ständischen Gesellschaft 1300–1800 (Peter Blickle) 1988. EdG 1
Frauen- und Geschlechtergeschichte 1500–1800 (N. N.)
Die deutschen Juden vom 16. bis zum Ende des 18. Jahrhunderts (J. Friedrich Battenberg) 2001. EdG 60

Wirtschaft   **Die deutsche Wirtschaft im 16. Jahrhundert (Franz Mathis) 1992. EdG 11**
Die Entwicklung der Wirtschaft im Zeitalter des Merkantilismus 1620–1800 (Rainer Gömmel) 1998. EdG 46
Landwirtschaft in der Frühen Neuzeit (Walter Achilles) 1991. EdG 10
Gewerbe in der Frühen Neuzeit (Wilfried Reininghaus) 1990. EdG 3
Kommunikation, Handel, Geld und Banken in der Frühen Neuzeit (Michael North) 2000. EdG 59

Kultur, Alltag,   Renaissance und Humanismus (Ulrich Muhlack)
Mentalitäten   Medien in der Frühen Neuzeit (Andreas Würgler)
Bildung und Wissenschaft vom 15. bis zum 17. Jahrhundert (Notker Hammerstein) 2003. EdG 64
Bildung und Wissenschaft in der Frühen Neuzeit 1650–1800 (Anton Schindling) 2. Aufl. 1999. EdG 30
Die Aufklärung (Winfried Müller) 2002. EdG 61
Lebenswelt und Kultur des Bürgertums in der Frühen Neuzeit (Bernd Roeck) 1991. EdG 9
Lebenswelt und Kultur der unterständischen Schichten in der Frühen Neuzeit (Robert von Friedeburg) 2002. EdG 62

Religion und   **Die Reformation. Voraussetzungen und Durchsetzung (Olaf Mörke) 2005.**
Kirche   **EdG 74**
Konfessionalisierung im 16. Jahrhundert (Heinrich Richard Schmidt) 1992. EdG 12
Kirche, Staat und Gesellschaft im 17. und 18. Jahrhundert (Michael Maurer) 1999. EdG 51
Religiöse Bewegungen in der Frühen Neuzeit (Hans-Jürgen Goertz) 1993. EdG 20

Politik, Staat,   **Das Reich in der Frühen Neuzeit (Helmut Neuhaus) 2. Aufl. 2003. EdG 42**
Verfassung   Landesherrschaft, Territorien und Staat in der Frühen Neuzeit (Joachim Bahlcke)
Die Landständische Verfassung (Kersten Krüger) 2003. EdG 67
Vom aufgeklärten Reformstaat zum bürokratischen Staatsabsolutismus (Walter Demel) 1993. EdG 23
Militärgeschichte des späten Mittelalters und der Frühen Neuzeit (Bernhard R. Kroener)

Themen und Autoren 197

Das Reich im Kampf um die Hegemonie in Europa 1521–1648 (Alfred Kohler) Staatensystem,
1990. EdG 6 internationale
Altes Reich und europäische Staatenwelt 1648–1806 (Heinz Duchhardt) Beziehungen
1990. EdG 4

19. und 20. Jahrhundert

Bevölkerungsgeschichte und Historische Demographie 1800–2000 (Josef Gesellschaft
Ehmer) 2004. EdG 71
Migrationen im 19. und 20. Jahrhundert (Jochen Oltmer)
Umweltgeschichte im 19. und 20. Jahrhundert (Frank Uekötter) 2007.
EdG 81
Adel im 19. und 20. Jahrhundert (Heinz Reif) 1999. EdG 55
Geschichte der Familie im 19. und 20. Jahrhundert (Andreas Gestrich)
1998. EdG 50
Urbanisierung im 19. und 20. Jahrhundert (Klaus Tenfelde)
**Von der ständischen zur bürgerlichen Gesellschaft (Lothar Gall)
1993. EdG 25**
Die Angestellten seit dem 19. Jahrhundert (Günter Schulz) 2000. EdG 54
Die Arbeiterschaft im 19. und 20. Jahrhundert (Gerhard Schildt)
1996. EdG 36
Frauen- und Geschlechtergeschichte im 19. und 20. Jahrhundert (N. N.)
**Die Juden in Deutschland 1780–1918 (Shulamit Volkov) 2. Aufl. 2000.
EdG 16
Die deutschen Juden 1914–1945 (Moshe Zimmermann) 1997.
EdG 43**

Die Industrielle Revolution in Deutschland (Hans-Werner Hahn) Wirtschaft
**2., durchges. Aufl. 2005. EdG 49
Die deutsche Wirtschaft im 20. Jahrhundert (Wilfried Feldenkirchen)
1998. EdG 47**
Agrarwirtschaft und ländliche Gesellschaft im 19. Jahrhundert (Stefan Brakensiek)
**Agrarwirtschaft und ländliche Gesellschaft im 20. Jahrhundert (Ulrich Kluge)
2005. EdG 73
Gewerbe und Industrie im 19. und 20. Jahrhundert (Toni Pierenkemper)
2., um einen Nachtrag erw. Auflage 2007. EdG 29**
Handel und Verkehr im 19. Jahrhundert (Karl Heinrich Kaufhold)
**Handel und Verkehr im 20. Jahrhundert (Christopher Kopper) 2002.
EdG 63
Banken und Versicherungen im 19. und 20. Jahrhundert (Eckhard Wandel)
1998. EdG 45
Technik und Wirtschaft im 19. und 20. Jahrhundert (Christian Kleinschmidt)
2007. EdG 79**
Unternehmensgeschichte im 19. und 20. Jahrhundert (Werner Plumpe)
**Staat und Wirtschaft im 19. Jahrhundert (Rudolf Boch) 2004. EdG 70
Staat und Wirtschaft im 20. Jahrhundert (Gerold Ambrosius) 1990.
EdG 7**

Kultur, Bildung und Wissenschaft im 19. Jahrhundert (Hans-Christof Kraus) Kultur, Alltag und
2008. EdG 82 Mentalitäten
**Kultur, Bildung und Wissenschaft im 20. Jahrhundert (Frank-Lothar Kroll)
2003. EdG 65**

	Lebenswelt und Kultur des Bürgertums im 19. und 20. Jahrhundert (Andreas Schulz) 2005. EdG 75 Lebenswelt und Kultur der unterbürgerlichen Schichten im 19. und 20. Jahrhundert (Wolfgang Kaschuba) 1990. EdG 5
Religion und Kirche	Kirche, Politik und Gesellschaft im 19. Jahrhundert (Gerhard Besier) 1998. EdG 48 Kirche, Politik und Gesellschaft im 20. Jahrhundert (Gerhard Besier) 2000. EdG 56
Politik, Staat, Verfassung	Der Deutsche Bund 1815–1866 (Jürgen Müller) 2006. EdG 78 Verfassungsstaat und Nationsbildung 1815–1871 (Elisabeth Fehrenbach) 2., um einen Nachtrag erw. Aufl. 2007. EdG 22 Politik im deutschen Kaiserreich (Hans-Peter Ullmann) 2., durchges. Aufl. 2005. EdG 52 Die Weimarer Republik. Politik und Gesellschaft (Andreas Wirsching) 2., um einen Nachtrag erw. Aufl. 2008. EdG 58 Nationalsozialistische Herrschaft (Ulrich von Hehl) 2. Aufl. 2001. EdG 39 Die Bundesrepublik Deutschland. Verfassung, Parlament und Parteien (Adolf M. Birke) 1997. EdG 41 Militär, Staat und Gesellschaft im 19. Jahrhundert (Ralf Pröve) 2006. EdG 77 Militär, Staat und Gesellschaft im 20. Jahrhundert (Bernhard R. Kroener) Die Sozialgeschichte der Bundesrepublik Deutschland bis 1989/90 (Axel Schildt) 2007. EdG 80 Die Sozialgeschichte der DDR (Arnd Bauerkämper) 2005. EdG 76 Die Innenpolitik der DDR (Günther Heydemann) 2003. EdG 66
Staatensystem, internationale Beziehungen	Die deutsche Frage und das europäische Staatensystem 1815–1871 (Anselm Doering-Manteuffel) 2. Aufl. 2001. EdG 15 Deutsche Außenpolitik 1871–1918 (Klaus Hildebrand) 3., überarb. und um einen Nachtrag erw. Aufl. 2008. EdG 2 Die Außenpolitik der Weimarer Republik (Gottfried Niedhart) 2., aktualisierte Aufl. 2006. EdG 53 Die Außenpolitik des Dritten Reiches (Marie-Luise Recker) 1990. EdG 8 Die Außenpolitik der Bundesrepublik Deutschland 1949 bis 1990 (Ulrich Lappenküper) 2008. EdG 83 Die Außenpolitik der DDR (Joachim Scholtyseck) 2003. EDG 69

Hervorgehobene Titel sind bereits erschienen.

Stand: (Juni 2008)

www.ingramcontent.com/pod-product-compliance
Lightning Source LLC
Chambersburg PA
CBHW020411230426
43664CB00009B/1252